창세기 속으로 빠져들다

창세기 속으로
빠져들다 창세기 1

초판 발행	2023년 1월 15일
지은이	이소진
발행인	한뿌리
일러스트	김하은
펴낸곳	有하
등록	2014년 4월 24일 제 2016-000004호
주소	서울 강서구 방화대로 44길 49
전화	02-2663-5258
팩스	02-2064-0777
저자 연락처	010-9076-7983
	이메일 lsj507@hanmail.net
인쇄	인스 P&B

값 27,000원
ISBN 979-11-85927-45-9

창세기 속으로 빠져들다

창세기 1

말씀 안으로 들어가는

환상 여행

✦

이소진 지음

有하

추천사

이소진 전도사가 쓴 『창세기 속으로 빠져들다』의 원고를 읽고 제가 느낀 기쁨은 기대 이상이었습니다. 제가 신학교에 들어가고 목회에 전념한 지난 50년 동안 수많은 독서와 기도와 설교를 했지만, 한 번도 생각해보거나 가르치지 못한 내용이 많았기 때문입니다. 특히 창세기 1장부터 11장까지는 기독교 신앙에서 대단히 중요한 부분이 대거 등장하기 때문에 그 내용을 깊이 다루고 진리를 드러낸다는 것은 의미가 크지만 어려운 일입니다. 이것은 학적인 준비와 깊은 기도가 있어야만 가능합니다.

저자가 밝힌 대로 그는 하나님과 교제하고 있는 깊은 영성의 소유자입니다. 그러므로 자연스럽게 하나님이 주신 성경 말씀의 의미를 잘 알 수 있을 것입니다. 은사의 측면에서 본다면 지식의 말씀과 지혜의 말씀의 은사를 강하게 받았을 것입니다. 이 은사는 환상을 보고 주의 음성을 듣는 데까지도 이를 것입니다. 저자는 또한 영 분별의 은사를 받은 것으로 보이는데 그렇다면 천사들의 활동상과 사탄의 움직임도 추적해낼 능력이 있다고 해야 할 것입니다.

성경을 해석해나가는 데 이렇게 깊은 영성을 소유하여 그 의미를 깊이 드러내는 것은 성도들에게 큰 유익이 됩니다. 교회사를 살펴보면 하나님은 시대마다 은혜를 주시고 사용하시는 사람이 많습니다. 특히 저자는 지난 10여 년간 저의 비서로 수고해준 터라 깊은 신뢰와 애정이 있습니다. 이 책이 하나님을 만나고 성경을 깊이 알고 싶어 하는 성도들에게 큰 유익이 되기를 바랍니다.

한양훈 목사(실로암세계선교회 대표)

하나님이 전하고자 하시는 내용을 다 담으려면 이 세상이라도 두기에 부족합니다(요 21:25). 그것은 성경 안에 내용이 최소한으로 집약되어 있다는 뜻입니다. 성경 말씀은 뼈대와 같습니다. 그래서 그 뼈대에 살을 붙이지 않으면 읽는 이들이 정확한 뜻을 알아낼 수 없는 난해함이 있습니다. 많은 주석가가 그 살을 붙여보려고 노력했습니다. 그리고 많은 설교자가 자기 구미에 맞는 공적 해석을 동원해 또 다른 살을 붙이는 적용으로 성도들에게 은혜를 끼칩니다. 주석가가 많지만 그들도 불완전한 인간이기에, 코끼리 다리를 만지듯 제한된 부분을 만져보고 그 해석을 글로 남겼다는 한계가 있습니다. 우리는 그 다양한 해석을 모아 퍼즐

게임을 하듯 가능한 한 전체의 정확한 모습을 드러내려고 노력하는 중입니다.

우리는 주일학교의 어린 학생들을 대상으로 성경을 가르칠 때 상상력을 동원하여 스토리텔링(story-telling)을 합니다. 그렇지 않으면 아이들은 성경에 흥미를 느끼는 것이 어렵기 때문입니다. 예를 들어 창세기에서 노아의 이야기를 일점일획도 가감하지 않는다고 하면서 성경 그대로 읽어준다면 아이들 대부분은 지루하여 자리를 뜨고 말 것입니다. 그러나 선생님이 재미있게 살을 붙여 꾸며가면서 구연(口演)할 때 아이들은 흥미를 갖고 귀를 기울이면서 자연스럽게 말씀 속으로 들어옵니다. 하나님이 우리에게 상상력이라는 좋은 생각의 도구와 호기심이라는 심리를 도구로 주셨기 때문입니다. 이를 잘 활용하기만 한다면 하나님에 대해 관심도 갖게 되고 이해의 심층 속으로 들어갈 수 있습니다.

이 책은 청장년을 주요 독자로 삼고 쓰였습니다. 기도하는 한 여성이 어린아이 같은 심성으로 받은 하나님의 거룩한 상상력과 신비한 호기심의 발로로 기록한 해설서입니다. 상상력과 호기심이 잘못 사용되면 사이비 교주를 양성해내는 사탄의 위험한 병기로 악용될 수 있습니다. 그런데 다행히 이 주해서는 바른 영의 인도하심을 받는 멘토를 곁에 두고 멘토링을 받아가면서 한 자 한 자 신중하게 옮겼다는 정황을 충분히 느낄 수 있었습니다. 특별히 제가 평소에 잘 알고 존중하여 자주 활용하는 정통신학자들과 주석가들이 주장하는 핵심까지 잘 인용하고 있다는 점에서 더 높은 점수를 주고 싶습니다.

오랫동안 학문적 연구를 통해 기록한 주석서들은 헤아릴 수 없을 만큼 많습니다. 깊은 묵상을 통해 기록한 묵상서도 많습니다. 그러나 깊은 기도 속에서 영의 눈으로 보고 난 뒤 기록한 주해서는 많지 않습니다. 그런데 구약에서 성경을 가장 많이 기록한 모세나 신약에서 성경을 가장 많이 기록한 바울의 공통점은 신령한 세계에 들어가서 본 것을 기록했다는 점입니다(고후 12:2). 이를 계시(revelation)라고 합니다. 지금은 이미 정경(正經) 66권이 결정되었기 때문에 더 이상 성경을 기록할 만한 계시를 요청한다는 것은 극히 위험한 일입니다. 그러나 기록하게 하신 같은 성령님의 조명(illumination)이 없이는 성경 말씀의 본뜻을 제대로 알아낼 길이 없습니다.

이 책은 마치 바울이 셋째 하늘의 경험으로 성경을 기록했듯이(revelation) 비슷한 방법으로 성경을 해설한(illumination) 작품이라고 여겨집니다. 과거의 영성사를 돌아보면 마담 잔느 귀용이나 아빌라의 테레사 등 영성 깊은 여성들이 깊은 관상기도 속에서 남성들이 갖지 못한 영적인 감수성을 통해 접하기 쉽지 않은 지점까지 들어가 영혼의 생수를 길러낸 경험이 있는데, 이 책을 접하면서 저는 그와 동일한 느낌을 받았습니다. 이런 류의 저서가 이 책의 저자를 통해 지속적으로 세상에 탄생하기를 기대합니다. '영적 삽화' 묵상과 '더 깊이 생각해보기'를 통해 독자들이 성경 속으로 한층 더 깊이 나아갈 수 있는 기회가 될 것이라 기대하며 일독을 권합니다.

안성삼 목사(수도국제대학원대학교 7대총장, 국제수도원 원장)

차 례

프롤로그

저는 개척교회를 하시는 부모님과 함께 어려서부터 부흥회와 기도회를 많이 찾아다녔습니다. 어려서 다니던 교회의 어느 부흥회에서 성령 충만을 받기 위해 기도했습니다. 저는 성령으로 충만해지면 죄가 다 없어지고, 죄를 지으려는 생각도 나지 않으며, 천사처럼 거룩해지는 줄로 알았습니다. 그래서 초등학교 때부터 교회에서 부흥회를 하면 꼭 참석해 울면서 기도했지만, 성령이 충만해지지 않고 여전히 부족한 저 자신을 발견하면서 하나님의 사랑을 받지 못하여 기도 응답을 받지 못한 것이라는 생각으로 슬퍼했습니다. 그래도 하나님께 사랑받고 싶은 간절한 마음으로 부흥회나 기도회에 열심히 참여했습니다.

대학을 졸업하고 유치원 교사로 사회생활을 하는 동안에도 가족과 함께 영적으로 뛰어나다는 교회나 기도원을 찾아다니며 은혜 받기를 사모했습니다. 매일 집회를 다니고 기도하던 중 어느 주일 새벽에 꿈을 꾸었습니다. 꿈속에서 제가 어두운 곳에서 기도를 하고 있었는데 눈앞에 환한 빛으로 된 사람의 형상이 보였습니다. 이내 그분이 주님이신 것을 알았습니다. 그 주님이 저를 붙잡으시니 순간적으로 환한 빛으로 가득한 곳으로 가게 되었습니다. 그곳에는 커다란 보좌가 있었고, 그 보좌는 빛으로 가득했는데 저는 그 빛을 보고 성부 하나님이신 것을 알았습니다. 그리고 회오리바람과 같은 모습으로 오신 성령도 만났습니다. 그곳은 천국에서 예배를 드리는 곳이었는데, 바닥에서는 금빛이 났고 벽도 천장도 없이 사방이 뚫려 있는 공간으로 밝은 하늘이 펼쳐져 있었습니다. 그 하늘을 날아서 밑에서부터 올라온 여러 사람이 이 예배 장소로 오는 모습이 보였습니다. 저는 그들도 저처럼 영안이 열려서 천국을 보러 왔다고 생각했습니다. 그리고 잠에서 깨어났는데 주님이 저에게 "기도하라"는 말씀을 주셨습니다. 저는 그 말씀을 붙잡고 계속 기도했습니다.

영적으로 갈급했던 저희 가족은 영적 사역을 하는 여러 교회를 계속 찾아다녔습니다. 그러다가 한양훈 목사님이 운영하시는 실로암세계선교회를 알게 되었고, 온 가족이 실로암치유사역센터 본부에서 사역을 받고 영적 훈련을 받았습니다. 우리 가족은 이곳에서 하나님을 만나는 방법을 알게 되었습니다. 바로 깊은 회개를 통해 죄 사함을 받고 거룩해지면 영안이 열리고 하나님 앞에 가까이 갈 수 있다는 것이었습니다. 이후 저희 부모님은 실로암승리센터를 열고 본부에서 배운 것을 토대로 영적 사역을 하고 있습니다. 저희 아버지의 사역에 대해서는 한양훈 목사님의 저서『영적 전쟁과 사역자』에서 소개된 바 있습니다. 저는 한양훈 목사님의 지도를 받으며 실로암세계선교회의 간사로 영적 사역에 동참하고 있습니다. 저의 영안이 열리기까지 과정은 한양훈 목사님의 저서『영적 천재들의 이야기』에 간략하게 소개되었습니다.

저는 시간이 날 때마다 기도했고, 하나님은 기도 가운데 환상으로 제가 회개해야 하는 죄들을 깨닫게 해주시고 더 깊이 기도할 수 있도록 은혜를 부어주셨습니다. 그렇게 7년 정도 회개한 어느 날 기도 중에 주님이 환상 가운데 오셔서 제 앞에 성경책을 펼쳐 보여주시면서 무언가 알려주고 싶어 하셨습니다. 그러나 저는 회개를 하면 할수록 회개할 제목이 많아지고, 제 삶과 가정에 산재한 문제들로 기도할 것이 많아 계속 회개에 힘썼습니다. 그런데도 주님은 기도 중에 자주 나타나셔서 성경책을 펼쳐 보여주셨고 주님께 깊은 가르침을 받으라고 말씀하시면서 천국에 대해서나 지옥에 대해서, 성경 말씀에 대해서 여러 가지 환상을 보여주셨습니다. 그런 일들을 통해 은혜를 받았지만, 더 깊이 배우려고 노력하지는 않았습니다. 회개가 더 급하다고 생각했기 때문입니다.

그러던 중 함께 회개에 동참했던 외삼촌을 통해 정동진 목사님이 운영하시는 킹스웨이신학원을 소개받았습니다. 외삼촌이 저에게 계속 영적으로 더 깊어져서 나중에 다른 사람들에게 영적인 비밀들을 잘 가르칠 수 있다면 좋지 않겠느냐고 하시면서 미리 신학을 공부해둘 것을 권하셨습니다. 그리고 킹스웨이신학원의 교수님들이 학식이 뛰어나 배울 것이 많다고 권면하셔서 그곳에서 공부하게 되었습니다. 전도사나 목사에 대한 사명감보다는 교사에 대한 사명감이 있던 저는 신학교를 가고자 하는 마음이 없었습니다. 그러나 성경을 깊이 배울 수 있다는 말에 설득되었고 또한 한양훈 목사님이 시무하시는 우리교회와 실로암세계선교회에서 간사직을 내려놓지 않고도 인터넷으로 공부할 수 있다고 해서 배움을 시작했습니다.

킹스웨이신학원에서 목회학 석사 3년 과정을 수료할 즈음 한양훈 목사님이 시무하시는 우리교회의 청년부 전도사 자리를 감당할 사역자가 필요하게 되었습니다. 우리교회 청년들은 대부분 한양훈 목사님이 운영하시는 실로암사역센터를 통해 영안이 열리는 훈련을 받았기에 영적으로 잘 훈련된 전도사가 필요했습니다. 여러 사람의 추천과 한양훈 목사님의 임명으로 제가 그 자리를 맡게 되었습니다.

저는 주님께 기도하면서 어떻게 청년부를 지도할지 고민했습니다. 그런데 또 환상 가운데 주님이 오셔서 성경책을 보여주셨고, 특히 창세기 1장의 창조 과정에 대한 환상을 보여주셨습니다. 그래서 저는 일반적인 성경공부와는 다르게 환상으로 성경을 보면서 성경을 보다 깊이 이해하고 하나님의 뜻과 섭리를 깨달아 실천하는 청년부가 되도록 지도해야겠다는 마음을 품게 되었습니다.

사실 성경은 정말 필요한 내용만 함축하여 기록한 책이기 때문에 기록되지 않은 숨겨진 비밀이 많습니다. 또한 여러 가지 사건의 배후에서 하나님이 어떤 의도를 가지고 역사하셨는지, 어떤 마음이셨는지 등을 안다면 하나님을 더 깊이 알 수 있습니다. 그리고 성경을 더 쉽게 이해할 수 있습니다. 저는 우리교회에서 한 달에 한 번씩 성경을 환상으로 보는 시간을 가졌습니다. 이 활동을 시작하면서 저와 저희 청년들뿐만 아니라 그리스도인 모두가 성경을 볼 때 성령이 역사하셔서 영적 비밀들을 깨달으며 깊이 볼 수 있게 되기를 기대했습니다. 단순히 제가 깨달은 것을 나누는 것이 아니라 청년들 스스로 체험하도록 함으로써 그들 각자가 하나님과의 관계가 가까워지기를 바랐습니다. 또한 오직 자신에게 맞는 깨달음을 얻어 그것을 실천하면서 영적으로 성장하게 되기를 바랐습니다.

제가 먼저 환상을 보고 영적 비밀을 많이 깨달아야 지도할 수 있기 때문에 이를 두고 많이 기도했습니다. 감사하게도, 주님은 제가 잘 준비하여 가르칠 수 있도록 여러 가지를 깨닫게 해주셨습니다. 또한 함께 훈련한 청년들에게도 주님이 은혜를 주셔서 제가 보지 못하고 깨닫지 못한 부분들도 추가해서 더 알 수 있게 해주셔서 성경이 더욱 입체적으로 깨달아지는 놀라운 결과를 거둘 수 있었습니다. 원래는 청년들을 위해 시작한 일이었지만, 이 활동에 관심을 가진 다른 부서 전도사님이나 집사님들도 함께 참여하시게 되었습니다. 환상으로 성경을 보고 영적인 비밀을 깊이 깨닫는 데 즐거움을 느끼고 관심을 갖는 사람이 점점 많아졌고, 결국 이 내용을 다른 사람들과도 나누는 것이 좋겠다고 생각하게 되었습니다. 그래서 영적인 세계에 관심이 많은 이들을 위해서 책으로 펴내게 되었습니다.

이 책은 청년들을 지도하며 함께 나눈 내용을 정리한 첫 번째 책으로, 창세기 1장부터 11장까지의 내용을 담았습니나. 이 세상이 창조된 시작부터 바벨탑 사건으로 사람들의 언어가 나눠지고, 사람들이 각지로 흩어져서 살게 되는 이야기까지가 이 책에서 다루는 내용입니다. 저의 바람은 창세기를 끝까지 깊이 보고 깨닫는 것입니다. 50장에 이르는 창세기의 분량을 생각하면 아마도 창세기를 마치는 데 꽤 시간이 필요하지 않을까 싶습니다.

저는 이 책을 쓰기 시작하면서 하나님이 이 책이 나오는 것을 기뻐하신다는 것을 알게 되었습니다. 주님이 제가 생각지도 못한 깨달음을 주시고 환상을 보여주셔서 책을 수월하게 기록할 수 있도록 도와주셨기 때문입니다. 사실 성경은 많은 영적 비밀을 품고 있는 보배함과 같아서 이미 많은 분이 그 비밀들을 전해주었고, 저도 그분들을 통해 배웠습니다. 제가 이번에 새롭게 밝혀낸 것은 아주 작은 부분일 뿐이며, 앞으로도 많은 훌륭한 분들이 더 새롭고 놀라운 영적 비밀들을 밝혀낼 것이라고 생각합니다. 이 책에 담은 내용들이 성경을 이해하는 데 조금이나마 도움이 되기를 소원합니다.

저는 하나님이 주신 은혜로 영안이 열려서 환상을 보고 주님의 음성을 듣고 깨달은 것을 바탕으로 이 책을 기록했습니다. 또한 함께 환상으로 성경을 보는 활동에 참여했던 청년들과 전도사님들, 성도님들이 보고 깨달은 내용도 함께 기록했습니다. 저는 정규 신학교를 나오지 않았고, 히브리어와 헬라어도 잘 알지 못합니다. 그래서 이 책의 내용이 신학적으로 어긋나지 않도록 지도해주시고 또 영적으로 성장할 수 있도록 도와주신 한양훈 목사님께 감사드립니다. 목사님의 격려와 응원으로 이 책을 세상에 내놓을 수 있었습니다. 마음을 담은 추천사를 써주신 데도 깊은 감사를 드립니다. 그리고 바쁘신 중에도 이 책의 원고를 보시고 기쁜 마음으로 추천사를 써주신 국제신학대학원대학교의 안성삼 박사님께도 감사드립니다. 또 영안이 열리도록 도와주신 박영미 사모님께도 감사드립니다. 이 책을 감수해주신 유인섭 목사님과 한그루 전도사님께도 감사드립니다. 대학 졸업을 앞두고 바쁜 와중에도 이 책의 삽화를 그려준 우리교회의 김하은 자매에게도 감사드립니다. 환상으로 성경을 보는 활동에 참여해준 우리교회 청년들과 전도사님들, 성도님들께도 감사드립니다. 영적, 육적으로 저를 키워주시고 저를 위해 기도해주시며 아낌없이 지원해주신 부모님께 감사드립니다. 마지막으로 이 책이 나오기까지 가르쳐주시고 생각나게 하시며 기록하게 해주신 주님께 모든 영광을 돌립니다.

2023. 1. 15

이소진 전도사

1부
창조와 죄로 인한 변화

1장

창조

창제기 1장을 세 가지 장면으로 나누어본다면 1절에서 천지가 창조됐고, 그다음에는 그것을 정리하는 장면 그리고 그것을 다스릴 사람이 만들어지는 장면으로 나눌 수 있습니다. 이를 중심으로 창조의 주인공이신 성부, 성자, 성령 하나님이 어떻게 일하셨는지를 깊이 보았습니다. 천지창조에 대해 과학적으로 설명하려는 시도가 많습니다. 그러나 천지창조와 섭리는 구별해야 하며, 과학의 이름으로 하나님의 창조 능력에 제한을 가할 만한 특권이 우리에게 없다는 것을 알아야 합니다(에드워드 영).

한눈에 보는 창세기 1장

거대한 빛의 덩어리처럼 보이는 성부가 파도처럼 빛을 강하게 뿜어내셨는데 그것이 '천지', 즉 이 땅의 모든 물질을 이루는 원소들로 이루어진 집합체로 변화되었고, 그것을 빛나는 바람과 같은 성령이 품으셨다. 빛나는 사람 형상의 성자가 성령과 함께 혼란스러운 지구를 정돈하셔서 지금의 지구와 우주의 모습을 만드신 뒤 이 땅을 다스릴 하나님의 대리 왕인 사람을 만드셨다. 빛이신

하나님을 닮은 사람의 영혼을 직접 빚으신 육체 속으로 보내시고, 생명의 에너지를 넣으셔서 사람을 만드시니, 그 사람의 주도로 온 세계가 창조주 하나님을 찬양하는 예배를 드렸다. 그것은 이 땅과 하늘 세계의 왕이신 하나님과 이 땅의 대리 왕인 사람의 대관식이었다. 하나님이 사람을 축복하시며 사람에게 부으신 빛으로 말미암아 그는 빛의 옷을 입고 빛의 왕관을 쓴 것처럼 보였다.

첫 번째 장면

천지창조

"태초에 하나님이 천지를 창조하시니라 땅이 혼돈하고 공허하며 흑암이 깊음 위에 있고 하나님의 영은 수면 위에 운행하시니라"(창 1:1-2).

이 부분을 환상으로 볼 때 꼭 어둠 속으로 빨려 들어가는 느낌이 들었습니다. 처음에 흑암으로 어두운 상태에서 빛이신 성부 하나님이 번쩍이면서 "천지를 창조하시느니라"라는 음성을 내시는 것이 보였습니다. 성부 하나님은 빛이 강하게 뻗어 나오는 거대한 빛의 덩어리로 보였습니다. 성부 하나님에게서 나오는 그 빛은 가는 실처럼 주변 사방으로 뻗어 나갔습니다. 그런데 순간 그 빛이 강하게 뿜어 나오면서 "천지"가 창조된 것입니다. 즉, 빛의 강한 에너지가 강한 파도가 치듯이 확 뿜어져 나오며 영적인 빛이 변화되면서 물질적으로 가시화되어 "천지"가 만들어진 것입니다. 성경은 하늘과 땅을 우주의 꼴을 갖추지 않은 물질이라고 합니다. 하늘과 땅은 혼돈스럽고 뒤섞여 있었지만, 조물주이신 하나님이 꼴을 갖추시기에 적당한 상태가 되었습니다(아우구스티누스). 거대한 우주가 전능자의 지혜와 작정대로 물질의 형태로 나타났습니다. 말씀에 만물을 존재하게 하는 능력이 있기 때문입니다. 힘이 형태화되어 사물이 존재하게 되었습니다(서철원).

처음 창조된 '천지'의 모습은 태양계의 행성 중에서 기체로 이루어진 행성의 모습처럼 다양한 것이 한꺼번에 뭉쳐져서 소용돌이치고 있는 모습으로 보였습니다. 거기에는 땅의 요소도 있고, 물의 요소도 있으며, 모든 원소가 다 한데 모여 있는 느낌이었습니다. 다시 말해, 질서 없이 흐트러져 있는 집단체입니다(랑게). 즉, 성경은 사물이 먼저 창조되고 그 뒤에 정돈되었다고 밝히고 있습니다(암브로시우스).

그리고 "땅이 혼돈하고 공허하며"라는 말이 어떤 의미인지 알 수 있었습니다. 이 문구의 의미는 하나님이 창조하신 땅이 아직 생물들이 살 만한 조직된 형태를 이루지 못하고 있었음을 보여주는 것뿐입니다(박윤선). 먼저 "혼돈"은 한데 모여 있는 원소들 속에서 지진이나 울림 같은 것이 있었고, "공허"한 부분을 봤을 때 정말 아무것도 없는 무의 상태인 흰 공터와 같은 것으로 보였습니다. 주님은 "흑암"이 있다고 하셨는데 영적으로 볼 때는 흰색으로 보여주셨습니다. 아직 정돈되지 않는 혼란스러운 모습이기 때문에 빛과 어두움까지도 함께 있어서 그런 것으로 보였습니다. 하나님의 빛은 그림자가 없지만, 이제 그 빛이 물질로 변화되면서 빛이 없는 부분에는 그림자가 생기게 되었다는 것을 보여주신 것입니다.

성령은 바람이시면서 반짝이는 빛의 가루가 움직이는 것처럼도 보였는데 거기에 에너지가 있는 느낌이었습니다. 그런 모습의 성령이 그 정돈되지 않은 천지를 알을 품듯이 전체를 감싸고 계시는 모습이 보였습니다. 그래서 "하나님의 영이 수면 위에 운행"하신다는 말씀이 어떤 것인지 깨달아졌습니다. 혼돈된 땅의 요소, 물의 요소, 하늘의 요소가 모여 뭉쳐 있는 모습은 깊은 어둠과 같이 느껴졌지만, 그것이 흩어지지 않고 모여 있는 것은 성령이 붙잡고 계시기 때문이었습니다. 혼돈의 어두움 속에서 하나님의 영이 효과적으로 하나님의 창조 사역을 준비하시려고 움직이고 계셨던 것입니다(앨런 로스). 하나님은 그분의 입 기운(성령)으로 세상을 만드셨다고 했습니다(시 33:6, 욥 26:13). 그것은 암탉이 그 새끼를 날개 아래에 모음 같이(마 23:37) 그들의 위를 감돌면서 그들을 따뜻하게 하며 그들을 소중히 여기는 것과 같은 것입니다. 그리고 그것은 독수리가 그 보금자리를 어지럽게 하며 그 새끼 위에 너풀거리는 것과 같은 것입니다(신 32:11, 매튜 헨리).

그리고 성자가 그 옆에 빛나는 사람의 형상으로 서신 모습이 보였습니다. 빛 그 자체가 사람의 모양을 이룬 듯 보였습니다. 주님이 크시기 때문에 새로이 창조된 천지가 주님보다 작게 보였습니다.

두 번째 장면

창조물의 배치

“하나님이 이르시되 빛이 있으라 하시니 빛이 있었고 빛이 하나님이 보시기에 좋았더라 하나님이 빛과 어둠을 나누사 하나님이 빛을 낮이라 부르시고 어둠을 밤이라 부르시니라 저녁이 되고 아침이 되니 이는 첫째 날이니라 하나님이 이르시되 물 가운데에 궁창이 있어 물과 물로 나뉘라 하시고 하나님이 궁창을 만드사 궁창 아래의 물과 궁창 위의 물로 나뉘게 하시니 그대로 되니라 하나님이 궁창을 하늘이라 부르시니라 저녁이 되고 아침이 되니 이는 둘째 날이니라 하나님이 이르시되 천하의 물이 한 곳으로 모이고 뭍이 드러나라 하시니 그대로 되니라 하나님이 뭍을 땅이라 부르시고 모인 물을 바다라 부르시니 하나님이 보시기에 좋았더라 하나님이 이르시되 땅은 풀과 씨 맺는 채소와 각기 종류대로 씨 가진 열매 맺는 나무를 내라 하시니 그대로 되어 땅이 풀과 각기 종류대로 씨 맺는 채소와 각기 종류대로 씨 가진 열매 맺는 나무를 내니 하나님이 보시기에 좋았더라 저녁이 되고 아침이 되니 이는 셋째 날이니라 하나님이 이르시되 하늘의 궁창에 광명체들이 있어 낮과 밤을 나뉘게 하고 그것들로 징조와 계절과 날과 해를 이루게 하라 또 광명체들이 하늘의 궁창에 있어 땅을 비추라 하시니 그대로 되니라 하나님이 두 큰 광명체를 만드사 큰 광명체로 낮을 주관하게 하시고 작은 광명체로 밤을 주관하게 하시며 또 별들을 만드시고 하나님이 그것들을 하늘의 궁창에 두어 땅을 비추게 하시며 낮과 밤을 주관하게 하시고 빛과 어둠을 나뉘게 하시니 하나님이 보시기에 좋았더라 저녁이 되고 아침이 되니 이는 넷째 날이니라 하나님이 이르시되 물들은 생물을 번성하게 하라 땅 위 하늘의 궁창에는 새가 날으라 하시고 하나님이 큰 바다 짐승들과 물에서 번성하여 움직이는 모든 생물을 그 종류대로, 날개 있는 모든 새를 그 종류대로 창조하시니 하나님이 보시기에 좋았더라 하나님이 그들에게 복을 주시며 이르시되 생육하고 번성하여 여러 바닷물에 충만하라 새들도 땅에 번성하라 하시니라 저녁이 되고 아침이 되니 이는 다섯째 날이니라 하나님이 이르시되 땅은 생물을 그 종류대로 내되 가축과 기는 것과 땅의 짐승을 종류대로 내라 하시니 그대로 되니라 하나님이 땅의 짐승을 그 종류대로, 가축을 그 종류대로, 땅에 기는 모든 것을 그 종류대로 만드시니 하나님이 보시기에 좋았더라"(창 1:3-25).

정돈되지 않은 천지를 생물들이 살 수 있는 환경으로 배치하시는 모습을 보았습니다. 성부가 말씀하셨고 성자가 창조하셨습니다. 영은 다른 두 위격과 일치하였음을 증명하기 위해 영이 맴돌고 있다는 사실을 분명히 보여주었습니다. 따라서 모든 것이 삼위에 의해 완성되고 완수

되었음을 알 수 있습니다(시리아인 에프렘). 천지를 창조하시는 과정을 봤을 때 처음에 지구를 먼저 만드시는 모습을 보았고, 우주를 지으실 때 지구를 먼저 택하신 뒤 지구를 기준으로 태양계를 만드셨다는 것을 깨닫게 해주셨습니다. 주님이 드신 풍선 크기만큼 되는 것이 지구의 크기라고 보여주셨는데, 이를 통해 우리 주님은 크신 분임을 알게 되었습니다. 물질 자체가 스스로 발전하여 정미로운 세계를 이룰 수 없고, 하나님의 신이 거기 임재하셔서 역사하심으로 정돈된 세계를 이루셨습니다(박윤선).

어둠 속에서 성부가 "빛이 있으라"라고 말씀하시니 이 한 마디 한 마디가 다 빛이었습니다. 또 말씀과 동시에 손을 펼치셨는데 손에서 영적인 빛이 생기면서 그 빛이 퍼져나가며 가시화된 빛으로 변화되었고, 어둠과 빛이 나누어지는 광경이 펼쳐졌습니다. 거대한 빛의 덩어리와 같은 성부께로부터 가는 빗줄기처럼 빛이 쏟아지는데, 그것이 음성으로 분명히 들려지고 또 그 빛과 함께 에너지가 확 뿜어져 나오니 그것이 천지를 비추는 빛이 된 것입니다. 이 빛은 단순히 지구를 비추는 것이 아니라 천국을 이루는 빛도 포함한 것으로 보였습니다. 나타난 빛의 밝기가 얼마나 밝은지 잘 구분되지 않았지만, 주님은 실제로는 더 밝은 그 빛을 제가 느낄 수 있는 범위로 알려주셨습니다. 제가 가늠할 수 있도록 콘서트 장에 있는 몇십 개의 라이트가 눈앞에서 번쩍이며 환하게 켜지는 모습으로 보여주셨습니다. 그리고 빛과 어둠을 나누시는 것은 주님이 땅을 쉬게 해주려고 나누시는 것으로 깨닫게 해주셨습니다. 빛의 높은 온도 때문에 땅이 뜨거워서 쉴 수 없으므로 빛과 어둠을 나누어서 쉼과 일함을 나누신 것이라고 주님이 말씀해주셨습니다.

그 빛이 위로 떠올랐습니다. 강한 빛으로 인해 자연스럽게 어둠이 옆으로 또 밑으로 쏠리는 장면이 보였습니다. 빛이 떠오른 아래는 아직 어두웠는데, 빛과 어둠이 완전히 나뉜 것은 아니고 어둠의 사이로 다시 빛이 한 번 더 지나가는 모습이 보였습니다. 그러자 어두운 아랫부분에서 땅과 하늘이 드러났습니다. 창조 질서는, 해보다 앞서 창조된 원시의 빛으로 정확히 규정됩니다(요한 크리소스토무스).

궁창을 기준으로 물과 물을 나누실 때는 물과 물 사이에 공기가 추가되어 위의 물과 아래의 물로 나누시는 모습이 보였습니다. 이렇게 궁창 위의 물과 궁창 아래의 물을 나누신 뒤 땅과 바다를 나누실 때는 성자가 손으로 미는 동작을 하시니 나누어졌습니다. 손짓만 하셨을 뿐인데 산도 바로 만들어지는 모습으로 보였습니다. 성자의 손에서부터 빛과 에너지가 뻗어 나오고, 성령의 바람이 함께 역사하여서 물이 나누어지고 바다가 밀려나면서 뭍이 드러나는 등 지형이 정돈되는 모습이었습니다. 성자가 손으로 직접 만드실 때 성령이 바람처럼 계속 성자의 손을 스쳐가시는 모습이 보였습니다. 성령이 성자 그리스도의 손에 함께 역사하시는 것은 일하시는 성자를 도우시고 위로하시며 시원하게 해주시는 것으로 생각됩니다. 그래서 성자와 성령은 두 분이 같이 작업하시는 것으로 보였습니다. 그때 한편으로는 성령이 바람을 일으키시자 여러 갈래로 길이 만들어졌습니다. 또 성자가 땅을 손으로 만지시는 모습이 보였습니다. 뭍을 정하시고 땅이 약간 꺼지면서 땅에서 물 같은 것이 솟구쳐 올라왔습니다. 꺼진 땅에서 물이 스며 나오듯이 올라와서 호수가 되었고, 땅이 더 깊이 꺼진 곳은 바다가 되었습니다. 지형이 완성된 뒤 성자가 물이 흘러가는 곳으로 가셔서 발을 담가보시는 모습이 보였습니다.

성자가 다시 땅에 손을 대시자 생명의 에너지가 주변으로 쫙 뻗어 나가면서 식물들이 땅속에서 올라오기 시작했습니다. 땅에서 싹이 돋아 자라나고 나무들도 땅에서 올라왔는데 그 나무들은 울창했습니다. 그리고 굵기가 굵은 나무와 얇은 나무도 있고, 올려다보아야 할 정도로 키가 높은 나무들도 보였습니다. 광명체를 만드시는 것도 성자가 주로 하시는 모습으로 보였습니다. 성자 하나님의 손이 보였는데, 말씀과 함께 작게 손짓하실 때 여러 가지가 만들어졌습니다. 그리고 동물도 성자 하나님이 만드시는 것으로 보였습니다. 성자가 그런 것들을 만드실 때 손으로 공중에서 공기를 잡듯 주먹을 쥐셨다가 펼치셨을 뿐인데 여러 형상이 만들어졌습니다. 주님이 만드신 새들이 하늘을 날고 물고기들이 물속에서 헤엄치며 작은 동물들이 숲속을 뛰어다니는 것이 보였습니다.

다채로운 색깔로 창조된 모든 것을 보면서 사람들이 다양하게 많은 것을 누릴 수 있도록 하시려는 하나님의 마음이 느껴졌습니다. 전반적으로 음성이나 스스로 빛나는 것은 다 성부 하나님이 하시는 것처럼 느껴졌고, 손이 보이고 그 손이 뭔가를 만들거나 아니면 움직이거나 하실 때는 성자가 하시는 것으로 보였습니다. 특히 달과 해, 짐승 등을 만드실 때 성자가 에너지를 불어넣으셔서 만드셨는데, 이때 성령이 같이 운행하시면서 에너지를 넣어주셔서 만들어졌습니다. 말씀은 성부가 하시는데, 성부가 말씀하실 때 강한 빛과 에너지가 뿜어져 나왔습니다. 실제 만들어질 때는 성자와 성령이 같이 일하셔서 만드시는 것으로 보였습니다. 하나님은 이 세상을 창조하신 뒤 "보시기에 좋았더라"라고 말씀하십니다. 이 말씀을 보면 물질 자체가 악한 것은 아닙니다(박윤선).

환상을 통해서 하나님의 말씀이 힘이고 생명이 유지되는 근원 에너지라는 것을 깨달았습니다. 지금까지 하나님이 그 말씀, 그 힘을 소멸하지 않고 붙잡고 계시기 때문에, 우리가 보고 있는 모든 물질이 사라지지 않고 유지되고 있다는 것을 깨닫게 되었습니다. 하나님이 생명 그 자체로서 생명을 지으셨으므로 모든 생명은 하나님에게만 의존하게 되었고, 하나님의 허락으로만 그 존재를 지속할 수 있게 되었습니다(서철원). 만약에 하나님이 그 힘을 거두시면 언제든지 모든 물질은 원래 모습대로 무(無)로 돌아갈 수 있는데, 지금 존재하고 있는 것 자체가 하나님의 에너지가 유지되고 있기 때문이라는 것을 깨달았습니다. 그래서 이 세상은 언제든지 하나님이 당신의 힘을 거두시면 바로 소멸한다는 것이기에 저절로 겸손한 마음이 들었습니다. 전기가 연결되면 전등이 들어오고 연결이 끊어지면 전등이 꺼지는 것과 같은 원리로 하나님의 능력으로 이 세상이 존재하고 유지되고 있었다는 것이 놀라울 뿐입니다.

생명의 근원이신 하나님의 빛이 뻗어나가 모든 사람에게 연결되어 있고, 모든 물질에도 연결되어 있는 것이 보였습니다. 그렇게 창조되었고 그렇게 유지되고 있기에 모든 물질은 살아 있는(존재하는) 것입니다. 사람이 분류한 생물만 살아 있는 것이 아니라 하나님이 생명을 주셔서 존재하게 하신 이 세상의 모든 것도 다 살아 있다는 것을 알게 되었습니다. 그래서 성경에 돌들도 찬양한다고 기록했음을 깨닫게 되었습니다. 하나님은 모든 존재의 주인이실 뿐만 아니라 생명의 근원이시며 활동의 원천이시기도 합니다. 하나님의 창조의 능력이 태초에 만물을 지으신 것과 같이 섭리의 능력은 만물을 보존하십니다(매튜 헨리).

우리는 에너지를 말할 때 파장이라고 합니다. 과학에서 우주를 설명하는 여러 이론 중 초끈이론이 있는데, 모든 물질 자체가 선, 즉 끈으로 이루어졌다고 주장하는 이론입니다. 아직 정확히 밝혀지지는 않았기에 이론일 뿐이지만, 하나님의 빛이 가는 실처럼 뻗어나와 창조된 모든 것을 유지하고 있다는 것 그리고 악한 영들이 실처럼 되어 있는 것 등을 볼 때 영적인 세계가 초끈이론과 연관성이 많음을 알 수 있었습니다. 영적인 세계를 전혀 모르는 과학자들도 이런 식으로 영적인 현상과 비슷한 해석을 할 수 있다는 것이 놀라웠습니다.

1장 참조

세 번째 장면

이 땅의 왕인 인간 창조

"하나님이 이르시되 우리의 형상을 따라 우리의 모양대로 우리가 사람을 만들고 그들로 바다의 물고기와 하늘의 새와 가축과 온 땅과 땅에 기는 모든 것을 다스리게 하자 하시고 하나님이 자기 형상 곧 하나님의 형상대로 사람을 창조하시되 남자와 여자를 창조하시고 하나님이 그들에게 복을 주시며 하나님이 그들에게 이르시되 생육하고 번성하여 땅에 충만하라, 땅을 정복하라, 바다의 물고기와 하늘의 새와 땅에 움직이는 모든 생물을 다스리라 하시니라 하나님이 이르시되 내가 온 지면의 씨 맺는 모든 채소와 씨 가진 열매 맺는 모든 나무를 너희에게 주노니 너희의 먹을 거리가 되리라 또 땅의 모든 짐승과 하늘의 모든 새와 생명이 있어 땅에 기는 모든 것에게는 내가 모든 푸른 풀을 먹을 거리로 주노라 하시니 그대로 되니라 하나님이 지으신 그 모든 것을 보시니 보시기에 심히 좋았더라 저녁이 되고 아침이 되니 이는 여섯째 날이니라"(창 1:26-31).

창조주는 당신의 활동을 맨 처음에 완전하게 하실 수가 있으셨을 것입니다. 하지만 하나님은 점진적인 과정을 통해 당신의 섭리와 은혜의 방법이 보통 어떤 것인가를 보여주려고 하셨을 것입니다. 창조의 활동은 하나에서 다른 하나로 점차적으로 계속되어 나갔을 뿐만 아니라 점차 열등한 것으로부터 고등한 것으로 전진되어 나갑니다. 그리고 이 사실은 우리가 완성을 향해 나아가도록 계속 노력해야 한다는 것과 가장 훌륭한 최후의 작품이라는 사실을 가르쳐줍니다. 육체와 영, 하늘과 땅이 인간 속에서 하나가 되어야 했으며, 인간은 그 두 세계와 모두 관련되어야만 했습니다(매튜 헨리).

사람을 만드시는 장면에서는 먼저 성부, 성자, 성령 하나님이 모이셔서 의논하시는데 성부가 말씀하시는 광경이 펼쳐졌습니다. 하나님은 사람을 당신의 형상과 모양으로 만드셨습니다. 사람은 하나님의 형상이므로 하나님의 인격의 그림자이고, 하나님은 인격의 원본이시며 실체이십니다(서철원).

삼위 하나님의 손에 구슬 같은 빛이 보였고, 그 빛을 삼위 하나님이 엮어서 인간의 영혼을 창조하시는 모습이 보였습니다. 그 엮인 빛으로 남자와 여자가 창조되었는데 창조된 뒤 두 사람이 삼위 하나님을 바라보면서 기뻐 뛰었습니다. 성부는 큰 보좌에 앉으신 모습으로 보였고, 성자의 모습은 사람의 형상으로 보였으며, 성령은 바람과 같으면서도 반짝이는 가루가 흩날리면서 빛나는 산들바람의 모습으로 보였습니다. 그리고 창조된 남자와 여자가 삼위 하나님을 바라볼 때 순수한 기쁨과 환희와 경배와 찬양과 삼위를 경외하는 마음들이 느껴졌습니다. 주님은 사람의 영혼을 만드신 다음에 세상으로 내려보내셨습니다. 사람의 영혼은 이 땅으로 내려오면서 점점 자라났습니다.

동물이나 식물 등 사람을 제외한 다른 것은 손으로 만지시니 자연적으로 생겨나는 느낌이었는데, 사람을 창조하실 때는 주님이 직접 손으로 사람의 몸을 흙 같은 것으로 빚어 만드시는데, 정성스럽게 작업하시고 잘생기게 만드시는 모습이 보였습니다. 시간을 들여서 흙을 빚고 다듬어 아담의 형상을 만드셨습니다. 거기에 성자가 숨을 불어넣으시면서 사람의 영혼을 넣어주셨습니다. 생기를 불어넣으실 때 성령이 역사하셔서 그 사람 속으로 들어간 하나님의 생명의 에너지가 그를 변화시켜서 생명을 얻은 사람이 되었습니다. 또한 하나님의 말씀이 인간의 뇌 속에 박히자 그의 눈이 빛나면서 깨어났습니다. 그러자 사람 모양으로 빚어진 사람의 몸이 살아나서 숲을 뛰어다니기 시작했습니다. 그 모습 자체가 하나님께 올려드리는 기쁨이 되었고, 그래서 하나님은 그 기쁨을 경배로 받으셨습니다. 주님도 정말 기뻐하셨고, 천사들도 그 주변에서 생명을 얻은 사람이 됐다는 사실 하나로 다 같이 기뻐하였습니다.

하나님이 축복의 말씀을 내려주시는 장면이 보였습니다. 하나님의 음성이 온 우주에 울려 퍼졌고, 그 축복의 빛이 비처럼 사방으로 뻗어나가면서 온 천국과 우주와 지구 전체에 내려졌는데, 특히 사람에게 그 축복의 빛이 깊이 부어지는 모습이 보였습니다. 사람의 온몸에서 나오는 빛으로 인해 빛의 덩어리 같은 하나님의 모습과 너무나 닮아 보였습니다. 아담의 머리에 하나님의 빛이 강하게 임하는 모습은 꼭 교황이 관을 쓴 것과 같았습니다. 그의 얼굴에서 강한 빛이 났고, 그 빛은 몸으로도 내려올 정도로 풍성하게 임했는데, 빛으로 된 망토를 쓴 듯한 모습으로 보였습니다. 그 모습은 마치 온 우주와 지구의 왕으로서 대관식을 하는 것 같았습니다. 그래서 온 천하 만물과 우주가 함께 왕의 탄생을 기뻐하고 찬양하는 장면이 보였습니다. 하나님이 만드신 피조물인 식물과 동물, 심지어 돌과 물과 해, 달, 별들까지도 모두 하나님을 찬양했고, 하늘나라의 모든 천사도 함께 하나님께 영광을 돌렸습니다.

경배를 받으시는 장소는 바로 하나님의 모든 창조 세계입니다. 그러므로 모든 창조가 성전의 구조로 축조되었는데, 특히 지구는 하나님의 경배를 주재할 사람이 사는 곳이므로 성전의 형식으로 지어졌습니다 (서철원).

더 깊이 생각해보기

1. 모든 자연 만물은 하나님이 창조하셨으므로 하나님을 닮은 부분이 분명히 있을 것입니다. 자연 만물들을 보고 하나님의 어떤 성품(속성)을 발견했나요?
(하나님의 성품: 질서, 인내, 사랑, 자비, 영광, 능력, 신실함, 지혜, 거룩함 등)

2. 하나님의 형상과 모양으로 사람이 만들어졌다고 했는데, 나 자신을 볼 때 어떤 부분이 얼마만큼 하나님의 형상과 모양을 닮은 것 같나요?

3. 하나님의 자녀로서 하나님의 형상과 모양을 점점 더 닮아가기 위해서 어떤 노력을 해야 할까요?

4. 지금의 세상 모습을 볼 때 얼마나 많은 부분이 하나님이 처음 창조하신 모습에서 변질된 것 같은가요?

5. 나는 하나님이 사람에게 맡기신 이 땅을 다스리는 직무를 어떻게 실천하고 있나요?

6. 하나님이 맡기신 이 땅을 어떻게 해야 더 잘 다스릴 수 있을까요?

1장 참조

1장

창조

2장
안식

2장에서는 하나님이 천국을 만드시고 그곳에서 안식하시는 장면과 그 천국의 모형인 에덴동산이 어떤 모습인지를 알 수 있습니다. 아담과 하와는 하나님이 만들어주신 에덴동산에서 안식하며 하나님이 맡기신 사역, 즉 동물에게 이름을 지어주면서 그들을 다스리는 일을 하게 됩니다. 여기서 이 땅을 다스릴 사람 중 아담이 먼저 창조되고, 그다음에 하와가 아담의 갈비뼈 하나로 만들어지는데 이 부분을 집중적으로 보면 3장에서 왜 사탄이 아담을 유혹하지 않고 하와를 유혹했는지 그리고 하와가 왜 사탄의 유혹에 쉽게 넘어갔는지를 알 수가 있습니다.

거대한 빛의 덩어리와 같은 성부가 강하게 빛을 비추시니 그 빛이 흘러내려 넓게 퍼져나갔고, 그 빛으로 가득한 공간이 천국의 모습으로 변화되었다. 성부는 그곳의 가장 중심이자 가장 높은 곳에 보좌를 두시고 그 위에 앉으셨다. 이 땅은 천국의 모습을 본떠 만들어졌기에 천국과 천국 중심의 예배 처소와 이 땅과 이 땅 중심의 에덴동산은 유사점이 많다. 아담은 하나님이 맡기신 이

땅을 관리하며 동물에게 이름을 붙여주며 그들을 다스렸다. 빛으로 가득했던 아담의 갈비뼈로 하와를 만드셨는데, 이로 인해 완전했던 아담은 그 갈비뼈만큼 빛이 부족하게 되었고, 하와는 아담의 갈비뼈로 만들어져서 아담보다 빛이 더 많이 부족했다.

첫 번째 장면

하나님의 안식

"천지와 만물이 다 이루어지니라 하나님이 그가 하시던 일을 일곱째 날에 마치시니 그가 하시던 모든 일을 그치고 일곱째 날에 안식하시니라 하나님이 그 일곱째 날을 복되게 하사 거룩하게 하셨으니 이는 하나님이 그 창조하시며 만드시던 모든 일을 마치시고 그 날에 안식하셨음이니라"(창 2:1-3).

성부 하나님이 지구와 우주를 창조하신 뒤 당신이 안식하실 장소를 만드시는 모습이 보였습니다. 사실 천국이 지구와 우주보다 먼저 존재했는데 이는 천국이 본체이고 이 땅은 그 모형이기 때문입니다. 그러나 창세기는 이 땅의 창조가 이루어지는 것부터 쓰였기 때문에 천지창조를 먼저 보여주셨고, 천국의 창조에 대해서는 하나님이 안식하시는 모습을 통해서 나중에 보여주셨습니다. 성경 저자가 기록하면서 태초에 세상을 나타나게 했다고 해서 다른 만물보다 세상이 먼저 만들어졌다는 증거는 아닙니다. 저자는 보이지 않고 지적인 세상 뒤에 보이는 세상, 즉 감각의 세상이 존재하기 시작했다는 점을 말하고자 할 뿐입니다(대 바실리우스).

천국이 처음에 만들어질 때 모습을 보면 성부 하나님은 거대한 빛의 덩어리 같은 모습으로 보이는데 하나님의 빛이 물결처럼 계속 흘러내렸습니다. 하나님의 영광이 너무나 넘치셔서 그 빛이 계속 흘러 공간에 가득 찼습니다. 빛으로 가득 찬 공간이 천국의 모양으로 점점 변화되었습니다. 그래서 하나님의 빛이 흘러넘쳐서 가득 채워진 공간이 천국이라는 세계로 변화된 것입니다. 주님이 손을 뻗치신 곳마다 지상과 비슷한 어떤 왕국이 만들어지는 모습이 보였고, 주님이 밟고 가시는 모든 곳이 다 천국으로 변화되어 나타났습니다. 그 놀라운 모습에 저절로 감탄이 나왔습니다. 또한 수많은 천군천사가 각양의 모습과 크기로 생겨났습니다. 그들은 제각각 지위와 직책을 가지고 자신의 자리에서 맡은 직무를 수행했습니다. 천사들과 권능들, 권세들은 어느 때부터 존재하기 시작했지만, 이들은 보이는 세상이 창조되었을 때 이미 존재했습니다(암브로시우스).

마지막에 주님이 높은 곳을 향해서 올라가시는데 밟으시는 곳마다 금으로 된 계단으로 바뀌고, 성부 하나님이 가장 높은 곳에 있는 보좌 위에 앉으시니 그 아래에 있는 모든 생물이 엎드리며 모든 것이 정돈되는 모습이 보였습니다. 성부가 하늘 보좌에 앉으시자 천국은 성부 하나님에게서 뻗어 나오는 빛으로 가득했습니다. 그 빛은 보좌에 가까울수록 강하지만, 천국 성벽에 가까워질수록 약해지는 느낌이었습니다. 하나님이 창조하신 모든 세계는 오직 하나님의 능력으로 창조되고 정돈되며 유지되고 발전하는, 진정 살아 있는 세계가 되었습니다. 모든 것이 계속해서 살아 있게 하는 것이 바로 하나님의 역사이고 섭리입니다. 그렇게 하나님은 창조하신 모든 세계를 다스리셨습니다. 영원하신 하나님은 영원히 다스리십니다.

하나님은 천국 보좌에서 안식하셨습니다. 모든 피조물이 다 하나님을 찬양하는 성가대가 되고 아담이 그 지휘자가 되어 모든 경배를 주관하는 제사장으로 일했습니다. 하나님은 이 찬양과 경배를 만족해하셨습니다. 이것이 하나님의 안식입니다(서철원).

두 번째 장면

에덴동산

"이것이 천지가 창조될 때에 하늘과 땅의 내력이니 여호와 하나님이 땅과 하늘을 만드시던 날에 여호와 하나님이 땅에 비를 내리지 아니하셨고 땅을 갈 사람도 없었으므로 들에는 초목이 아직 없었고 밭에는 채소가 나지 아니하였으며 안개만 땅에서 올라와 온 지면을 적셨더라 여호와 하나님이 땅의 흙으로 사람을 지으시고 생기를 그 코에 불어넣으시니 사람이 생령이 되니라 여호와 하나님이 동방의 에덴에 동산을 창설하시고 그 지으신 사람을 거기 두시니라 여호와 하나님이 그 땅에서 보기에 아름답고 먹기에 좋은 나무가 나게 하시니 동산 가운데에는 생명 나무와 선악을 알게 하는 나무도 있더라 강이 에덴에서 흘러 나와 동산을 적시고 거기서부터 갈라져 네 근원이 되었으니 첫째의 이름은 비손이라 금이 있는 하윌라 온 땅을 둘렀으며 그 땅의 금은 순금이요 그 곳에는 베델리엄과 호마노도 있으며 둘째 강의 이름은 기혼이라 구스 온 땅을 둘렀고 셋째 강의 이름은 힛데겔이라 앗수르 동쪽으로 흘렀으며 넷째 강은 유브라데더라 여호와 하나님이 그 사람을 이끌어 에덴 동산에 두어 그것을 경작하며 지키게 하시고 여호와 하나님이 그 사람에게 명하여 이르시되 동산 각종 나무의 열매는 네가 임의로 먹되 선악을 알게 하는 나무의 열매는 먹지 말라 네가 먹는 날에는 반드시 죽으리라 하시니라"(창 2:4-17).

여기서부터 "천지가 창조될 때에 하늘과 땅의 내력", 즉 '톨레도트' 입니다. "내력"은 "역사"라는 말로 번역하는 것이 옳을 것입니다(뤄폴드). '톨레도트'는 '족보'라는 말로 많이 번역되었습니다. 하나님이 이 땅을 창조하실 때 하늘과 땅에 어떤 일이 있었는지를 알려주는 역사입니다. 족보는 보통 한 가문이 형성되는 과정을 보여줍니다. 그래서 누가 누구를 낳고 죽고, 또 누가 누구를 낳고 죽었다는 표현을 반복합니다. 이는 그 족보의 마지막 사람이 중요하여 그가 어떤 가문의 계통을 타고 태어났는지를 설명하기 위함입니다. 어떤 족보는 그 가문의 족장들을 알려주기 위하여 누구의 아들들 이름을 기록하기도 합니다. 그렇게 함으로써 그 가문을 다른 가문과 구별합니다. 또 어떤 족보는 어떤 사람의 일생을 요약해서 중요한 부분들을 기록한 뒤 그가 몇 세를 살고 죽었다는 내용을 기록하기도 합니다. 이는 오직 그 사람의 일대기에 초점을 맞춘 족보입니다. 이렇게 성경에 나온 족보는 세 가지 형식을 띱니다.

그렇다면 이 하늘과 땅의 족보는 어디까지인지를 살펴보았습니다. 먼저 앞에 기록한 1장 1절부터 2장 3절까지가 여기서 말하는 하늘과 땅의 족보라고 생각할 수 있습니다. 하늘과 땅이 어떻게 형성되었는지 그 과정을 자세히 기록했기 때문입니다. 빛이 만들어지고 하늘이 만들어지고 땅이 만들어지는 등 순서가 있으므로 이는 첫 번째 족보 형식과 비슷합니다. 그리고 그 형식에 따라 가장 마지막에 만들어진 사람이 얼마나 귀한지를 알 수 있습니다. 이 첫 번째 형식의 족보에서는 마지막이 누구인지가 중요하다고 말했는데, 이처럼 이 세상의 창조는 결국 사람을 위한 것이기 때문에 사람이 정말 귀한 것입니다. 사람이 하나님의 대리자로서 이 세상을 다스릴 왕으로 위임받았다는 것이 그가 얼마나 특별하게 창조되었는지를 보여줍니다. 그것이 바로 하나님의 형상과 모양입니다.

그러나 보통 족보를 기록할 때 이것이 누구의 족보라고 말하고 그 다음부터 족보가 나오므로 2장 4절부터가 하늘과 땅의 족보라고 볼 수 있습니다. 그렇다면 세 번째 족보 형식에 따라 기록된 것으로 보고 처음 창조된 하늘과 땅이 사라지는 부분까지가 하늘과 땅의 족보일 수 있습니다. 처음 창조된 하늘과 땅에서 중요한 역할을 하는 에덴동산에 대해 설명하고, 그 에덴동산을 다른 곳과 구별되게 하는 3장 24절까지가 족보의 끝이라고 볼 수 있습니다. 이로 인하여 이 하늘과 땅은 거룩하고 죄가 없는 깨끗한 하나님의 나라였는데 왕인 사람의 죄로 인해 사탄에게 밀려나게 되었으므로 여기까지가 영적으로 세 번째 의미의 족보의 끝으로 볼 수도 있습니다. 아니면, 처음 만들어졌던 하늘과 땅이 망하고 새로운 땅과 하늘이 펼쳐지는 노아의 홍수 후가 족보의 끝이라고 할 수도 있습니다. 하나님은 8장 22절에서 이제 새로운 땅에서는 심음과 거둠과 추위와 더위와 여름과 겨울과 낮과 밤이 쉬지 않으리라고 하셨습니다. 전과는 확실히 다른 하늘과 땅이 된 것입니다. 그러나 창세기 족보는 하나의 족보가 끝난 뒤 다른 족보가 이어지고 족보가 서로 겹쳐지지는 않으므로 4장에서 하늘과 땅의 족보가 끝나는 것으로 보는 것이 좋을 것입니다. 5장에서는 아담의 계보가 나오기 때문입니다.

하나님은 특별히 당신이 만드신 사람을 위해서 에덴동산을 창설하셨습니다. 하나님은 에덴동산을 사람이 더 살기 좋은 환경으로 조성하셨습니다. 에덴은 성전 문지방 밑(겔 47:1) 혹은 하나님과 어린 양의 보좌(계 22:1-2)로 상징되는 장소입니다(정동진). 하나님은 사람들이 보기에 아름답고 먹기 좋은 나무들로 가득 채우셔서 경작하지 않아도 먹을 것이 풍성하도록 하셨습니다. 그리고 사람을 만드셔서 거기에 두셨습니다. 1장 26절에서는 사람의 영혼(하나님의 형상)을 창조하신 데 대해 말씀하고, 여기서는 그 육신을 창조하신 데 대해 말씀한 것입니다(박윤선). 하나님이 사람의 코에 숨을 불어넣으시자 하나님의 형상을 닮은 영혼과 흙으로 만들어진 육체는 하나의 살아 있는 사람으로 합쳐지게 되었습니다. 숨 자체는 속에 있는 생명의 표현과 표시입니다. 하나님의 숨에서 사람의 생명이 오고(욥 33:4, 사 42:5), 사람의 코로 쉬는 숨은 하나님의 입 기운입니다(욥 27:3, 랑게).

하나님이 창조하신 지구와 특별히 조성하신 에덴동산에는 분명히 그만한 이유가 있을 것입니다. 에덴동산과 지구의 모습은 천국의 모형입니다. 즉, 천국의 모습과 하나님이 처음 창조하신 이 땅의 모습이 너무나 흡사하게 만들어졌다는 것입니다. 그래서 천국과 이 땅이 어떤 공통점이 있는지를 살펴보았습니다. 또 에덴동산에 대한 묘사에서 나오는 강, 금,

나무, 열매 등을 중심으로 보았습니다.

우주를 포함하여 이 땅의 하늘이 1층천이고, 천국의 사람들이 거주하는 구역이 2층천이며, 천국의 예배드리는 장소가 3층천입니다. 천국의 구조를 보면 원뿔과 비슷한 모습으로 되어 있는데, 제일 꼭대기 위가 예배드리는 곳입니다. 그 아래로는 천국에 간 사람들이 사는 거주 구역입니다. 예배드리는 곳이 약간 언덕처럼 되어 있고, 그 중심 가장 꼭대기 위에 하나님의 보좌가 있습니다. 그래서 예배드리는 처소도 평평하지 않습니다. 성부 하나님이 천국의 중심에 계시고, 하나님의 보좌 아래에 네 생물이 있으며, 예배 처소의 3분의 1 정도를 차지하는 공간에서 천국에 간 사람들이 예배를 드립니다. 총 70줄로 되어 있는 140,000의 이 보좌는 첫 번째 줄에는 40개 정도의 보좌가 있고, 마지막 줄은 몇천 명이 앉을 수 있는 보좌가 있어 140,000의 보좌가 부채꼴로 하나님의 보좌를 향하여 놓여 있습니다. 수학적으로 계산하면 사다리꼴을 이룰 수 없지만, 예배 처소가 언덕으로 되어 있고 뒤로 갈수록 점점 내려가고, 또 천국은 영적인 공간이기 때문에 우리가 살고 있는 시공간의 개념과는 다르다는 것을 알아야 합니다. 천국은 공간을 초월하여 존재하기 때문입니다. 그 보좌의 앞으로 하나님의 보좌와 더 가까운 위치에 24장로의 보좌가 있으며, 4,000의 성가대석은 그 옆으로 있습니다. 140,000의 보좌 뒤로는 허다한 무리가 서서 예배를 드리고 있습니다.

하나님의 보좌 뒤로 예배 처소의 3분의 2를 차지하는 공간에는 천사들이 있습니다. 수를 셀 수 없이 많은 천사가 천국의 전체 공간에 있지만, 하나님의 보좌 앞에서 도열하고 있는 천사들도 있습니다. 보좌 뒤편은 그 천사들이 예배드리는 곳입니다. 천사들은 계급별로 줄을 맞추어 서 있습니다.

천국의 건물은 금과 보석을 많이 사용했습니다. 특히 천국 성문이 진주로 되어 있고, 천국 성벽은 금으로 되어 있으며, 천국의 길도 금으로 되어 있습니다. 천국에 있는 연못의 바닥에는 여러 색의 보석이 깔려 있어서 빛에 따라 연못이 여러 색으로 빛납니다. 성도를 위해서 지어주고 계시는 천국의 좋은 집들도 보석을 많이 사용했습니다.

천국의 모형인 에덴동산의 모습을 환상으로 보면 처음 만들어진 지구는 하나의 대륙으로 되어 있었고 대부분의 땅이 평평한데, 가장 중앙의 높은 언덕 위의 부분이 에덴동산입니다. 이는 천국 중앙의 높은 언덕에 예배 처소가 있는 것과 흡사합니다.

만왕의 왕이신 하나님이 보좌에 앉으셔서 온 세상을 다스리시듯, 에덴동산에 하나님의 대리인으로서 지구를 다스릴 사람을 하나님이 직접 만드셔서 세우셨습니다. 하나님은 그가 동산에서 일하며 지키도록 하셨습니다. 낙원 자체는 노동이 면제된 곳이 아닙니다(매튜 헨리). 하나님은 사람을 당신의 나라를 기업으로 받을 상속자로서 특별하게 만드셨습니다. 성자가 흙에 손을 대셔서 사람의 몸을 빚으시고, 성부 하나님이 사람 얼굴의 중앙, 즉 미간에서 코와 인중에 이르는 부근에 생명과 영혼, 즉 속사람을 넣어주셨습니다. 하나님이 직접 생명을 넣어주신 아담은 하나님의 빛으로 가득한 완전한 모습으로 보였습니다. 거룩하신 하나님, 거대한 빛으로 이루어진 성부 하나님을 닮은 모습입니다. 생기, 곧 하나님의 영을 부어 넣으셔서 하나님의 아들로 만드신 것입니다. 아담이 처음에 존재한 방식은 지금 우리 같지 않고 완전히 살아 있는 영혼의 활동 방식이었습니다. 생명의 혼은 육체의 방식이 아니라 육을 가졌지만, 하나님의 형상으로서 영의 존재 방식으로 살게 된 존재를 말합니다(서철원).

아담의 정수리로 하나님의 빛이 내려오고 있어 하나님을 생각하도록 하고, 하나님이 직접 생기를 불어넣으신 미간과 코 주변에는 영적인 눈이 있어 하나님을 바라보도록 하며, 가슴 부분에는 속사람이 자리를 잡아 하나님의 마음을 알 수 있게 했습니다. 그리고 몸의 중심인 배꼽 부근에는 하나님의 빛이 강하게 뭉쳐 있어서 하나님을 향한 갈망을 갖도록 하는 것으로 보였습니다.

에덴동산이 유프라테스강과 티그리스강이 발원하는 아라라트산 혹은 반 호수 근방에 있었을 것이라고 추정하는 견해가 있습니다. 또는 바벨론 평원 지대 쪽에 있었을 것으로 추측하는 견해도 있습니다. 고대사학자 데이비드 롤 박사는 "에덴은 고대 아르메니아 지역에 있었다"라고 밝혔습니다. 노아의 홍수로 지구의 지형이 많이 변했기 때문에 정확하게 알 수는 없지만, 에덴동산은 실재했습니다.

천국에 금과 보석이 많으므로 천국의 모형인 에덴동산과 이 지구에도 금과 보석이 많은 것은 당연합니다. 특히 에덴동산이 있었던 곳에 더 많지 않았을까 생각합니다.

하나님이 이 세상을 천국의 모형으로 지으셨으니 이 세상의 피조물도 천국의 모습을 닮는 것이 당연합니다. 하나님은 모든 피조물을 하나님을 닮도록 창조하셨기에 곳곳에서 하나님의 성품을 발견하도록 하시고, 그것을 통해 하나님을 믿고 하나님을 알도록 하십니다. 그래서 하나님의 복음을 듣지 못한 사람이라고 할지라도 하나님을 믿지 않은 사람은 지옥에 가는 것이 당연한 것입니다. 하나님이 지으신 자연 만물을 통해 하나님을 알 수 있는데 하나님을 믿지 않았으므로 정죄를 받아 마땅합니다.

특히 본문에 나오는 생명나무와 선악을 알게 하는 나무가 어떻게 거기에 있게 되었는지에 대해서 정확히 아는 것이 중요합니다. 에덴동산의 중앙에 생명나무와 선악을 알게 하는 나무가 있었는데, 여기에서 하나님은 이 두 나무를 창조하셔서 그곳에 두었다고 말씀하지 않으셨습니다. 단지 "있더라", 즉 언제 누가 만들었는지는 확실하지 않지만 거기에 있는 것을 보고 기록한 것입니다.

하늘나라에 있는 하나님의 보좌에서 생명수가 흘러나오는데, 이 생명수는 물이면서 동시에 불이고 빛입니다. 그 생수가 예배 처소 바닥 전체를 덮고 사람들이 사는 동네로 흘러내려갑니다. 또한 생명의 근원이신 주님이 생명나무의 본체로서 예배 처소에 존재하십니다. 보좌에서 흘러나온 생수가 천국의 모든 동네로 흘러내릴 때 그 흐르는 곳 옆에는 생명나무들이 있어서 사람들이 그 열매를 먹고 생명수를 마시면서 하나님께 생명을 공급받고 영생하게 됩니다. 천국이 전체적으로 산의 모습을 하고 있으므로 생명수가 천국의 전체 땅을 강처럼 흘러내리면서 생명을 전해주는 것입니다. 그리고 하나님의 보좌와 천국 백성의 거주지와 지구가 원통형으로 연결되어 있어서 하나님의 보좌에서 수직으로 아래로 떨어지는 생명수는 지하수처럼 천국의 땅에 생명을 공급합니다. 그래서 천국집을 보면 어떤 집은 우물이 있고 어떤 집은 분수가 있으며, 어떤 집은 집 옆으로 강이 흐르거나 샘물이 흐르거나 도랑물이 흐르는 등 여러 가지 모습으로 보입니다. 분수나 우물이 있는 집은 보좌에서 원통형으로 아래로 바로 떨어지는 그 지하수에서 나오는 생수를 공급받고 있는 집인 것입니다. 그리고 하나님의 보좌에서 흐른 물이 예배 처소를 덮고 흘러서 천국 동네들로 흐르는 물은 강이 되어 온 지역으로 퍼져 내려가는 것입니다. 이 강물은 밑으로 내려갈수록 지류가 뻗어나가는 것처럼 점점 깊이가 얕아지고 폭이 좁아져서 천국 전체를 둘러선 성문에 가까워질수록 도랑물처럼 되다가 끊어집니다. 그리고 이 지하수는 지구의 생명나무까지 이어집니다.

에덴동산에도 본문의 말씀처럼 4개의 강이 흐르는데, 천국 보좌에서 흘러나온 생명수가 천국의 거주지들로 강이 되어 흘러가는 모습과 흡사합니다. 이렇게 그 에덴동산의 가장 중심, 즉 네 강이 만나는 근원지에 생명나무가 있습니다. 이 생명나무가 있는 강의 근원에서 네 강이 에덴동산 전체로 뻗어나가 지구의 대륙을 흘러 바다로 가게 되는 것입니다. 에덴동산의 한가운데 오아시스 같이 물이 있고, 그 옆에 생명나무가 있었는데, 어린 묘목 같은 모습으로 굉장히 싱그럽고 연한 잎을 가진 나무로 보였습니다.

앞에서도 이야기했지만, 보좌에서 지하로 흘러내린 생명수의 물줄기가 천국 땅에도 물을 대지만 지구의 에덴동산까지 내려와 생명나무를 이루게 된 것입니다. 하나님이 천국에 있는 생명나무의 일부를 이 땅에 두신 것으로, 생명나무는 하나님의 보좌에서 나오는 생명수가 없이는 존재할 수 없습니다. 생명나무가 사람에게 영생할 수 있는 생명을 주는 열매를 맺으려면 생명수가 있어야 하므로 이것이 천국에서 공급되는 것입니다. 그래서 생명수가 하나님의 보좌와 생명나무를 연결하는 것입니다. 여기에서 제일 먼저 놀라운 구조는 천국은 죄가 없고 사람의 생각과 주변 자연계의 확실성이 있는 곳이요, 그 결과로 영적 요소와 자연적 요소가 완전히 일치되는 점입니다(랑게). 그래서 생명나무로 인해 천국과 이 세상이 하나가 되었고, 그로 말미암아 천국과 이 세상이 하나님이 온전히 통치하시는 하나님의 나라를 이루는 것입니다.

에덴동산의 생명나무는 하늘의 생명나무 중 일부로서 하나님이 에덴동산을 만드시면서 사람이 하나님과 교제하며 영원히 살 수 있도록 하시려고 두신 것입니다. 그래서 새롭게 창조된 것이 아니기 때문에 생명나무가 에덴동산에 있었다고 표현하신 것입니다. 보좌에서 나온 생명수를 마시고 생명나무의 열매를 먹으면 천국에서 영원히 살 수 있듯이, 이 땅에서도 에덴동산의 생명나무의 열매를 먹으면 영원히 살 수 있도록 하나님이 투영해두신 것입니다. 하나님은 처음 사람을 만드실 때 사람이 이렇게 하나님의 생명을 공급받고 영생할 수 있도록 계획하셨습니다. 이 생명나무의 열매를 먹으면서 하늘의 생명의 근원이시고 생명나무의 본체이신 주님을 생각하고 주님께 생명을 공급받아 산다는 것을 기억하는 것입니다. 이 생명나무는 하나님이 홍수가 나기 전에 하늘로 다시 옮기셔서 지금은 하늘에 있는데, 이 땅에 있을 때보다 더 크고 넓게 가지를 뻗은 모습으로 보입니다.

에덴동산에 있었던 선악을 알게 하는 나무가 어떤 나무인지를 살펴보았습니다. 하나님은 선하시고 죄가 없으신데, 아담이 그런 하나님을 닮은 모습으로 창조되었기 때문에 그도 이미 선하므로 선악과를 먹으면 선악을 알게 되는 것이 아니라 악을 알게 되는 것입니다. 악을 알게 된다는 것은 악을 범하여 악이 무엇인지 체험하고 악을 배우게 됨으로 결국 그의 근본이 악해진다는 것입니다. 이런 악을 알게 하는 나무가 창조의 셋째 날 나무와 풀들과 함께 만들어졌다면 하나님이 그것을 보시고 보기에 좋았다고 말씀하셨을 리가 없습니다. 악이 없으신 하나님이 악을 알게 하는 나무를 직접 창조하셨다고 보는 것은 바른 해석이라고 할 수 없습니다. 아무리 사람이 자유의지를 가지고 하나님을 섬기도록 하려는 선한 목적이 있으시더라도 선악을 알게 하는 나무를 통해 사람이 죄를 지을 수 있는데, 사람이 죄짓는 것을 싫어하시는 하나님이 그렇게 하셨을 리가 없습니다. 하나님은 그 어떤 사람도 시험(temptation)하지 않으십니다(약 1:13). 하나님은 처음부터 이 땅을 하나님이 보시기에 좋고 완벽하게 창조하셨습니다. 즉, 선악을 알게 하는 나무는 일반 나무처럼 셋째 날에 창조된 것이 아니고 또 하나님이 사람을 시험하시려고 일부러 창조하신 것이 아니라는 의미입니다. 그런데 어느 날 하나님이 조성하신 에덴동산에 선악을 알게 하는 나무가 생겨난 것입니다.

사탄은 하나님이 이 땅을 천국의 모형으로 아름답게 만드신 뒤 사람을 만드셔서 그를 왕으로 세우신 것에 불만을 품었습니다. 삼위 하나님과 하나님이 지으신 모든 피조물이 아담의 탄생과 그의 대관식을 축하해주었는데 오직 사탄과 그의 부하들은 이를 기뻐하지 않고 도리어 하나님을 대적했습니다. 사탄은 하나님 바로 곁에서 하나님을 예배하는 천사장이라는 자신의 자리에 만족하지 않고 하나님 나라의 상속자로 세워진 사람을 시기하고 그 자리를 차지하고 싶었습니다. 그래서 하나님의 뜻을 반대한 사탄은 그의 부하들과 함께 천국에서 쫓겨난 것입니다. 타락한 사탄과 그의 부하들은 하나님과 완전히 멀어져서 하나님의 빛이 닿지 않는 깊은 어둠 속에서 자신들의 거룩한 천사의 모습을 잃어버리고 괴물 같은 모습으로 변질되기 시작했습니다.

사탄과 그의 부하들이 거주하던 천국의 일부분은 사탄의 타락과 함께 천국에서 분리되어 하나님의 생명, 하나님의 빛을 잃어버리고 하나님의 통치에서 벗어나 깊은 무저갱으로 추락하게 됩니다. 그래서 지옥은 하나님이 만드신 것은 아니지만, 온전히 사탄이 만든 것도 아닌 것으로 보입니다. 하나님은 아름다운 천국을 만드셨지만, 그 일부가 사탄의 타락과 함께 분리되어 저주를 받아 지옥을 형성한 것이기 때문입니다. 창조주이신 하나님 외에 그 어떤 존재도 무에서 유를 창조하는 능력이 없습니다. 창조는 생명의 근원이신 하나님의 고유 능력입니다. 그래서 사탄은 지옥을 창조할 수 없습니다. 그러나 타락한 사탄의 부하들인 악한 영 중 일부가 그 지옥을 더 기괴하고 악한 모습으로 변화시켰습니다. 그래서 지옥은 하나님이 만드신 것이라고 말할 수 없습니다. 또한 사탄은 지옥을 하나님이 만드신 천국을 흉내 내어 비슷하게 꾸미려 했습니다. 사탄은 하나님처럼 되고 싶어 하고, 스스로 만왕의 왕이 되어 모든 하나님의 피조물을 자신의 발아래 두고 싶어 합니다. 또한 하나님이 받으셔야 하는 영광을 자신이 받고 싶어 합니다. 그래서 사탄은 천국의 가장 중심에 하나님의 보좌가 있는 것을 흉내 내어 지옥의 가장 깊은 곳에 자신의 권좌를 만들고 그곳에 앉아 지옥의 왕으로 군림했습니다.

하늘 위 가장 높은 곳에 하나님이 보좌에 앉으셔서 당신의 나라, 곧 영의 세계와 육의 세계를 포함한 모든 당신의 통치 영역을 다스리십니다. 그 모든 것에는 하나님의 빛이 연결되어 있어 하나님이 그것들을 붙잡고 계시는 것입니다. 그러나 영적으로 하나님의 보좌가 있는 곳과 반대 방향으로 가장 낮은 곳, 지옥 중에서도 가장 깊은 어둠 속에 사탄의 보좌가 있습니다. 산, 즉 원뿔의 모양으로 천국이 있고, 그 아래 원뿔의 위아래가 뒤집힌 모양으로 지옥이 있기에 천국의 땅과 지옥의 땅은 절대 닿지 않습니다. 천국의 땅은 원뿔 모양이지만, 그 아래로 깊은 절벽이 있어 사실 절벽까지 포함하면 원뿔 두 개를 합해놓은 모습이라고 할 수 있습니다. 그리고 그 땅과 닿지 않으면서 그 아래로 거꾸로 된 원뿔의 모습으로 지옥이 있습니다. 다시 말해, 지옥의 가장 깊은 원뿔의 꼭짓점에 가까운 부분, 하나님의 보좌와 가장 먼 곳에 사탄의 보좌가 있는 것입니다. 이 사탄의 보좌와 지옥과 이 세상의 악한 영들도 다 연결되어 있어 사탄의 명령을 하달하고 지시하면서 사탄이 모든 악한 영을 다스리고 또한 죄를 근거로 장악한 사람과 동식물과 자연까지도 지배합니다. 이렇게 사탄은 하나님을 많은 부분에서 모방했습니다.

천국 성에서 지옥의 입구가 보이는데, 이는 영적인 세계이므로 지옥의 입구는 하나인데도 불구하고 어느 위치에서도 지옥의 문이 보입니다. 지옥의 문에 가까울수록 지옥 중에서도 어둠이 적고 견디기 쉬운 지옥이지만, 아래로 깊이 내려갈수록 어둠이 점점 짙어지고 견디기 어려운 고난을 겪게 됩니다. 모든 존재는 하나님의 빛을 받아서 창조되었고 하나님의 생명으로 살 수 있습니다. 하나님과 멀어지고 하나님의 생명이 없으면 모든 존재는 죽음의 고통을 느끼게 됩니다. 이는 육적이든 영적이든 모든 존재에게 해당하는 법칙입니다. 그러므로 하나님과 멀어지고 하나님의 생명을 잃어버리고 저주받아 죽음과 하나가 된 사탄과 그의 부하들은 타락 이후 존재하는 모든 순간을 괴로움 속에서 사는 것입니다. 그리고 사탄과 그의 부하들에게 붙잡힌 하나님을 믿지 않는 영혼들도 그들과 똑같은 고통을 겪는 것입니다. 그러나 하나님은 영원하신 분이고 하나님이 창조하신 모든 것은 영원합니다. 하나님의 속성을 닮아 창조되었기 때문입니다. 하나님이 만드신 모든 것이 하나님을 닮는 것은 당연합니다. 죽음과 하나 된 존재들일지라도 사라지지 않고 영원히 존재하지만, 죽음과 하나 되어 영원히 고통 속에서 존재하게 되는 것입니다.

사탄은 부하들을 모은 다음 악한 계획을 세우기 시작했습니다. 사탄과 그 부하들은 저주를 받고도 반성하지 않고 하나님의 사랑받는 자녀인 사람들을 자신처럼 타락하게 해 나락에 떨어지도록 만들고 싶었습니다. 그것이 그가 택한 복수의 방법이었습니다. 그리고 사람이 가진 이 세상을 다스릴 수 있는 왕권을 빼앗고 싶었습니다. 그렇게 하늘에서 쫓겨난 사탄은 하나님의 상속자로 지어진 사람이 하나님과 멀어지도록 하려는 계획을 세웠습니다.

태초의 지구는 밀림처럼 나무와 풀들이 정돈되지 않고 자라 있었지만, 하나님은 에덴동산에 키가 크고 거친 나무보다는 열매를 맺는 작은 나무들과 먹을 수 있는 풀들을 더 많이 두셔서 사람이 살기에 더 좋도록 만들어놓으신 것으로 보였습니다. 그리고 아담을 에덴동산으로 이끄셔서 생명나무로 오도록 하셨습니다. 그런데 사탄은 아담과 하와가 생명나무로 가는 길목에 있는 나무를 이용해 그것을 선악을 알게 하는 나무로 탈바꿈시켜 그들을 유혹하려고 준비했습니다. 델리취도 그 나무에 실제로 "사망의 세력"이 있다고 했습니다. 생명나무는 언덕으로 된 에덴동산의 가장 중앙에 있습니다. 사탄은 동산 중앙의 가장 높은 곳에 있는 생명나무가 있는 곳까지 올라가는 길 중간의 계곡 쪽에 거대한 나무를 세워둔 것입니다. 그래서 밑에서 산 위를 올려다볼 때 중간에 큰 나무가 있으면 산꼭대기가 잘 보이지 않듯이, 이 큰 나무가 산꼭대기의 생명나무를 가렸던 것입니다. 사탄은 하나님을 무시하고 자신을 돋보이게 하고 사람을 유혹하려고 이렇게 자리를 잡은 것입니다.

선악을 알게 하는 나무는 크고 그 주위에 덩굴 같은 것들이 감겨 있는 모습으로 보였습니다. 원래는 그곳에 일반적인 나무 한 그루가 있었는데, 하늘에서 쫓겨 내려온 사탄이 나무 전체를 휘감고 자기가 나무처럼 꾸며내어 가지를 더욱 높고 넓게 뻗쳐 더 큰 나무가 되게 했습니다. 그 열매도 자기 세력들을 완전히 응집시켜놓은 열매인 것입니다. 이것은 제사 음식에 담긴 영적 원리와 같습니다. 제사 음식에는 악한 영들이 가득 들어 있어서 우리가 그것을 먹으면 그 속에 있던 악한 영들이 우리 몸속으로 들어오듯이, 악한 영이 가득한 선악과 열매를 먹으면 그 영들이 우리 몸속으로 들어올 수 있도록 장치를 해놓은 것입니다.

하나님은 모든 것을 아시고 이 나무의 열매를 먹지 않도록 명령하십니다. 하나님과 가깝게 대화를 나누는 아담의 모습이 보였습니다. 하나님이 아담을 향해 강하게 빛을 비추어주시면서 그 주변이 빛으로 된 구름이 덮인 듯이 보였고, 아담을 향해 크고 장엄하고 엄중한 소리로 말씀하셨습니다. 하나님이 경고하시는 말씀은 사람을 위한 배려입니다. 생명의 하나님이시지만 죽음을 경고하신 것은, 생명의 하나님을 거부하고 그 명령을 떠나 하나님과의 관계가 깨지면 죽음이 오는 것이 당연하므로 이렇게 말씀하신 것입니다. 사람을 협박하거나 두려움을 주어 억지로 따르게 하시려는 것이 아닙니다. 생명의 하나님과 죽음을 가져오는 죄 중 무엇을 택하느냐는 사람의 선택에 달렸고, 선택의 결과는 자신이 짊어지는 것입니다.

생명나무가 영적으로 보면 천국과 연결되어 있듯이, 선악을 알게 하는 나무는 영적으로 뿌리가 지옥과 연결되어 있는 것이 보였습니다. 그러나 아직 이 땅은 하나님 나라이고 사탄이 역사할 근거인 죄가 들어오지 않았기 때문에 사탄은 오직 그 나무에만 역사하고 있는 것으로 보였습니다. 하나님은 사탄의 이런 악한 공작을 허용하셨습니다. 선악을 알게 하는 나무가 하나님이 만드신 거룩한 에덴동산에 있는 것을 하나님이 허용하신 것은 사람이 어떻게 하는지 보시려고 시험(test)하시려는 것이었습니다. 하나님은 사람이 자신의 자유의지로 하나님의 말씀을 따르고 하나님의 자녀로 살기를 바라셨습니다. 선택지가 있어야 자유가 있는 것입니다. 그래서 생명나무와 선악을 알게 하는 나무라는 두 가지 선택지를 사람에게 주시고 자유롭게 선택할 수 있도록 하신 것입니다. 사람에게는 시련을 통과하면서 선(善)을 파수하는 생활이 필요했습니다(박윤선). 하나님은 사람이 자유의지를 가지고 사탄의 유혹에 넘어가지 않고 굳건한 믿음으로 하나님과 동행하기를 바라셨습니다. 처음 만드신 사람은 죄가 없고 거룩하며 하나님의 영으로 충만하기 때문에 사탄의 유혹을 이기고 승리할 수 있는 능력이 있었습니다. 또 함께하시는 하나님을 찾고 의지하면 됩니다.

하나님의 나라는 이기는 자의 나라입니다(계 2:26, 3:21, 21:7). 사탄의 유혹을 물리치고 승리할 때 진정한 하나님 나라의 상속자, 하나님 나라의 왕으로 설 수 있는 것입니다. 이 시험을 통과하기 전까지 아담은 왕으로서 교육받는 기간이었습니다. 그래서 하나님은 아담에게 지켜야 하는 것, 주의해야 하는 것, 해야 할 일 등을 가르치신 것입니다. 아담이 모든 교육을 이수하고 사탄의 유혹을 이겼을 때 진정한 승리자이자 영광의 왕으로서 설 수 있는 것입니다. 그러나 아담은 시험을 통과하지 못하고 죄와 죽음이 이 세상에 들어오게 했습니다. 아담은 비록 이 시험에 실패했지만, 둘째 아담인 예수 그리스도가 이기셨습니다. 그래서 예수 그리스도를 믿는 모든 사람에게 죄와 죽음을 이길 수 있는 길을 열어주셨습니다.

세 번째 장면

부부를 이룸

"여호와 하나님이 이르시되 사람이 혼자 사는 것이 좋지 아니하니 내가 그를 위하여 돕는 배필을 지으리라 하시니라 여호와 하나님이 흙으로 각종 들짐승과 공중의 각종 새를 지으시고 아담이 무엇이라고 부르나 보시려고 그것들을 그에게로 이끌어 가시니 아담이 각 생물을 부르는 것이 곧 그 이름이 되었더라 아담이 모든 가축과 공중의 새와 들의 모든 짐승에게 이름을 주니라 아담이 돕는 배필이 없으므로 여호와 하나님이 아담을 깊이 잠들게 하시니 잠들매 그가 그 갈빗대 하나를 취하고 살로 대신 채우시고 여호와 하나님이 아담에게서 취하신 그 갈빗대로 여자를 만드시고 그를 아담에게로 이끌어 오시니 아담이 이르되 이는 내 뼈 중의 뼈요 살 중의 살이라 이것을 남자에게서 취하였은즉 여자라 부르리라 하니라 이러므로 남자가 부모를 떠나 그의 아내와 합하여 둘이 한 몸을 이룰지로다 아담과 그의 아내 두 사람이 벌거벗었으나 부끄러워하지 아니하니라"(창 2:18-25).

하나님은 낮과 밤, 궁창과 땅 그리고 바다에 이름을 주시고 별들을 이름대로 부르셨습니다. 그것은 하나님이 이 모든 것을 다스리시는 주 여호와이심을 보여주시려는 것이었습니다. 그런데 짐승과 새들의 이름은 그들의 작은 주인 격인 아담이 이름을 붙여주도록 남겨두셨습니다. 그것은 아담이 하나님의 형상대로 지어졌으므로 하나님의 영광의 일부를 그에게 전가해주려는 것이었습니다(매튜 헨리).

하나님의 나라는 일하는 곳입니다. 하나님의 나라에는 안식이 있지만, 그것은 하나님의 품에서 그분의 생명을 공급받고 활력을 얻을 수 있다는 의미이지 아무 일도 하지 않고 쉬기만 한다는 뜻이 아닙니다. 진정한 안식은 하나님 안에 거하고 하나님을 예배하며 하나님을 높이고 하나님 나라를 세워가는 것을 말합니다. 그래서 주님도 안식일에 사람들을 살리는 일을 하신 것입니다. 그것이 하나님께 영광을 돌리고 하나님의 나라를 세워나가는 일이었기 때문입니다. 그래서 "내 아버지께서 이제까지 일하시니 나도 일한다"(요 5:17)고 말씀하셨습니다. 하나님 나라에 속한 사람은 하나님의 사역에 동참해 일해야 합니다. 그것이 하나님과 동행하는 것입니다. 천국 보좌에 앉으신 하나님이 온 세상을 다스리시고, 아담은 이 땅을 경작하며 정복하고 다스리는 일을 하도록 위임받았습니다. 이제 그 첫 번째로 동물들의 이름을 지어주는 일을 시작한 것입니다.

주님이 아담의 손을 잡고 에덴동산의 물가로 데려다 놓으시는 모습이 보이고, 아담이 어린아이와 같이 주님의 손을 잡고 그곳에 있는 것들을 호기심 가득한 눈으로 바라보면서 주님과 걸어 다니는 모습이 보였습니다. 주님이 아담에게 생물들의 이름을 짓도록 허락해주셨지만, 아담은 각 생물의 이름을 지을 때마다 "주님, 이건 어떨까요? 이건 어떨까요?"라며 주님께 여쭙고 결정하는 모습이 보였습니다. 하나님은 아담이 그에게 위임된 통치권을 행사할 수 있도록 동물들을 아담에게로 이끌어오셔서 아담이 받은 권세를 합당하게 행사하도록 허락하신 것입니다(서철원).

아담은 동물과 식물의 이름을 지어주고, 동물들과 즐겁게 놀다가 동물들이 짝이 있는 것을 보고 허무함을 느끼는 모습이었습니다. 사람이 아담 때부터 허무함을 느꼈다는 것을 깨닫고 나니 그런 마음이 자연스러운 것이라는 생각이 들어서 위로를 받았습니다.

하나님이 아담의 마음을 보시고 그의 뼈를 취하셔서 하와를 만드시는 모습이 보였습니다. 하나님은 여자를 남자와 동등한 위치에 서게 하시려고 그의 옆구리에서 취하여 만드셨고, 그의 보호를 잘 받도록 하시려고 팔 밑에서 취하셨으며, 많은 사랑을 받을 수 있도록 남자의 가슴과 가까운 곳에서 취하셨습니다(매튜 헨리).

아담이 푸른 풀밭에 앉아서 기도하고 있는데 주님이 그를 깊이 잠들게 하신 뒤 그의 갈비뼈 하나를 취하셔서 하와를 만드시는 것이 보였습니다. 하나님이 아담의 몸을 빚으셨기에 그는 자다가 깨어난 것처럼 일어났습니다. 하와가 깨어난 후의 모습이 보였는데, 하와는 나무 뒤에 숨어서 아담을 유혹하듯 쳐다보았습니다. 여자와 남자는 서로 한 번에 알아보고 함께 이야기하면서 즐거워하고 기뻐했습니다. 아담과 하와는 처음 보았는데도 오래 알고 지낸 사이처럼 에덴동산에서 서로 위하고 깊은 친밀감을 느끼는 모습이었습니다. 아담은 하와가 자신의 몸의 일부로 만들어졌음을 느꼈고 하와도 아담이 자신의 본체임을 알았기에 서로가 서로의 일부이며 결국 하나인 것을 알았던 것입니다. 아담이 하와를 데리고 에덴동산을 다니면서 그곳에 있는 생물들의 이름을 비롯해 여러 가지를 알려주었습니다.

하나님은 아담을 온몸에서 하나님의 영광의 빛이 나고, 그 빛이 넘치다 못해 마치 머리에 왕관을 쓴 것처럼 또 등에는 빛으로 된 망토를 걸친 것처럼 빛이 흘러넘칠 정도로 완벽하게 만드셨습니다. 그러나 하나님이 하와를 만드시려고 아담의 갈비뼈 하나를 빼신 순간 완벽하게 빛으로 가득 차 있던 아담은 빠져나간 갈비뼈 부분만큼 하나님의 빛이 비게 되었습니다. 이 빈 부분을 하나님께 다시 빛을 받아서 채웠어야 했는데, 그렇게 하지 못했습니다. 생명나무의 열매를 먹어서 채웠다면 정말 완벽했을 것입니다. 이후 하와가 아담의 갈빗대로 만들어집니다. 아담은 하나님이 직접 생기를 넣어주셔서 하나님의 빛이 온몸에 가득하게 창조되었지만, 하와는 아담의 갈비뼈만큼의 빛만을 받아 만들어졌으므로 하나님의 빛이 약했습니다. 하나님은 동물들의 이름을 짓는 것과 창조된 세상을 다스리는 일을 아담에게 맡기셨고 아담과 언약하셨습니다. 하와에게는 아담을 돕는 역할만 주셨고 직접 만나서 사명을 주시지는 않았습니다.

죄를 짓기 전 남자와 여자는 영광으로 옷을 입었기에 알몸이었지만 부끄러워하지 않았습니다(시리아인 에프렘). 두 사람의 몸에서 빛이 강하게 나오므로 실제의 몸이 아닌 서로에게서 나는 빛을 보므로 전혀 부끄러움을 느끼지 않았습니다. 빛으로 된 옷을 입은 것처럼 보였기에 부끄러움을 느끼지 않는 것이 당연합니다. 또 그들은 죄성이 전혀 없으므로 어떤 것에도 두려움을 느끼지 않았고, 서로를 온전히 받아들이며 상대의 본 모습을 사랑하는 것으로 보였습니다.

구원받은 천국의 성도들도 서로에게서 나는 빛을 보면서 서로 존경하고 사랑합니다. 특히 더 거룩하고 하나님과 친밀하며 보좌 앞으로 간 성도는 다른 사람보다 더 강하게 빛나서 그보다 빛이 덜 나는 사람은 그 사람 앞에 서면 저절로 고개를 숙일 수밖에 없게 됩니다. 빛이 많이 난다는 것은 그만큼 하나님과 닮았다는 의미이므로 존경받는 것이 당연합니다.

1. 주일에 하나님 안에서 진정한 안식을 얻기 위해 어떻게 해야 할까요?

2. 사람은 천국의 모형인 에덴동산에서 땅을 경작하며 지키는 역할을 맡았습니다. 이와 같이 사람은 천국에서도 해야 할 일이 있고 이 땅은 그것을 연습하는 기간입니다. 내가 가진 은사와 재능을 볼 때 하나님 나라를 위해 어떤 사명을 받은 것 같나요?

3. 내가 가진 은사와 재능을 더 발전시켜 천국에서의 역할을 잘 감당하기 위해 이 땅에서 어떻게 노력해야 할까요?

4. 하나님의 자녀인 나는 생명나무로서 이 땅에 하나님의 생명을 나누어주는 통로의 역할을 어떻게 감당하고 있나요?

5. 앞으로 생명나무의 역할을 더 잘 감당하기 위해서 어떤 노력을 할 것인가요?

6. 하나님이 보시기에 기뻐하는 부부관계, 가족관계는 어떤 모습일까요?

7. 하나님이 기뻐하시는 부부관계, 가족관계를 위해 어떤 노력을 할 것인가요?

2장
안식

3장

첫 불순종

3장에서는 아담과 하와가 생명나무와 선악을 알게 하는 나무를 구분하지 못하고, 생명나무의 열매가 아닌 하나님이 금하신 선악을 알게 하는 나무의 열매를 먹는 모습을 볼 수 있습니다. 그들은 사탄의 유혹에 너무나 쉽게 넘어갑니다. 그 죄로 인해 벌을 받고 천국의 모형인 에덴동산에서 쫓겨나는 모습을 볼 수 있습니다.

한눈에 보는 창세기 3장

사탄은 뱀의 속에 들어가 선악을 알게 하는 나무 밑에서 하와를 불러 가까이 오도록 했다. 선악을 알게 하는 나무를 생명나무와 같은 모습으로 꾸미고 그 열매를 먹으면 하나님과 같이 된다고 하와를 유혹했다. 하와는 그의 말에 속아 넘어가 선악과를 먹었고, 아담도 그것을 먹었다. 선악과를 통해 아담과 하와의 뱃속으로 악한 영들이 들어가 자리를 잡았다. 그로 인해 들어온 죄는 사

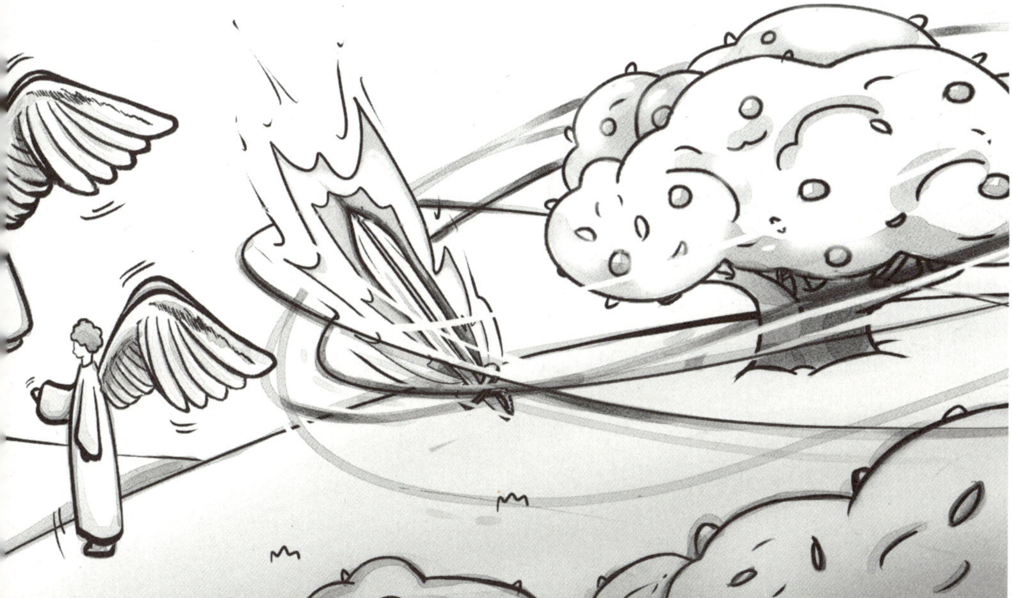

람과 하나님과의 관계, 사람과 사람의 관계, 사람과 동물의 관계, 사람과 자연의 관계, 사람의 영혼과 육체의 관계를 다 분리시켰다. 사탄의 명령을 따른 사람은 이제 사탄의 지배를 받게 되었고, 사탄은 죄를 통해 이 땅에 자신의 활동 범위를 넓히며 이 땅을 지옥화했다. 하나님은 생명나무가 있는 곳을 보호하시려고 그룹과 불칼을 보내셨다.

첫 번째 장면

뱀의 유혹

"그런데 뱀은 여호와 하나님이 지으신 들짐승 중에 가장 간교하니라 뱀이 여자에게 물어 이르되 하나님이 참으로 너희에게 동산 모든 나무의 열매를 먹지 말라 하시더냐 여자가 뱀에게 말하되 동산 나무의 열매를 우리가 먹을 수 있으나 동산 중앙에 있는 나무의 열매는 하나님의 말씀에 너희는 먹지도 말고 만지지도 말라 너희가 죽을까 하노라 하셨느니라 뱀이 여자에게 이르되 너희가 결코 죽지 아니하리라 너희가 그것을 먹는 날에는 너희 눈이 밝아져 하나님과 같이 되어 선악을 알 줄 하나님이 아심이니라 여자가 그 나무를 본즉 먹음직도 하고 보암직도 하고 지혜롭게 할 만큼 탐스럽기도 한 나무인지라 여자가 그 열매를 따먹고 자기와 함께 있는 남편에게도 주매 그도 먹은지라 이에 그들의 눈이 밝아져 자기들이 벗은 줄을 알고 무화과나무 잎을 엮어 치마로 삼았더라"(창 3:1-7).

에덴동산에 선악을 알게 하는 나무가 있다는 것은 악한 영이 공격을 할 수 있는 빌미가 됩니다. 하나님이 만드신 아름다운 에덴동산에서 하나님이 만드신 나무를 붙잡아 선악을 알게 하는 나무로 변질시키고, 하나님이 만드신 뱀 속에 들어가 하와를 유혹하는 것, 이 정도가 하늘에서 쫓겨난 사탄이 할 수 있는 최선이었습니다. 사탄이 정당하게 역사할 수 있는 근거가 되는 죄가 아직 없었기 때문입니다. 이것도 다 하나님이 허용하지 않으셨으면 사탄이 절대 할 수 없었을 것입니다. 사탄의 악한 역사도 전능하신 하나님의 크신 계획 안에 있습니다. 하나님은 결국 합력하여 선을 이루시는 분입니다. 하나님은 절대 사탄의 공작 때문에 당신의 뜻을 이루지 못하는 무능한 분이 아닙니다. 이미 성경에서 증명되었고, 요한계시록의 모든 말씀이 이루어지고 있음을 우리가 체험하고 있으며, 앞으로 그 완성을 보게 될 날이 올 것입니다.

사탄이 생명나무로 가는 길목에 선악을 알게 하는 나무를 두어 아담과 하와를 유혹할 준비를 해놓았지만, 아담은 주님이 처음 창조하실 때 너무나 완벽하게 만드셨기 때문에 그를 속이고 열매를 먹도록 유혹할 수가 없었습니다. 사탄은 아담과 하와의 영적인 상태를 잘 알았을 것이고, 아담은 유혹하기 어렵지만 하와는 유혹하기 쉽다는 것을 알고 하와를 택해 유혹한 것입니다. 아담보다는 상대적으로 하나님의 빛이 충만하지 못했던 하와는 하나님의 빛으로 가득한 아담과 계속 같이 있으면서 그에게서 빛을 받든지, 아니면 하나님께 요청해 빛을 충만히 받아서 부족한 부분을 채웠어야 했습니다. 그런데 그렇게 하지 못한 상태에서 사탄의 유혹에 빠진 것입니다. 이렇게 사탄은 하와의 약점을 근거로 공격하는 것을 볼 수 있습니다(어빙 젠센).

하와가 혼자 돌아다니고 있을 때 생명나무는 보이지 않고 선악을 알게 하는 나무만 보여서 그곳으로 가까이 가게 됩니다. 그 나무에 있던 사탄이 뱀의 모습으로 하와를 유혹하는데, 그것은 하나님이 지으신 들짐승 중 뱀이 사탄의 본모습을 가장 많이 닮았기 때문입니다. 실제 들짐승 중 도마뱀과 비슷하게 생기고 아마존에 있을 법한 거대한 크기의 뱀에게 사탄이 들어가 완전히 사로잡아버립니다. 그때의 뱀은 오늘날과 같이 흉악하지 않았을 것입니다(루터). 사탄이 가장한 뱀은 하얀색의 살모사처럼 머리가 세모처럼 보이고 몸은 얇실했으며, 그 몸에 붙은 비늘들은 반짝반짝했습니다. 다리가 네 개 달려 있고, 그 네 다리로 기어 다니거나 두 다리로 설 수도 있었습니다. 전설에 나오는 긴 몸체에 다리가 달린 용에 더 가까운 모습이었습니다. 그 뱀은 선악을 알게 하는 나무를 휘감고서 멀리서 오는 아담과 하와를 지켜보았습니다. 그리고 하와가 혼자가 되는 때를 노리고 있다가 마침내 하와가 혼자가 되자 부드러운 음성으로 하와의 이름을 부르며 가까이 오라고 말하면서 손짓을 했습니다.

아담과 하와는 육신을 가졌지만, 동시에 영적인 존재이므로 영안이 열려 있었기에 천국과 지옥 등 영적 세계를 다 볼 수 있고, 하나님의 피조물인 식물과 동물 그리고 돌과 같은 무생물까지도 모두 대화가 가능했습니다. 그리고 영적 존재, 즉 하나님이나 천사와 마귀와도 대면하여 대화할 수 있었습니다. 그래서 사탄이 가장한 뱀과도 대화를 나눌 수 있었던 것입니다. 뱀의 입으로 음성을 낸 것이 아니라 뱀 속의 사탄이 영으로 말한 것입니다. 사탄은 영적 존재이므로 아담은 듣지 못하고 하와만들을 수 있도록 영적인 음성으로 말을 걸 수 있습니다.

당시 에덴동산은 자연 그대로의 상태로서 길이 나 있지 않았고, 어떤 목적지로 가려고 하든지 자신이 내딛는 발걸음이 길이 되어 어느 방향으로 가더라도 목적지만 가면 되었습니다. 아담과 하와가 생명나무로 가는 길은 수없이 많겠지만, 사탄은 자신이 만들어놓은 선악을 알게 하는 나무를 지나도록 그들을 유도해야 했습니다. 그래서 선악을 알게 하는 나무가 잘 보이도록 어떤 나무보다도 크게 만들고 열매도 탐스럽게 만들어서 멀리서 보고 혹시 생명나무인지 확인해보고자 그쪽으로 오도록 했던 것입니다. 사탄은 타락한 천사로서 천사의 모습을 가장할 수 있으므로 잠시 아담과 하와의 눈에 선악과가 탐스럽고 먹음직스러운, 그래서 정말 하나님의 빛과 생명을 가득 채워줄 수 있을 것 같은 모습으로 보이도록 만들 수 있었습니다. 그러나 잠깐 착각하게 하는 것보다 실제 가짜 열매를 따먹도록 유혹하는 것은 더욱 어려운 일입니다. 사탄은 여자를 이용해 아담을 교묘하게 피하려 했습니다(암브로시우스). 하나님의 빛으로 충만한 아담을 유혹하는 것이 더욱 쉽지 않다는 것을 안 사탄은 하와만 가까이 와서 열매를 따먹도록 하는 게 좋았습니다. 그래서 아담과 하와가 서로 떨어져 있을 때를 노려 하와만을 불러 선악을 알게 하는 나무 가까이에 오도록 한 것입니다.

하와의 욕구를 정확하게 안 사탄은 그 부분을 파고들어 유혹합니다. 아마도 하와는 하나님이 빛의 본체이시며 빛으로 충만하신 분인 것을 알았을 것이고, 비록 조금 부족한 부분이 있어도 몸 전체가 하나님의 빛으로 가득한 아담을 보면서 자신도 하나님의 빛으로 가득하고 싶다고 생각하고 있었을 것입니다. 그러나 자신이 가진 빛은 조금밖에 되지 않으므로 그것에 대한 욕망이 있었습니다. 그래서 사탄이 그 부분을 지적하면서 선악과를 먹으면 눈이 밝아져서 하나님처럼 된다고 하니 그 어떤 말보다 유혹적으로 들렸던 것입니다. 하나님처럼 될 수 있다는 말은 거대한 빛 자체이신 하나님처럼 자신도 온전히 빛나는 모습이 될 수 있다는 의미입니다. 그래서 사탄이 빛나는 모습으로 가장한 이 열매를 생명나무 열매로 착각했습니다. 사탄은 원래 천사 출신이기에 언제든지 천사의 모습으로 가장할 수 있습니다. 그러므로 사탄은 선악을 알게 하는 나무와 그 열매 그리고 뱀까지 모두 선한 모습으로, 빛의 모습으로 가장할 수 있었던 것입니다. 아담과 하와는 영안이 열려 있어 하나님의 빛과 지옥의 어둠을 볼 수 있었을 것입니다. 그러므로 사탄이 빛의 모습으로 가장하지 않았다면 그렇게 쉽게 속지 않았을 것입니다. 게다가 그렇게 가장하는 일은 하와가 선악과를 따먹고 아담에게 건네 먹게 하는 순간까지 길지 않은 시간에 일어났기에 타락한 지 얼마 되지 않아 천사의 모습이 더 익숙했을 사탄에게는 어렵지 않았을 것입니다.

아담과 하와가 먹었어야 했던 생명나무의 열매야말로 하나님의 빛, 하나님의 생명, 하나님의 에너지로 충만하게 차 있었기에 아담과 하와가 그 열매를 먹으면서 하나님과 깊이 만나고 교제했다면 부족했던 부분이 온전히 채워질 수 있었을 것입니다. 그렇지만 선악을 알게 하는 나무의 열매는 생명나무의 열매가 아닙니다. 또 그곳은 하나님이 강하게 임재하시는, 하나님의 생명수가 내려오는 자리가 아닙니다. 그러나 하와는 이 땅에 태어난 지 얼마 되지 않아 악의가 무엇인지 모르는 사람이었습니다. 그래서 사탄이 들어간 뱀이 자신과 아담을 하나님께 불순종하게 해 하나님과 멀어지게 하고, 하나님이 맡기시고 다스리게 하신 이 세상을 빼앗으려고 거짓말한다고는 전혀 생각하지 못했습니다. 게다가 열매 하나를 먹어서 하나님의 빛이 몸에 쉽게 채워질 수 있다는 말은 하와를 강하게 유혹했을 것입니다. 또한 온몸이 하나님의 빛으로 충만해지려면 하나님께 가까이 나아가서 그분과 교제하며 그분의 빛을 받아서 채워야 하는데, 그것을 너무 쉽게 빨리 채우려고 한 그녀의 욕심이 문제였습니다.

우리는 "너희가 신들처럼 되리라"는 유혹자의 감언이설에 넘어가 스스로 그분의 신성을 가지고 싶어 합니다. 그 결과 우리는 의무를 행하지 않고는 절대 얻을 수 없는 그분께 참여함으로써 신성을 우리에게 나누어주실 참 하나님에게서 멀어지게 됩니다(아우구스티누스). 랑게는 뱀을 소유한 마귀는 자연스럽게 하나님을 사람에게 언약의 하나님이신 여호와로 인정할 수 없게 했다고 했습니다.

뱀이 하와에게 말을 한 뒤 선악을 알게 하는 나무 주위에 있던 악한 영들이 주님의 빛이 부족하여 뱀의 말에 현혹되어 멍하니 있는 하와를 자석같이 끌어당겨 가까이 다가오게 하고, 하와의 손을 휘감아서 선악과를 따먹도록 하는 모습이 보였습니다. 그리고 하와가 선악과를 먹는 순간 선악을 알게 하는 나무에 있던 악한 영이 하와에게 더욱 강하게 휘감아지는 모습이 보였습니다. 그 열매를 따먹는 순간 하와의 몸으로 욕심의 영, 불순종의 영이 들어가 뱃속에 자리를 잡았습니다. 그리고 하와는 그 열매를 들고 아담에게 갔습니다. 넓은 에덴동산에 사람이라고는 둘밖에 없었기에 아담은 하와에게서 그리 멀리 있지 않았을 것이므로 하와는 선악을 알게 하는 나무 근처에서 아담을 만날 수 있었을 것입니다.

아담은 처음 창조되었을 때 온전히 하나님의 빛으로 가득 차 있어서 어떤 악한 것들이 틈타지 못할 것 같은 모습이었지만, 아담의 갈비뼈가 몸에서 나오는 순간 그 부분이 악한 영들에게 노출될 수 있는 약점이 되었습니다. 아담도 갈비뼈 부분의 부족한 빛을 하나님을 바라보면서 하나님으로부터 채웠어야 합니다. 빛이 부족한 부분이 작으므로 생명나무의 열매를 먹었다면 바로 해결될 문제였는데도 아담은 그렇게 하지 못했습니다. 도리어 하와가 그 부분을 갖고 있으므로 하와가 자주 눈에 보이고, 하와를 품에 안고 있으면 자신의 부족한 부분이 채워진 느낌이 들므로 더욱 하와를 바라보게 되었습니다. 또한 동물들은 다 짝이 있지만 자신은 혼자라는 것에 외로움을 느꼈고, 그 부분을 채우기 위해 하나님과 더 깊은 교제로 나아가기보다 자신과 같은 사람을 만나서 기대고 싶어 했습니다. 그래서 하나님이 하와를 만들어주신 것이고, 아담은 하와를 더욱 가까이 한 것입니다. 아담은 하와가 선악과를 가져와 그것을 통해 부족한 부분을 완전하게 채울 수 있다고 하자 너무나 쉽게 받아먹었습니다. 하나님의 말씀을 생각하지 못하고 하와의 말에 넘어가 함께 선악과를 먹고 말았습니다. 아담은 하나님이 금하신 선악과를 먹은 죄로 인해 악한 영을 불러들여 하와에게 주어 비어버린 갈비뼈의 자리에 악한 영이 자리 잡도록 했습니다. 죄라는 통로로 악한 영이 그의 옆구리를 공격한 것이고, 그로 인해 모든 인류에게 죄가 대를 이어 내려가도록 했습니다. 반면 둘째 아담이신 예수님은 옆구리에 창을 찔리심으로 물과 피를 쏟으셔서 모든 인류를 죄에서 대속해주셨습니다. 그로 인해 죄인들이 하나님의 자녀로 다시 회복될 수 있는 길을 열어주셨습니다. 같은 옆구리의 상처이지만, 자신의 죄로 인해 당한 공격과 타인의 죄를 해결하기 위해 당하신 공격이라는 확연한 차이를 보여줍니다.

하나님이 아담에게 돕는 배필인 하와를 만들어주신 후 "남자가 부모를 떠나 그의 아내와 합하여 둘이 한 몸을 이룰지로다"(창 2:24)라고 말씀하셨는데, 아담의 부모는 하나님이시므로 남자가 아내를 만나 가정을 이루면 주님과 멀어질 수도 있다는 암시였다고도 보입니다. 오직 하나님과 아담만 함께하는 하나님의 영광 아래 있다가 아담이 하와와 함께하기 위해서 나오자마자 그 틈을 노리고 뱀이 다가온 것입니다. 이는 예수님이 광야에서 금식 기도를 하시고 나서 사탄이 다가왔던 모습과 비교됩니다. 주님은 사탄의 유혹을 이기시고 성령이 오셨지만, 아담과 하와는 이기지 못하고 저주가 온 것입니다. 그리고 아담은 시험에 져서 이 세상을 다스리는 대리왕의 직위에서 내려왔지만, 예수님은 사탄의 시험을 이기시고 이 세상의 왕으로서 직위를 공고히 하셨습니다. 그리고 그 직위를 다시 우리에게 위임하시려고 성도를 부르시고 자녀로 삼으시며 사명을 주시는 것입니다.

인류가 지은 최초의 죄는 욕심의 죄라고 생각합니다. 아담과 하와가 하나님의 명령을 어겼기에 최초의 죄는 불순종의 죄라고 생각할 수 있고 그것도 맞습니다. 그러나 말씀을 어기기 전, 즉 선악과를 먹기 전에 "너희가 그것을 먹는 날에는 너희 눈이 밝아져 하나님과 같이 되어 선악을 알 줄 하나님이 아심이니라"라고 뱀이 유혹했고, 그 말에 넘어간 하와가 "그 나무를 본즉 먹음직도 하고 보암직도 하고 지혜롭게 할 만큼 탐스럽기도 한 나무인지라"라고 생각했습니다. 이는 욕망(욕심)을 통해 죄로 이끄는 사탄의 흉계에 이미 사로잡혔음을 가리킵니다. 하나님처럼 되고 싶은 욕심이 하와의 마음에 있었던 것입니다. 아담도 동일한 상태였기에 하와가 주는 선악과를 먹은 것입니다. 이처럼 그들이 뱀의 권고를 따르게 된 것은 욕심이었습니다. 아담과 하와의 탐욕은 뱀의 권고보다 그들에게 훨씬 더 해로웠습니다(시리아인 에프렘).

성경은 "탐심은 우상숭배"(골 3:5)라고 말하고 "오직 각 사람이 시험을 받는 것은 자기 욕심에 끌려 미혹됨이니 욕심이 잉태한즉 죄를 낳고 죄가 장성한즉 사망을 낳느니라"(약 1:14-15)라고 했습니다. 결국 죄의 시작, 즉 인류 최초의 죄가 욕심의 죄라는 것과 이 욕심이 하나님과 같이 되고 싶은 마음에서 시작된 사탄의 죄와 같은 죄라는 것이 중요합니다. 그들은 욕심에 이끌려 감히 창조주 하나님께 불순종하는 죄를 지었고, 그 결과 하나님 앞에서 쫓겨난 것입니다.

처음에 하나님이 만드신 아담과 하와는 빛으로 가득 차 있었습니다. 특히 아담은 빛으로 된 망토를 두르고 빛으로 된 왕관을 쓴 것 같고, 또 빛으로 된 옷을 입은 듯이 온몸에서 빛이 났습니다. 하와도 아담보다는 약하지만, 그래도 온몸에서 빛이 나고 있었습니다. 이렇게 빛이 온몸을 덮고 있으므로 벗고 있어도 벗은 것을 몰랐습니다. 우리가 천국에 올라가면 그렇게 살 것입니다. 세마포로 옷을 입는다고 하지만, 사실 이 세마포 옷은 빛으로 된 옷입니다. 그래서 천국에 가면 빛이 많이 나지 않는 사람은 하나님의 빛이 강하게 나는 사람 앞에서 저절로 고개를 숙이게 됩니다. 그래서 천국에서도 계급이 나눠진다고 볼 수 있습니다. 천국에서 보좌에 들어갈 144,000명과 허다한 무리와는 몸에서 나는 빛이 크게 차이가 날 것입니다. 또 144,000명에 속하더라도 하나님의 보좌 가까이 가는 사람과 뒤에 있는 사람의 수준도 차이가 날 것입니다.

아담과 하와가 자신들의 몸에서 나는 빛으로 인해 옷을 입을 필요를 느끼지 못하고 전혀 부끄러움을 느끼지도 못했습니다. 그러나 선악과를 따먹고 악을 알게 되면서 몸에서 나던 강한 빛이 약해지고 영의 눈보다 육신의 눈이 더욱 밝아져서 스스로 벗고 있다는 사실을 깨닫게 되자 부끄러움을 느끼게 되었습니다. 아담과 하와의 몸에는 빛이 온전히 다 채워지지 않고 빈 부분이 있었는데, 선악과를 먹음으로 그것에 있던 악한 영들이 그 부분에 점점 채워지는 모습이 보였고, 그래서 몸에서 빛이 차지하고 있던 부분이 점차 작아졌습니다. 그리고 그동안 빛을 보던 눈, 영의 세계를 보던 눈이 약해지고 육의 세계를 보는 눈이 더욱 밝아졌습니다.

육의 눈이 밝아지는 장면을 영적으로 보면 아담과 하와의 눈에서 빛이 나오는 것을 막는 렌즈 같은 것이 씌워지는 모습으로 보였습니다. 이는 아담과 하와의 눈에 역사한 악한 영들의 작용으로 보입니다. 아담과 하와가 악을 알게 되기 전에는 에덴동산에서 어떤 것을 하든지 간에 그 마음의 중심은 늘 주님을 생각하고 두 눈이 주님을 향해 있었는데, 이 렌즈 같은 것이 씌워지면서 주님이 아닌 다른 곳에 마음을 빼앗기게 된 것입니다.

하나님은 육의 눈으로 보이지 않는 영적인 존재이십니다. 천국이나 지옥도 영적인 세계입니다. 영이신 하나님이 창조하신 이 지구와 우주의 물질세계는 육의 세계로 보이지만, 실상은 영의 세계와 겹쳐 있습니다. 영과 육이 하나가 된 상태라는 것입니다. 사람도 육신과 영혼이 하나가 되어 존재하는 것처럼 이 세상에는 영과 육이 하나로 아름다운 조화를 이루고 있었습니다. 그래서 하나님이 보시기에 좋았던 것입니다. 사실 영적으로 보면 동물과 식물도 하나님을 찬양합니다. 우리가 무생물이라고 부르는 땅과 바다도 하나님을 찬양합니다. 모든 동물과 식물과 땅과 바다와 하늘 등 모든 피조세계가 하나가 되어 하나님을 찬양하는 모습을 보면서 그들과 영적인 대화도 나누고 함께 하나님을 높이는 아름다운 교제를 했을 것입니다. 죄가 없던 아담과 하와는 영의 눈이 밝았을 것이고, 영적인 귀가 열려 있어 영적인 오감으로 영적인 세계를 체험하며 살았습니다. 영혼과 육신이 하나가 되어 영혼이 느끼는 감각과 육신이 느끼는 감각이 일치했기에 거룩한 영적 세계와 육적 세계가 하나인 하나님의 나라를 보고 듣고 느끼고 체험하고 있었습니다. 그런데 죄를 짓는 순간, 즉 하나님의 명령을 어기고 선악을 알게 하는 나무의 열매를 먹는 순간, 이 영적인 세계를 느끼는 감각이 약해지고 육적인 세계를 느끼는 감각이 밝아지게 된 것입니다. 이는 영혼과 육체가 분리되었다고 말할 수 있습니다.

하나님의 나라를 체험할 수 있는 영적인 감각이 둔해지고 그것이 심화되어 그 감각을 완전히 잃어버리게 된다는 것은 영혼이 죽는 일입니다. 영혼이 느끼는 감각은 생명의 근원이신 하나님을 알게 하는 통로이기 때문입니다. 우리의 영의 눈으로 하나님을 보고, 영의 귀로 하나님의 음성을 들으며, 영의 코로 천국의 향기를 맡고, 영의 입으로 천국의 생명수와 생명나무의 열매를 먹고 마시며, 영의 피부로 하나님의 손을 잡고 천국을 만지고 느끼며 사는 것이 진정 하나님의 자녀의 삶입니다. 하나님을 만나고 깊이 교제하기 위해서 영적인 감각이 살아 있는 것은 너무나 중요합니다. 그리고 그것은 하나님의 생명, 사랑, 은혜, 은사 등 온갖 좋은 것을 공급 받는 통로가 됩니다. 이것이 막힌다면 우리의 영혼은 서서히 죽게 되고, 우리의 육신이 아무리 좋은 것을 먹고 잘 살아 있다고 하더라도 실상은 죽은 것과 다름없게 되는 것입니다. 이것이 영혼과 육체가 분리될 때 사람에게 일어나는 일입니다.

죄를 지은 다음 감각의 눈은 열렸지만, 아담과 하와가 하나님을 바라보던 정신의 눈은 닫혔습니다(오리게네스). 죄로 인해 영육간의 정상적 관계가 제거되어서 하나님과 연합한 영의 순결한 도구가 되는 육체의 역할이 중단되었기 때문입니다(랑게). 사탄은 사람의 영혼이 영적 세계에 둔감해지게 하고 영적 세계를 감각하는 것을 육신으로는 감각할 수 없게 만들었습니다. 대신에 육신으로 감각하는 것을 예민하게 만들었습니다. 영적인 감각으로 하나님과 그분의 나라를 느끼며 영적인 감격과 황홀함에 빠져 살던 사람은 더는 그런 기쁨을 누릴 수 없게 되었습니다. 그리고 육적인 기쁨과 즐거움을 더욱 크게 느끼게 되었고, 또한 그것을 더 느끼기 위해 집중하면서 결국 육적 쾌락에 중독되도록 만든 것입니다. 그래서 그동안 영적인 세계를 보느라 몰랐던 육의 세계가 더 눈에 들어오게 되고, 죄를 짓고자 하는 성향에 눈을 뜨며, 죄악을 행하려는 의지가 생겨나게 된 것입니다. 결국 눈이 밝아졌다는 것은 악이 작동하고 선이 작동하지 않는다는 의미를 담고 있습니다(정동진).

거기에 더해, 하나님을 만나고 하나님을 느끼는 영적인 감각의 통로를 사탄이 이용하게 되는 것이 더욱 큰 문제입니다. 사탄은 영적 감각으로 얻는 정보를 교란하고 환각과 같은 거짓된 정보를 얻도록 함으로써 사람을 혼란에 빠지게 만듭니다. 하나님을 아는 영적 감각이 막히는 것은 죄 때문에 일어나는 일입니다. 그 죄는 악한 영이 역사하는 근거가 되고, 악한 영은 하나님과 우리를 분리시켜 하나님을 따르도록 만들어진 우리의 영혼과 흙으로 만들어져 자신의 먹이로 전락한 육신을 분리시키는 것입니다. 그렇게 함으로서 하나님과의 관계가 계속해서 멀어지게 하고, 하나님이 당신과 교제할 수 있도록 만들어놓으신 통로로 자신에게 집중하게 만든 것입니다. 악한 영은 사람의 약한 부분을 공격하는데, 죄로 인해 영혼과 육신이 분리되어 하나님을 향한 영적 감각이 둔해진 것을 안 사탄은 그 부분을 공격해 자신이 그 통로를 장악한 뒤 자신을 보고 자신의 음성을 들으며 자신을 느끼고 받아들이도록 했습니다. 하나님과 교제하는 영적인 감각의 통로는 이제 사탄과 교제하는 통로가 되어버렸습니다. 하나님을 알고 느끼라고 만들어주신 영적인 감각으로 하나님이 아닌 사탄을 느끼고 사탄의 음성을 듣게 되었습니다. 사탄은 자신이 하나님인 척 속여서 자신을 따르게 만드는 것입니다. 이렇게 계속 사탄을 받아들이고 죄를 짓는다면 사탄의 지배를 받고 지옥에서 사는 것과 같은 삶을 살게 됩니다. 결국 그 사람의 영혼은 완전히 죽은 것 같이 되고, 영혼이 죽은 사람은 사탄이 그의 육신을 붙잡고 마음대로 움직이는 꼭두각시가 되는 것입니다. 살아 있어도 자신의 삶을 사는 것이 아니라 사탄의 노예로 사는 비참한 모습이 됩니다.

아담과 하와가 자신들이 벗은 것을 부끄러워한 것은 자신들이 하나님이 아닌 다른 것을 마음에 품은 것을 깨닫고 부끄러워했다는 것입니다. 하나님 외에 다른 것을 마음에 품는 것은 영적으로 음행하는 것이기 때문입니다. 그것은 또한 세상에 대해 자신들의 생각에 따라 옳고 그름을 판단하게 되었다는 것입니다. 악을 실행한 순간 그 악이 실제 자신의 것이 되기 때문에 '내가 이렇게 악한 사람이었구나!'라고 자신의 밑바닥을 스스로 깨닫게 되는 것입니다. 그리고 그 죄를 근거로 앞으로는 무슨 죄든 지을 수 있는 상태가 되는 것입니다. 무슨 일이든 처음 한 번 실행하는 것은 어렵습니다. 그러나 일단 실행하고 나면 자신이 할 수 있는 일이 되어 다시 도전하는 것은 쉽습니다. 이처럼 죄를 범하는 순간 또 다른 죄를 짓는 것은 쉬운 일입니다.

아담이 위선에 둘러싸인 알몸으로 있기 전에는 하나님의 빛으로 옷을 입고 있었습니다. 그는 이 빛을 외면하고 자기 자신에게 눈을 돌렸습니다(아우구스티누스). 아담과 하와가 범죄하기 전에는 하나님의 영광이 함께했으나, 이제는 그 영광이 그들에게서 떠났으므로 그들의 외모가 보기 싫게 되었습니다. 그러므로 그들은 자신들의 몸을 가리기를 원했습니다(박윤선). 아담과 하와는 벗은 몸을 가리고 부끄러움을 감추려고 무화과나무 잎을 엮어서 치마를 만들어 입었습니다.

두 번째 장면

하나님의 명령을 어긴 결과

"그들이 그 날 바람이 불 때 동산에 거니시는 여호와 하나님의 소리를 듣고 아담과 그의 아내가 여호와 하나님의 낯을 피하여 동산 나무 사이에 숨은지라 여호와 하나님이 아담을 부르시며 그에게 이르시되 네가 어디 있느냐 이르되 내가 동산에서 하나님의 소리를 듣고 내가 벗었으므로 두려워하여 숨었나이다 이르시되 누가 너의 벗었음을 네게 알렸느냐 내가 네게 먹지 말라 명한 그 나무 열매를 네가 먹었느냐 아담이 이르되 하나님이 주셔서 나와 함께 있게 하신 여자 그가 그 나무 열매를 내게 주므로 내가 먹었나이다 여호와 하나님이 여자에게 이르시되 네가 어찌하여 이렇게 하였느냐 여자가 이르되 뱀이 나를 꾀므로 내가 먹었나이다 여호와 하나님이 뱀에게 이르시되 네가 이렇게 하였으니 네가 모든 가축과 들의 모든 짐승보다 더욱 저주를 받아 배로 다니고 살아 있는 동안 흙을 먹을지니라 내가 너로 여자와 원수가 되게 하고 네 후손도 여자의 후손과 원수가 되게 하리니 여자의 후손은 네 머리를 상하게 할 것이요 너는 그의 발꿈치를 상하게 할 것이니라 하시고 또 여자에게 이르시되 내가 네게 임신하는 고통을 크게 더하리니 네가 수고하고 자식을 낳을 것이며 너는 남편을 원하고 남편은 너를 다스릴 것이니라 하시고 아담에게 이르시되 네가 네 아내의 말을 듣고 내가 네게 먹지 말라 한 나무의 열매를 먹었은즉 땅은 너로 말미암아 저주를 받고 너는 네 평생에 수고하여야 그 소산을 먹으리라 땅이 네게 가시덤불과 엉겅퀴를 낼 것이라 네가 먹을 것은 밭의 채소인즉 네가 흙으로 돌아갈 때까지 얼굴에 땀을 흘려야 먹을 것을 먹으리니 네가 그것에서 취함을 입었음이라 너는 흙이니 흙으로 돌아갈 것이니라 하시니라 아담이 그의 아내의 이름을 하와라 불렀으니 그는 모든 산 자의 어머니가 됨이더라"(창 3:8-20).

바람이 불면서 하나님이 아담과 하와에게 나타나셨습니다. 시편에서도 "회오리바람 중에 주의 우렛소리가 있으며"(시 77:18)라고 했는데, 바람과 함께 하나님이 임재하시고 말씀하시는 것입니다. "거니시는"이라는 용어는 뒤에 이스라엘의 성소에 하나님이 임재하고 계신 것을 가리켜 사용되는데(레 26:12, 신 23:14, 삼하 7:6-7), 이것은 다시 한번 동산과 후대의 성소들 간의 관계를 강조합니다(고든 웬함).

아담과 하와는 하나님이 오시는 것을 알고 숨었습니다. 이것은 사람과 하나님의 관계가 죄로 인해 멀어진 것을 단적으로 보여줍니다. 죄를 지었을 때에는 잘못을 바로 시인하고 용서를 빌어야 쉽게 관계를 회복할 수 있습니다. 죄를 숨기고 감출수록 오해가 생기고 점점 깊이 뿌리내리는 죄책감으로 관계를 회복하기가 더욱 어렵게 됩니다. 아담과 하와는 감히 창조주 하나님이 찾지 못하는 곳으로 숨을 수도 없으면서 하나님 앞에서 숨으려고 하는 어리석은 모습을 보입니다.

원래 아담은 하나님과 대면해서 직접 대화를 나누었는데, 여기서는 하나님이 임재하시는 소리만 듣고 바로 피했기에 소리만 들었다고 하는 것입니다. 아담이 하나님을 피해 숨었는데도 하나님은 그를 찾으십니다. 그에게 어디에 있느냐고 물으십니다. 죄를 범한 아담은 하나님을 예배하고 하나님과 친밀한 교제를 나누던 하나님 아들의 자리에서 멀어졌습니다. 또 하나님의 말씀이 아닌 사탄의 말을 들음으로써 하나님 나라의 대리 통치자의 자리에서 내려와 사탄의 지배 아래 있게 되었습니다. 하나님의 법의 안전한 울타리 아래에 있던 하나님의 백성이었지만, 이제는 자기의 법과 질서로 새롭게 세상을 개척해나가야 하는 방랑자가 되었습니다. 그리고 결국은 죄로 인해 죽을 수밖에 없는 죽음에 속한 자가 되었습니다.

하나님이 부르시고 질문을 하시니 아담이 대답합니다. 그러나 범죄한 아담은 비겁하게도 자신의 죄를 고백하지 않고 남의 탓을 합니다. 하나님이 주신 아내 하와가 열매를 주어서 받아먹었을 뿐이라고 하는 것입니다. 이를 통해 하나님과의 관계를 스스로 멀어지게 했고, 한몸이 되었던 부부의 관계도 멀어지게 했습니다. 하나님이 주신 아내라고 말하며 하나님도 탓하고 있기 때문입니다. 하나님이 주신 아내로 인해 짝을 가진 동물들을 보면서 느꼈던 외로움을 달래고 마음을 나누며 즐거워했으면서도 이렇게 말하는 아담이 비겁해 보입니다. 또 아담은 남편으로서 아내를 품어주고 잘못을 감싸주며 자신과 아내의 죄를 대신 고백하며 회개했어야 합니다. 가장으로서 그런 모범을 제대로 보여주지 못했습니다. 이로 인해 남편과 아내의 하나 된 관계는 분리됩니다. 하와도 마찬가지로 뱀이 꾀어서 먹었다고 말합니다. 이로써 사람과 동물의 유대관계도 틀어지게 됩니다. 사람과 동물의 유대관계는 노아의 홍수사건을 지나면서 완전히 깨집니다. 이에 관해서는 9장에서 더 살펴보겠습니다.

죄를 지은 사람 대부분은 자신의 죄를 숨기고 싶어 하고, 인정하고 싶지 않아 합니다. 자신이 그렇게 악한 사람이라는 사실을 알고 싶지 않기 때문입니다. 자신은 실수나 잘못을 하지 않는 완벽하고 무엇이든 잘하는 위대한 사람이고 싶은 마음이 모두에게 있습니다. 그래서 환경 때문에 어쩔 수 없었다며 자신을 합리화하거나 남의 탓으로 돌려 자신이 피해자임을 강조하면서 자기 탓이 아니라고 생각합니다. 이로써 자존심을 지키고 죄책감을 덜고자 합니다. 아담과 하와도 그런 모습을 보입니다. 이런 모습은 서로의 친밀한 관계에 금이 가도록 하고 상대방을 밀어내어 결국 혼자가 되게 합니다.

하나님은 아담과 하와의 말을 들으시고 먼저 뱀을 저주하십니다. 이 뱀은 원래 다리가 있었는데 하나님이 뱀을 저주하시면서 배로 다니고 흙을 먹을 것이라고 하십니다. 하나님의 빛으로 물질이 창조되었고, 지금도 그 빛을 유지하고 계심으로 물질이 다시 무로 돌아가지 않고 존재하는 것입니다. 이 빛, 즉 물질을 유지하고 있는 생명력인 에너지를 하나님이 회수하시면 존재하던 물질은 바로 무로 돌아가게 됩니다. 하나님의 힘으로 무에서 유가 되었고, 반대로 그 힘을 빼시면 언제든지 다시 유가 무로 돌아가는 것입니다. 뱀에게는 다리가 있었지만, 하나님이 그 다리가 존재하게 하신 에너지를 빼신다면 처음부터 없었던 것처럼 없어질 수 있습니다. 뱀이 배로 다니게 된 것은 땅에 붙어 다닐 정도로 낮아지게 하셨음을 뜻합니다. 교만한 뱀 그리고 사탄을 낮추시는 것입니다.

하나님이 뱀에게 흙을 먹을 것이라고 말씀하신 것은 사람이 흙으로 만들어졌으므로 사람을 먹는다는 이야기로 보입니다. 사실 사탄과 사람은 먹고 먹히는 관계입니다. 악한 영은 죄를 지은 곳에 들어가 머물 수 있습니다. 죄의 값은 죽음이고, 죽음을 주관하고 생명에서 떨어져 죽음과 하나가 된 악한 영들은 죄를 지은 곳의 생명을 빼앗고 대신 죽음으로 바꿉니다. 앞에서도 말했지만, 하나님이 창조하신 모든 피조물은 하나님이 주신 생명이 있기에 무로 돌아가지 않고 존재할 수 있습니다. 악한 영들은 그 생명 에너지를 탐하고 대신 지옥처럼 만드는 것입니다.

모든 식물은 하나님의 명령에 따라 땅이 생성해낸 것입니다(창 1:11-12). 또 모든 짐승도 땅이 생성해낸 것입니다(창 1:24). 그러므로 악한 영들이 먹는 흙은 모든 땅과 식물과 동물, 사람, 땅으로 만든 모든 것을 포함한다고 할 수 있습니다. 그래서 사탄은 사람들이 자신을 섬기게 하면서 음식이나 좋은 것을 바치게 합니다. 하나님만이 영광을 받으셔야 하는데 하나님처럼 되고 싶은 사탄이 그 영광을 가로채기를 좋아하는 것은 당연합니다. 그럼에도 제사음식을 왜 먹지 말아야 하는지 이해하기 어려울 수 있습니다. 악한 영은 영적인 존재이지만, 영양분을 섭취할 수 있습니다. 또한 그들은 음식 속에 죽음의 기운을 퍼트려놓습니다. 그래서 제사음식을 먹지 말아야 합니다. 또 악한 영들은 죄를 지은 땅이나 바다 같은 자연에도 머물며 그곳에서도 생명을 빼앗고 죽음을 가져오며, 동물이나 식물에게도 그렇게 행합니다. 죄를 지은 사람 속에도 들어가 그의 생명의 기운을 빼앗고 죽음으로 이끕니다. 또 죄를 지은 장소에 머물면서 그곳의 모든 생물과 사물의 생명을 빼앗고 죽게 합니다. 앞에서도 말했지만, 존재하는 모든 것은 하나님의 생명의 능력으로 살아 있고, 그 생명은 하나님이 붙잡으셔서 유지됩니다. 그러나 악한 영들에게 덮여 생명을 빼앗기면 죽음의 그늘에 가려진 채 지옥에서 사는 것처럼 살게 되는 것입니다.

하나님을 반역한 악한 영들은 하나님께 쫓겨나 죽음의 그늘에 갇혀 있습니다. 그래서 끊임없이 하나님의 생명을 갈구하면서 어떻게 해서든 하나님의 생명을 빼앗고 싶어 하는 것입니다. 물론 그들은 이미 저주를 받았고 죽음과 하나가 된 상태이므로 아무리 다른 존재들이 가진 하나님의 생명을 빼앗아 가진다고 해도 절대 그것을 소유하고 누릴 수 없습니다. 밑 빠진 독에 물 붓기처럼 흩어질 뿐입니다. 그러나 그들은 생명을 빼앗을 때의 희열을 잊지 못하고 그것을 계속 갈구하는 것입니다. 그리고 자신들만 하나님의 저주로 죽음에 갇혀 있는 것이 억울해 하나님의 사랑받는 사람들도 다 지옥에 오기를 바라고 있습니다.

하나님이 그 뱀에게 여자와 원수가 되게 한다고 말씀하셨는데, 여기서 여자는 남성과 여성 중 여성을 가리키는 것이 아니라 영적으로 보았을 때 주님이 우리의 신랑이시고 성도는 신부이므로 이는 모든 성도를 가리키는 것으로 보입니다. 사탄과 성도는 서로의 원수라는 말입니다. 악한 영들이 하나님의 사랑받는 성도들을 미워하고 증오하기 때문에 성도들이 싸우고 싶지 않더라도 싸움이 벌어질 수밖에 없습니다. 이러한 싸움은 성도가 하늘나라의 편에 있고 악한 자가 지옥의 편에 있는 한 계속될 것입니다(매튜 헨리). 악한 영들은 성도들이 하나님 나라를 상속받는 것을 너무나 싫어해 사활을 걸고 그것을 방해하고 있습니다. 그러나 하나님은 당신의 자녀들을 보호하시고 여자의 아들로 성자 예수님을 보내셔서 사탄의 악한 계획을 완전히 부수시고 승리하셨습니다. 그 예수님을 의지할 때 성도는 악한 영들의 유혹과 그들의 공격을 물리치고 승리할 수 있습니다.

하나님은 여자에게 임신하는 고통을 크게 더하셔서 수고하여 자식을 낳을 것이라고 하셨습니다. 하와가 먹은 선악을 알게 하는 나무의 열매는 악한 영들이 가득 뭉쳐 있는 열매였습니다. 그 열매를 먹었기에 뱃속에 악한 영들이 자리를 잡게 되었습니다. 제사를 지낼 때 제사상에 음식을 차려 놓고 절하면 악한 영들이 와서 그 음식 속으로 들어갑니다. 그리고 그 음식을 먹은 사람의 뱃속에 악한 영들이 들어가게 됩니다. 그것은 그 사람 속에서 여러 가지 좋지 않은 작용을 합니다. 질병을 일으키거나, 여러 가지 이유로 빨리 죽게 하거나, 임신이 잘 되지 않게 합니다. 그래서 제사를 많이 지낸 집안의 손이 귀한 것입니다. 물론 선악과는 하와만이 아니라 아담도 함께 먹었으므로 아담의 뱃속에도 악한 영들이 자리를 잡았습니다.

사람의 몸으로 하나님의 은혜가 들어오는 통로가 세 군데 있습니다. 바로 정수리, 가슴, 배입니다. 하나님의 빛이 정수리를 통해 머리로 들어와서 그 빛이 눈으로 나오면 우리의 영안이 열려서 영적 세계를 볼 수 있게 됩니다. 그리고 성도의 가슴에는 심령의 그릇이 있습니다. 각자의 그릇은 모양이나 재질, 크기 등이 다르지만, 이 그릇은 배와 연결되어 있어서 배 밑에서부터 생수가 올라오는 사람이 있고 또 하나님이 직접 심령의 그릇으로 생수를 넣어주시는 경우도 있습니다. 이렇게 생수가 그릇에 가득 차고 넘친다면 날마다 기쁨과 감사가 넘치고, 하나님의 사랑을 다른 사람에게 나누어주면서 하나님의 자녀다운 삶을 당당히 살 수 있습니다. 그리고 배꼽 아래, 생식기가 있는 부분에 생명샘이라고 하는 생명의 근원이 되는 부분이 있습니다. 그곳에 하나님의 빛과 은혜가 가득 들어와 배꼽 부분에서 생명수로 바뀌어 가슴으로 올라가 심령의 그릇을 가득 채우게 됩니다. 그리고 여성의 생식기가 있는 부분에 하나님이 하늘에서부터 영혼을 보내셔서 새 생명이 탄생할 수 있도록 해주십니다. 여성의 자궁에 영적으로는 생명샘이 있어서 새로운 생명이 탄생하는 그 아름다운 공간에 하와가 선악과를 먹은 죄로 인해 들어온 악한 영들이 자리를 잡은 것입니다. 그래서 그 자리에 욕심의 영과 불순종의 영, 교만의 영들이 들어와 생명샘에 하나님의 은혜가 잘 들어올 수 없도록 하므로 임신하고 해산하는 숭고한 일에 훼방을 놓는 것입니다. 임신이 잘 이루어지지 못하게 하고 고통을 주며 아이에게도 죄성을 심어주는 것입니다.

또 하나님은 하와에게 "너는 남편을 원하고 남편은 너를 다스릴 것이니라"(16절)라고 말씀하셨습니다. 남자의 갈비뼈에서 나온 여자가 남자를 원하는 것은 당연합니다. 또한 사탄의 말에 쉽게 속아 넘어가 선악과를 먹은 하와를 볼 때 여자가 남자의 다스림을 받는 것이 당연합니다. 주님은 남자의 머리가 되시고, 남자는 여자의 머리가 된다는 것이 하나님의 가르침입니다(고전 11:3). 바울도 "여자는 일체 순종함으로 조용히 배우라 여자가 가르치는 것과 남자를 주관하는 것을 허락하지 아니하노니 오직 조용할지니라 이는 아담이 먼저 지음을 받고 하와가 그 후며 아담이 속은 것이 아니고 여자가 속아 죄에 빠졌음이라"(딤전 2:11-14)라고 가르쳤습니다.

여성은 하나님과의 관계가 좋아서 은혜를 많이 받는 남성을 남편으로 맞아서 그와 좋은 관계를 가질 때 남편을 통해 하나님의 은혜를 받을 수 있습니다. 남성과 여성의 생명샘이 서로 만날 때 남편 속에 있는 충만한 하나님의 은혜가 아내에게 흘러가는 것입니다. 이렇게 하나님이 직접 각 사람에게 은혜를 주시기도 하지만, 여자는 남자를 통해서도 하나님의 은혜를 받도록 하신 것이 하나님의 창조 원리입니다. 교회에서는 목사님을 통해 온 성도에게 하나님의 은혜가 임하고, 가정에서는 가장인 아버지를 통해 온 가족에게 하나님의 은혜가 임할 수 있도록 하신 것입니다. 그러므로 성도는 목사님을 잘 섬겨서 목사님이 하나님과 깊은 관계가 될 수 있도록 해야 하고, 아내들은 가장인 남편이 하나님과 친밀한 관계가 될 수 있도록 돕고 그를 잘 섬기며 높여주는 것이 좋습니다. 하나님은 교회의 지도자인 목사님에게는 교회를 잘 보호하고 성도들이 하나님을 믿고 하나님의 은혜를 받아 복을 누리며 살 수 있도록 도울 수 있는 은사와 능력을 내려주십니다. 또 가장에게는 가정을 잘 세우고 보호하며 가족 구성원을 잘 돌보아 하나님이 주신 열매인 자녀들이 바로 설 수 있도록 하는 은사와 능력을 내려주십니다. 그들을 은혜의 통로로 사용하시는 것입니다. 이는 질서의 하나님이 세우신 법칙입니다. 이것은 여자가 남자보다 열등하다는 의미가 아니라 교회의 목사와 성도의 직분이 다르듯이 남자와 여자의 역할이 다르다는 뜻입니다. 하나님이 은혜를 주시는 통로로 누구를 선택하시든 그것은 온전히 하나님의 주권에 해당하는 문제입니다.

하나님은 아담에게 "너는 네 평생에 수고하여야 그 소산을 먹으리라"(17절)라고 하셨는데 악한 영으로 이루어진 선악을 알게 하는 나무의 뿌리가 땅으로 넓게 퍼져서 땅에 하나님의 빛이 부족해지고 결국 땅이 저주를 받는 모습이 보였습니다. 우리의 영이 살려면 주님의 빛이 필요한데 악한 영들로 인해서 빛을 받기가 힘들고 주님을 찾을 수가 없어서 계속 수고하고 힘든 인생을 살게 되는 모습이 보입니다. 하나님의 빛을 받아 하나님의 형상으로 태어난 사람이 하나님의 빛을 받지 못하고 하나님을 만나지 못한다면 그만큼 불행한 일이 없고, 결국 힘든 인생을 살게 되는 것이 당연합니다.

하나님은 아담을 벌하시면서 아담을 직접 저주하지 않으시고 땅을 저주하십니다. 그래서 저주받은 땅이 너에게 가시덤불과 엉겅퀴를 낼 것이라고 말씀하십니다. 이제 가시덤불과 엉겅퀴와 아울러 동시에 자연계가 사람에게 적극적으로 반대 자세를 취하게 된 깃입니다(랑게). 흙에서 난 사람은 흙의 소산을 먹어야 하는데 이 가시덤불과 엉겅퀴로 인해 땀을 흘려야 흙의 소산을 먹을 수 있게 될 것이라고 말씀하십니다. 즉, 땅이 저주를 받은 것은 아담을 힘들게 하는 것이므로 사실 아담이 저주를 받은 것이나 마찬가지입니다.

또 아담에게 "너는 흙이니 흙으로 돌아갈 것이니라"(19절)라고 말씀하셨습니다. 즉, 땅이 저주를 받은 것은 흙인 아담도 저주를 받은 것입니다. 사람의 근원은 흙이고, 또 계속 흙의 소산을 먹고 살기 때문에 땅이 받은 저주를 사람도 그대로 받았고, 계속해서 받으면서 살게 된다는 것입니다. 사람이 처음 창조되었을 때는 산 영혼이어서 영적인 존재로서 그의 광채가 대단했습니다. 영혼이 그 본성을 드러내 자기를 나타냈기 때문입니다. 그러나 이제 타락함으로 영혼은 육체에 감춰지고 육만 나타나므로 흙이 전부인 것처럼 되었습니다. 그러므로 흙은 흙으로 돌아갈 수밖에 없게 되었습니다(서철원).

하나님은 아담과 하와의 불순종에 대해 그들을 직접 저주하지 않으셨습니다. 오직 뱀과 땅이 저주를 받았고, 아담과 하와는 벌을 받았을 뿐입니다. 아담에게는 수고하여 소산을 먹는 노동의 고통을 내리셨고, 하와에게는 해산하는 고통과 남편의 아래에 매이도록 하셨습니다. 하나님은 사람을 축복하셨고 그들이 하나님의 대리자로서 이 땅을 통치하도록 창조하셨습니다. 그러므로 그들의 죄로 인해 그들이 다스려야 하는 땅이 저주를 받는 것입니다. 이스라엘 역사를 보면 왕이 범죄하면 전염병, 기근, 전쟁 등으로 그가 통치하는 나라와 백성이 다 고통당하는 것을 볼 수 있습니다. 또 사람들의 죄가 땅에 관영하여 홍수로 심판하실 때에도 이 땅이 심판받고 동식물들도 다 함께 죽음을 당했습니다. 하나님이 보실 때 왕은 나라의 대표입니다. 국민, 영토, 주권은 한 나라로서 하나이므로 각각 나누어서 보지 않으십니다. 그러나 그런 심판 가운데서도 하나님은 자비를 베푸셔서 남은 자를 두십니다.

아담이 아내의 이름을 "하와"로 지어주면서 그가 "모든 산 자의 어미"가 되었다고 말합니다. 모든 살아 있는 자가 여자의 몸을 통해 나오게 되었다는 것입니다. 생명을 임신하여 인류를 보존하는 일은 너무나 중요합니다. 하나님이 생육하고 번성하라고 하셨기 때문입니다. 더 중요한 것은 모든 인류의 구원자로 오실 예수 그리스도가 여자의 몸을 통해 나오실 것이고 그분을 통해 생명이 전해질 것이기 때문입니다. 예수 그리스도를 믿음으로 생명을 얻은 사람은 다 하늘나라에서 영생할 것입니다. 모든 구원받은 성도도 하와를 통해서 이 땅에 태어난 후손들입니다. 그러므로 하와가 모든 산 자의 어머니가 되는 것입니다.

하나님은 아담을 하나님을 대리하여 이 땅을 통치하도록 왕으로 세우셨습니다. 그런데 아담이 하나님의 명령이 아닌 뱀의 말을 듣고 선악을 알게 하는 나무의 열매를 먹은 순간 그는 사탄에게 왕의 자리를 빼앗겼습니다. 사탄의 명령을 듣는다는 것은 사탄의 지배를 받는다는 의미이기 때문입니다. 그래서 이 땅의 지배자는 사탄이 되었고, 사탄이 지배하는 땅은 저주받을 수밖에 없게 되었습니다. 사탄의 지배 아래에서 땅은 가시덤불과 엉겅퀴 같은 사람에게 해를 끼치는 것들을 대량으로 내게 되었습니다. 또한 저주받은 땅은 물이 마르게 되고 그런 땅에는 하나님의 은혜의 비도 내리지 않아, 결국 열매를 맺지 못하는 땅이 되었습니다. 그런 사막과 같은 땅에 적응하기 위해 식물들이 더욱 가시 같은 잎을 가지게 되는 것입니다. 사탄의 지배를 받는 이 땅은 점점 지옥처럼 되는 것입니다. 죄를 짓는 곳마다 악한 영들로 덮이고, 그러면 그곳은 생명이 없어지고 죽음이 가득한 곳이 되기 때문입니다. 사탄의 지배 아래에서 하나님 나라의 일부였던 곳이 지옥이 되었듯이, 이 땅도 사탄의 지배 아래에서 지옥이 되는 것은 당연합니다.

하나님은 아담을 이 땅의 왕으로 세우시고 하나님을 대리하여 다스리도록 하셨습니다. 그래서 생물들의 이름도 짓게 하셨습니다. 그런 아담이 사탄, 즉 뱀의 말을 듣고 그 말에 따랐다는 것은 다스리는 왕의 위치에서 내려왔다는 것입니다. 다스려야 하는 뱀, 맞서 싸워야 하는 하나님의 대적인 사탄을 제압하지 못하고 도리어 그 말을 따라 하나님의 명령을 어김으로 사람도 사탄과 같이 하나님의 대적이 되었습니다. 그리고 이 땅의 왕의 자리를 사탄에게 빼앗기게 된 것입니다. 죄를 지은 자는 죄의 값으로 죽을 수밖에 없고(롬 6:23), 죽음의 세력을 잡은 사탄(히 2:14)의 노예가 되기 때문입니다. 주인은 노예의 모든 것을 소유합니다. 여러 가지 자연재해가 일어나는 이유는 하나님의 심판도 있지만, 그만큼 이 땅이 죄로 오염되었고, 죄를 통해 들어온 악한 영들이 자연을 움직여서 사람들에게 피해를 입히고 있는 것입니다.

창세기 1장에서 하나님이 창조를 마치신 후 아담을 이 세상의 왕으로 세우시며 온 세계의 모든 존재가 하나님을 찬양하는 모습이 보였다고 말했습니다. 즉, 우리는 살아 있다고 생각하지 않는 땅이나 물도 사실 살아 있어서 그때 온 자연도 하나님을 찬양했습니다. 하나님의 명령대로 순종해 물과 뭍이 나누어진 채로 지금까지 존재하는 것을 보면 자연이 얼마나 하나님께 충성하고 있는지 알 수 있습니다. 하나님이 말씀하신 대로, 하나님이 세우신 법칙에 따라 자연이 움직이고 있는 것은 하나님의 섭리이고, 자연이 그 섭리에 순종하고 있다는 의미입니다. 또한 하나님의 창조하시는 능력으로 무에서 유로 모든 자연이 만들어졌고, 그 모든 것이 없어지지 않고 그대로 있는 것은 하나님의 창조의 능력이 그 속에 아직까지도 그대로 있다는 것입니다. 그러므로 생명이 있다고 말할 수 있는 것입니다. 영이신 하나님의 빛, 생명, 에너지가 그대로 그 속에 존재하고 있기 때문입니다.

하나님은 이 세상의 창조주로서 만왕의 왕이십니다. 대리 왕으로 세우신 인간이 그 자리를 사탄에게 빼앗겼지만, 그것은 대리 왕의 자리일 뿐 진정한 왕이신 하나님의 자리를 사탄에게 빼앗기신 것이 아닙니다. 그러므로 사탄이 자연을 움직이면서 하나님의 백성을 훼방하지만, 하나님은 굳건하게 당신의 뜻을 이루어가십니다. 그러나 하나님은 죄를 통해 합법적으로 역사하는 사탄의 훼방을 용인하십니다. 사탄을 무저갱으로 완전히 보내시는 날까지 하나님은 죄로 오염된 이 땅에 사탄의 세력이 역사하는 것을 허용하실 것입니다. 그날까지 사탄은 수많은 악한 계략으로 죄로 오염된 이 땅을 차지한 채 죄인들의 뒤에서 그들을 조종해 더 많은 사람이 죄에 빠지도록 역사할 것입니다. 죄를 지은 땅, 죄를 지은 사람은 사탄의 영역에 속하게 됩니다. 더 많은 땅, 더 많은 사람이 죄를 짓고 있으므로 사탄은 자신의 영역을 점점 더 넓히고 있습니다. 이 땅이 사탄의 세력으로 완전히 덮이고 사탄이 이 세상을 완전히 장악하는 그날 하나님은 이 땅을 심판하실 것입니다.

세 번째 장면

선과 악, 생명과 죽음

"여호와 하나님이 아담과 그의 아내를 위하여 가죽옷을 지어 입히시니라 여호와 하나님이 이르시되 보라 이 사람이 선악을 아는 일에 우리 중 하나 같이 되었으니 그가 그의 손을 들어 생명 나무 열매도 따먹고 영생할까 하노라 하시고 여호와 하나님이 에덴 동산에서 그를 내보내어 그의 근원이 된 땅을 갈게 하시니라 이같이 하나님이 그 사람을 쫓아내시고 에덴 동산 동쪽에 그룹들과 두루 도는 불 칼을 두어 생명 나무의 길을 지키게 하시니라"(창 3:21-24).

여호와 하나님이 죄를 지은 아담과 하와를 위해 가죽옷을 지어 입히셨습니다. 가죽옷을 만드는 과정에서 동물 한 마리가 희생되었는데, 후에 이스라엘의 모든 동물 제사는 저주를 치유하려는 하나님의 방법, 곧 생명으로 생명을 대신하는 중요한 방법 중 하나가 되었을 것입니다(앨런 로스). 최초로 죽은 것은 희생의 제물, 곧 그리스도의 상징이었습니다(매튜 헨리). 박윤선은 "이는 장차 인생들이 구속받아 그리스도를 옷 입듯 하게 될 것을 보여주려는 것"이라고 했습니다.

아담과 하와가 입을 가죽옷을 위해서 에덴동산에 있던 어떤 동물이 죽임을 당했습니다. 죄는 아담과 하와가 지었는데 두 동물이 죽었습니다. 이들도 아담이 이름을 지어준 동물일 것입니다. 선악을 알게 하는 나무의 열매를 먹고 죄를 지은 그 자리에서 하나님은 아담과 하와를 대신해 동물을 죽여 피를 흘리게 하셨습니다. 그 동물의 가죽을 벗겨서 가죽옷을 지으시고 아담과 하와에게 입혀 에덴동산에서 쫓아내셨습니다. 아담과 하와는 생명나무는 구경도 하지 못한 채 선악을 알게 하는 나무 근처에 숨어 있다가 동산을 거니시는 하나님을 만나 책망을 들었습니다. 그리고 그 자리에서 자신들을 대신하여 피를 흘리며 죽는 동물을 지켜볼 수밖에 없었고, 그 동물의 가죽을 몸에 걸치고 에덴동산에서 쫓겨나온 것입니다.

죄의 값은 사망이고 피 흘림 없이 죄 사함이 없기에 이런 결과가 맺어진 것입니다. 결국 죄 지은 자리에 피가 뿌려져야 죄가 용서됩니다. 죄 지은 땅은 죄로 오염된 땅이므로 하나님이 그 자리에 피가 뿌려지게 하셔서 정화되도록 하신 것입니다. 지성소의 속죄소에 피를 뿌리는 것도 법궤 안에 있는 죄의 증거, 즉 두 번째 십계명 돌판, 권위에 도전한 사람들로 인해 죽었다가 싹이 나야 했던 아론의 지팡이, 먹을 것을 요구하는 백성을 위해 하늘에서 내려주신 만나를 넣은 항아리 등 하나님에 대한 반역의 증거물들을 가리려는 것이었습니다. 죄는 피로 덮어야 거룩할 수 있습니다. 에덴동산은 천국에서 하나님을 예배하는 장소처럼 이 땅에서 하나님을 만나고 하나님께 예배하는 귀하고 거룩한 장소이기 때문에 죄로 오염된 채로 있으면 안 되므로 이렇게 한 것입니다.

"여호와 하나님이 이르시되 보라 이 사람이 선악을 아는 일에 우리 중 하나 같이 되었으니"(22절). 이는 그들이 하나님께 순종하지 않고 자율적으로 선악을 규정하는 권리 행사에서 하나님과 같다는 것입니다(박윤선). 그들이 열매를 먹기 전에는 선만 인식했고 악에 관해서는 소문으로만 들었습니다. 그러나 그들이 열매를 먹은 뒤 변화가 일어나 이제 그들은 선에 관해서는 소문으로만 듣고, 악은 실제로 맛보았습니다(시리아인 에프렘). 하나님은 전지하셔서 악이 조금도 없으시면서도 악의 근본과 그 결말까지 모든 것을 아시지만, 사람은 악을 받아들임으로써 체험적으로 악이 무엇인지와 악한 행동의 결말을 알게 되었습니다. 그러므로 피조물에 불과한 인간은 창조주가 그분의 권세와 엄위로 정하신 선악에 대해 관여하거나 결정할 수 있는 권한이 없습니다. 만약 스스로 선악을 결정하게 된다면 결과를 책임질 능력이 없고, 결국 혼란에 빠질 것입니다. 어떤 사람도 완벽한 선일 수 없고 또 완벽한 악일 수 없기 때문입니다. 선악을 결정하는 것은 하나님의 일인데 인간이 그 일을 맡으면 하나님과 같이 된다는 것을 뜻합니다. 이는 너무나 교만한 일입니다.

하나님은 "그가 그의 손을 들어 생명 나무 열매도 따먹고 영생할까 하노라 하시고"(22절)라고 말씀하십니다. 죄악의 세계에서 죽지 않음은 사람을 위해 하나님이 계획하신 영원의 영생이 아니라 끊임없는 고통과 결코 쉬지 않는 멸망이므로, 성경에서 이것을 가리켜 둘째 사망이라고 하는 것입니다(계 2:11, 20:6, 14, 21:8). 그러므로 낙원에서 쫓겨난 것은 그 목적이 사람을 구원하는 데 있는 징벌입니다(카일).

"여호와 하나님이 에덴 동산에서 그를 내보내어 그의 근원이 된 땅을 갈게 하시니라"(23절). 이는 아담이 죄를 지었을 때 하나님은 그를 낙원에서 내치셨지만, 당신의 은총으로 그에게 낙원 저쪽의 낮은 땅을 주시고 낙원 산기슭 언덕 아래에 있는 골짜기에서 살게 하셨습니다(시리아인 에프렘). 아담과 하와는 에덴동산에서 내려와 골짜기의 평원에서 농사를 지으며 살기 시작합니다. 농사는 생명을 위해 마련된 것으로 육체가 흙으로 만들어진 사람은 흙에서 자란 식물을 통해 육체의 생명을 이어갈 수 있습니다. 하나님의 형상으로 만들어진 사람의 영혼이 하나님의 생명을 공급받아야 그 생명을 이어갈 수 있는 것과 같습니다. 즉, 영혼과 육체로 이루어진 사람은 영혼의 생명과 육체의 생명을 다 공급받아야 살 수 있습니다.

하나님은 생명나무가 있는 이 땅의 거룩한 예배 장소인 에덴동산을 계속해서 거룩하게 보호하셔야 할 필요를 느끼셨습니다. 그러나 선악을 알게 하는 나무가 있는 부분은 이미 죄가 들어온 부분이고 지옥화가 시작되었기 때문에 이 나무 너머 생명나무가 있는 언덕의 윗부분만 거룩하게 보호하기로 정하셨습니다. 하나님은 죄인인 사람이 들어와 다시 죄로 오염시키지 못하도록 하시려고 그룹들에게 그곳을 지키게 하십니다. 죄인이 거룩하신 하나님을 만나면 죽을 수밖에 없고, 또 그가 생명나무의 열매를 먹고 죄인인 채로 영원한 생명을 얻을 수는 없기 때문입니다. 성막에도 죄가 있는 사람이나 어그러진 것은 들어갈 수 없습니다. 그러므로 거룩한 땅을 지키고 보호하기 위해 하나님은 에덴동산 동쪽에 그룹들과 두루 도는 불 칼을 두어 생명나무의 길을 지키게 하셨습니다. 생명나무가 있는 에덴동산은 천국의 일부이므로 사탄의 나라가 침략하지 못하도록 지켜야 하는 곳입니다. 에덴동산 주위로 그룹들이 선 모습은 마치 군사들이 국경에서 보초를 서는 모습처럼 보였는데, 이 그룹은 성막의 속죄소에 있던 그룹과 같은 천사인 것으로 보였습니다. 처음 만들어진 이 땅의 성소인 에덴동산도 그룹들이 지켰고, 성막이 만들어진 후에도 그룹들이 성소를 지킨 것입니다.

"두루 도는 불 칼"(24절)은 칼 모양의 불이 에덴동산 주위를 도는 모습으로 보였습니다. 이 불 칼은 성령님으로 보였습니다. 성령님은 형태가 없으신 하나님의 영으로서 바람이시고 불이시며 물이십니다. 성령님은 에덴동산을 강한 칼과 같이 심판자의 모습으로 지키신 것입니다. 불 칼이 두루 돌았다는 것은 움직임이 있었다는 뜻입니다. 처음 지구를 만들었을 때도 성령님은 수면 위로 운행하셨고, 이제 생명나무가 있는 성소와 같은 공간인 에덴동산에서도 성령님이 운행하시면서 지키신 것입니다.

사람의 죄로 인해 선악을 알게 하는 나무가 있는 부분부터 시작해 생명나무가 있는 부분을 제외한 모든 땅이 사탄의 지배 아래로 들어갔습니다. 특히 선악을 알게 하는 나무는 영적으로 지옥과 연결되어 있었기 때문에 죽음의 기운을 더 강하게 땅에 퍼트렸습니다. 주인이 바뀌어서 지옥화되고 있는 이 땅과 거룩한 생명나무가 있는 하나님 나라 에덴동산은 서로 국경을 마주하고 분쟁중입니다. 선악을 알게 하는 나무 주변의 악한 영들과 생명나무를 지키는 그룹들은 그 경계를 맞대고 서로 대치하고 있었습니다.

천국과 지옥도 건널 수 없는 구렁을 사이에 두고 마주보고 있습니다. 천국에서도 지옥을 볼 수 있고 지옥에서도 천국을 볼 수 있지만, 서로 오갈 수 없습니다. 천국의 천사들도 지키고 있고 지옥의 마귀도 지키고 있어 천국의 백성들도, 지옥에 있는 영혼들도 서로 오갈 수 없는 것입니다. 이처럼 지금 우리가 살고 있는 이 땅은 천국과 지옥의 국경이고, 성도들은 그 최전선에 서 있는 것입니다. 날마다 하나님의 사람과 사탄의 지배 아래 있는 사람이 국지전을 벌이고 있고, 하나님이 보내신 천사와 사탄이 보낸 귀신들의 전투도 벌어지고 있습니다.

생명나무가 있는 에덴동산은 사람들의 기억에서 멀어지다가 노아의 홍수 이전에 하나님이 생명나무를 하늘로 옮기셨고, 하나였던 지구의 땅이 홍수 후 여섯 개의 대륙으로 갈라지면서 에덴동산은 완전히 사라졌습니다. 그러나 하나님은 죄인들에게 여전히 긍휼을 베푸시고 먼저 손을 내미십니다. 하나님께 예배할 사람들을 부르시고 성막이나 성전 그리고 교회를 통해 만나주십니다. 선하신 주님을 만날 수 있는 기회가 있지만, 우리는 그룹들과 두루 도는 불 칼을 통과해야 합니다. 그것은 우리에게 거룩함을 요구하신다는 것을 깨닫게 해주셨습니다. 거룩한 성소에 나아가 거룩하신 주님을 만나려면 거룩해져야 합니다. 죄인이 거룩해지려면 회개해야 하고, 또한 내 뜻과 생각을 다 내려놓고 오직 순수하게 주님을 바라고 믿는 믿음이 필요하다는 것을 깨닫게 해주셨습니다.

우리는 사탄의 지배에서 벗어나 하나님 나라로 들어가 하나님을 만나기 위해 우리를 지배하는 사탄과 싸워 이기고, 회개함으로 거룩해져야 합니다. 하나님은 불의를 심판하시는 공의의 하나님이시므로 먼저 주님의 보혈로 깨끗하게 씻어 의의 옷을 입고 하나님 앞으로 가까이 나아가야 합니다.

더 깊이 생각해보기

1. 사탄은 언제나 우리의 가장 약한 부분을 공격합니다. 사탄이 가장 공격하기 쉬운 나의 약한 부분은 무엇일까요?

2. 사탄은 다양한 방법으로 사람을 유혹하고 공격합니다. 사탄의 유혹과 공격을 어떻게 알 수 있을까요?

3. 사탄의 유혹과 공격을 받았을 때 어떻게 이길 수 있을까요?

4. 사탄의 공격을 받지 않으려면 무엇을 대비해야 할까요?

5. 사탄의 유혹에 넘어가 죄를 지은 적이 있다면 어떤 유혹이었고, 어떻게 죄를 지었다는 것을 깨달았나요? 그리고 그 죄로 인해 어떤 결과가 벌어졌는지, 죄를 깨닫고 어떻게 했는지 생각해보세요.

6. 죄로 인해 하나님과 멀어졌으나 다시 하나님 앞으로 나아가기 위해 어떤 노력을 하고 있나요?

3장
첫 불순종

4장

피 흘림의 결과

아담과 하와가 죄를 짓고 에덴동산에서 쫓겨난 후 자녀를 낳습니다. 그 자녀에게 아담과 하와가 가진 죄성이 이어졌습니다. 그래서 가인의 실패는 아담과 하와의 실패와 연관됩니다. 아담의 실패로 인해 땅이 저주를 받았고, 가인의 실패로 인해 땅의 저주를 받았습니다. 성경은 비슷한 내용을 반복함으로써 다른 관점으로 보고 여러 가지를 깨달을 수 있도록 인도합니다. 아담의 아들들인 가인과 아벨, 셋의 이야기는 그들의 자손들에게도 이어집니다.

아담과 하와가 먹은 선악과로 인해 그들의 배에 자리 잡은 영들은 자녀가 잉태될 때 악영향을 주어 죄성이 이어졌다. 특히 죄성을 많이 받은 첫아들 가인은 자라면서 계속 죄의 유혹을 이기지 못하고 죄를 쌓았고, 안일한 마음으로 하나님께 제사드리는 것을 소홀히 하여 하나님이 그의 제사를 받지 않으셨다. 아담을 이어 이 땅의 왕이 된다는 것의 영광을 아는 가인과 아벨은 서로 의

견이 달라 다툼을 벌였고, 결국 충동을 이기지 못한 가인이 아벨을 죽이게 된다. 아벨의 피를 받은 땅은 그의 억울한 죽음을 하나님께 고했고, 하나님이 가인을 벌하심으로 그는 에덴동산에서 멀리 떨어진 곳으로 떠나 땅의 저주를 받고 힘겹게 살게 된다. 하나님은 아담과 하와에게 아벨을 대신해 하나님의 약속을 이어갈 아들인 셋을 주신다.

첫 번째 장면

죄와 예배의 실패

"아담이 그의 아내 하와와 동침하매 하와가 임신하여 가인을 낳고 이르되 내가 여호와로 말미암아 득남하였다 하니라 그가 또 가인의 아우 아벨을 낳았는데 아벨은 양 치는 자였고 가인은 농사하는 자였더라 세월이 지난 후에 가인은 땅의 소산으로 제물을 삼아 여호와께 드렸고 아벨은 자기도 양의 첫 새끼와 그 기름으로 드렸더니 여호와께서 아벨과 그의 제물은 받으셨으나 가인과 그의 제물은 받지 아니하신지라 가인이 몹시 분하여 안색이 변하니 여호와께서 가인에게 이르시되 네가 분하여 함은 어찌 됨이며 안색이 변함은 어찌 됨이냐 네가 선을 행하면 어찌 낯을 들지 못하겠느냐 선을 행하지 아니하면 죄가 문에 엎드려 있느니라 죄가 너를 원하나 너는 죄를 다스릴지니라"(창 4:1-7).

아담과 하와가 선악과를 먹는 순간 선악과에 있던 악한 영들이 그들의 몸속에 들어가 자리를 잡았습니다. 아담과 하와가 동침하여 임신될 때 아담과 하와의 영성과 죄성이 함께 뱃속의 아이에게 흘러들어가는 모습이 보였습니다. 하나님의 빛이 가득했던 아담이므로 그의 아들에게도 그 빛, 생명, 능력이 흘러들어가고, 또한 뱃속에 자리를 잡았던 악한 영도 흘러들어간 것입니다. 하와의 뱃속에서 10개월 동안 머물며 자라는 동안 태아는 아담과 하와의 감정과 생각과 행동에 영향을 받는 모습이었습니다.

에덴에서 쫓겨난 아담과 하와는 하나님의 자녀, 하나님의 대리 왕으로서 완전하게 창조되어 영광으로 가득했던 과거를 회상하며 자신의 과오를 곱씹고 후회하면서 죄책감에 시달렸습니다. 또 잃어버린 본향 에덴과 하나님과의 친밀함을 그리워하며 지냈습니다. 하나님의 말씀대로 일용할 음식을 위해 힘든 노동을 하는 동안 가시덤불과 엉겅퀴로 상처를 입었습니다. 또한 이름을 지어주며 함께 즐거워했던 동물들과의 관계도 소원해져 감정적으로 더욱 힘들어했습니다. 이렇게 고통스러워하고 신음하며 괴로워하는 상황에서 가진 첫아이였기에 좋지 않은 영향이 내려가는 것은 당연합니다. 그래서 가인은 아담과 하와의 부정적인 부분과 악한 영들의 영향을 많이 받고 태어난 것입니다. 물론 아담과 하와가 가진 영성, 하나님의 빛, 생명, 영적인 능력 등도 첫아들이기 때문에 많이 물려받는 모습이었습니다.

이후 아담과 하와는 세상에 적응하기 시작했고, 시간이 지나면서 상처도 아물고 불안했던 마음도 안정되었습니다. 그래서 이후 태어난 자녀들은 영성은 떨어지지만 죄성은 덜 물려받았습니다. 자녀가 본성으로 타락한 것은 부모에게서 유래한 것이며, 본성의 부패가 모든 괴로움의 근본이라는 것을 뉘우치는 기회로 삼아야 합니다(매튜 헨리).

가인과 아벨이 제사지내는 모습이 나옵니다. 비록 언제나 하나님을 만날 수 있었던 에덴동산에서는 쫓겨났지만, 제사를 드림으로 하나님과 교제할 수 있었습니다. 이는 아담의 배신에도 불구하고 하나님이 아담에게 주시는 은혜의 징표이자, 아담과 그의 아들들에게 주시는 하나님의 사랑을 나타내는 표입니다. 하나님이 그들에게 제사를 드리라고 지시하셨음을 생각해야 합니다(매튜 헨리).

가인과 아벨이 하나님께 제사드리는 모습을 환상으로 보았습니다. 아벨은 주님께 집중하고 온전한 예배를 드리기 위해서 애쓰는 모습이었는데, 이와 달리 가인은 하나님을 의식하기보다 옆에서 열심히 제사드리는 아벨을 의식하는 모습이었습니다. 가인은 예배에 대한 정성도, 하나님에 대한 갈망도 없어 보였습니다. 아벨은 어떻게 하면 예배를 잘 드릴지 깊이 고민하며 최선을 다했지만, 가인은 의무감으로 정성 없이 드렸습니다. “천국은 침노를 당하나니 침노하는 자는 빼앗느니라”(마 11:12)는 말씀처럼 하나님은 열정을 다해 하나님께 나아가는 아벨의 마음은 기쁘게 받으셨지만, 가인의 제사는 받지 않으셨습니다. 그래서 하나님이 아벨의 제단 위로 하늘에서 불을 내리셔서 태우시니 그 향기가 하늘로 올라가 하나님의 보좌 앞에 향기로 나타났습니다. 그러나 가인의 제단 위의 곡식단은 그대로 있었습니다.

가인과 아벨의 갈등은 에서와 야곱과 같이 장자의 자리를 두고 벌이는 싸움이라고 할 수 있습니다. 장자로 태어난 가인은 장자의 권리를 누리며 그것이 자신의 소유라고 생각했습니다. 그래서 안일한 마음으로 제사에 정성을 다하지 않았습니다. 선악과를 따먹은 하와의 첫 번째 죄가 욕심의 죄였고, 이 죄가 첫아들인 가인에게 강하게 영향을 끼쳤고 그도 욕심이 많았습니다. 가인은 자신이 장자이므로 항상 1등이어야 하고, 항상 자기가 제일 많이 가져야 하며, 항상 자기가 우선이어야 한다는 마음으로 가득 차 있었습니다. 그런데 이제 동생들이 많이 생기고, 그 중에서 특히 아벨이 하나님에 대한 열정으로 열심히 하는 모습을 보니 경계심을 갖게 된 것입니다.

장자가 아닌 아벨은 장자의 권리에 대한 갈망이 컸습니다. 이미 장자로 태어난 가인이 존재하므로 이루어질 수 없는 갈망이지만, 어떻게 해서든지 하나님께 잘 보여서 영적인 장자가 되고자 하는 갈망이 있었습니다.

가인은 이런 아벨이 자기 뒤를 쫓아오는 모습에 불안함을 느꼈고, 언젠가 자기가 아벨에게 지고 무언가 빼앗길 것 같은 막연한 두려움을 느꼈습니다. 은연중에 그런 마음을 표출하면서 동생들을 억압하고, 자신의 아래라는 것을 상기시키려고 형의 권위를 휘두르는 악한 행동을 했습니다. 그런데도 그는 교만해서 자신이 하나님께 버려지거나 장자의 자리에서 쫓겨나는 일은 절대 없을 것이라고 자신하는 이중적인 모습을 보였습니다.

자신은 열심히 하지 않으면서 다른 사람이 열심히 해서 앞서가는 것이 싫어서 그것을 훼방하는 마음이 얼마나 악합니까? 그의 속에 이런 악한 마음이 있으므로 하나님이 제사를 받지 않으신 것입니다. 그의 인격이 열납되지 않았으니, 그의 제물이 열납될 리가 없었습니다(박윤선). 가인이 준비한 제물의 크기가 작아서 그의 제사가 받아들여지지 않은 게 아닙니다. 그가 악의에 차 있고 선의가 부족했기 때문에 받아들여지지 않았습니다. 가인은 자신의 행동을 옳게 고침으로 제물이 받아들여지도록 하는 대신, 이미 정성 없는 제물을 바친 하나님께 살인이라는 제물을 바쳤습니다(시리아인 에프렘).

가인은 하나님이 자신의 제사를 거부하시고 아벨의 제사를 받으시는 충격적인 사건이 벌어지자 배신감을 느끼고 원망과 미움의 마음이 생기기 시작했습니다. 하나님이 장자인 자신을 아담의 후계자로 세우시고 계속 높여주실 것이라고 확신하고 있었기에 그것은 마른하늘의 날벼락 같은 일이었을 것입니다. 하나님이 아벨의 제물을 받으셨다고 해서 장자의 권리를 그에게 넘겨주신 것도 아닌데, 가인은 이것을 시기했습니다(창 49:3, 매튜 헨리). 사실 이런 일을 겪었으면 정신을 차리고 더 열심을 내어 제사드리고, 주님을 섬기는 열정을 품고 다시 자신을 받아주시도록 노력하는 방향으로 변화되어야 합니다. 그러나 가인은 그렇게 하지 않고 도리어 하나님을 탓하고 아벨을 탓했습니다. 그것이 문제였습니다.

가인이 원망과 불평으로 가득 차 있을 때 하나님이 가인에게 "네가 선을 행하면 어찌 낯을 들지 못하겠느냐 선을 행하지 아니하면 죄가 문에 엎드려 있느니라 죄가 너를 원하나 너는 죄를 다스릴지니라"고 말씀하셨습니다. "죄"는 히브리어로 '카타드'인데, 여기서는 "뱀", 곧 사탄을 가리킵니다(케일, 델리치). 사탄은 사람의 마음 문에 엎드려 있으면서 그 마음을 주관할 기회를 엿봅니다. 죄가 가인을 소유하기를 원했지만(이 말은

'욕구'에 대한 하나님의 해석을 보여줍니다. 3장 16절에도 동일한 단어가 사용되었습니다), 가인은 그것을 다스릴 수 있었습니다(앨런 로스). 그러나 그가 마음을 선하게 먹고 선한 행동을 드러내지 않았기 때문에 그는 자신의 마음 문에 엎드려 있던 죄성에게 잡아먹히고 말았습니다. 하나님의 빛을 가지고도 죄의 유혹을 뿌리치지 못한 것입니다.

부모에게서 물려받은 죄성이 있더라도 자신이 직접 죄를 짓는 것과 죄성만 갖고 있는 것은 큰 차이가 있습니다. 죄성이 있다는 것은 죄의 근원이 되는 영들이 몸으로 침투해 들어와 자리를 잡은 상태로, 그 죄를 짓도록 악한 영들이 유혹하므로 그 죄를 짓고 싶어 하는 상태에 있는 것입니다. 이런 죄성이 있더라도 죄를 다스려 죄를 짓지 않을 수 있습니다. 죄의 유혹이 와도 하나님의 영이 함께하시고, 하나님의 빛과 능력이 충만히 있으면 죄를 짓고 싶은 마음을 끊어내고 절제할 수 있습니다. 대신 하나님을 더 바라보고 하나님이 기뻐하실 선한 일을 하는 것입니다. 물려받은 죄성은 우리가 직접 죄를 지어서 들어온 것이 아니고, 또 죄성만 받은 것이 아니라 하나님의 빛도 많이 물려받았기 때문에 가능합니다. 직접 지은 죄가 아니므로 그 죄의 유혹을 이겨내면 뿌리가 약하여 죄에서 쉽게 벗어날 수 있습니다. 그러나 죄를 다스리지 못하고 유혹에 넘어가서 죄를 지으면 이 죄성에 더해 죄를 지었을 때 그 죄의 악한 영이 합법적으로 몸으로 침투해서 들어오게 되고, 결국 죄인이 되는 것입니다. 죄성만 있는 죄인에서 실제 죄를 지은 죄인이 되어 죄를 근거로 공격하는 악한 영의 노예가 되는 것입니다.

직접 죄를 지어서 죄인이 되면 그 죄를 회개하여 용서받고 악한 영을 내보내지 않는 한 그 악한 영의 지배에서 벗어날 수 없습니다. 직접 지은 죄를 통해 역사하는 악한 영의 노예가 되면 자신도 모르게 그 죄를 짓고 있는 모습을 발견하게 됩니다. 아니면 그 죄를 짓고 싶어서 참을 수 없는, 즉 그 죄를 짓는 행동을 절제할 수 없게 되거나, 또는 그 죄를 짓고 싶지 않은데 그렇게 할 수밖에 없는 상황이 닥쳐서 죄를 짓게 되는 일이 벌어집니다. 또 악한 영들이 속에서 역사하여 가시덤불과 엉겅퀴가 나게 합니다. 사람의 근본은 흙인데, 그 흙에서 영적인 가시덤불과 엉겅퀴가 나서 열매 맺지 못하는 사람이 되는 것입니다. 마음의 밭이 좋아야 하는데 죄성으로 인해 돌짝밭과 같은 모습이 되고 가시덤불이 가득한 밭이 됩니다. 당연히 믿음의 씨앗이 잘 자라지 못해 어떤 좋은 열매도 맺지 못하게 되고, 나중에는 그 씨앗이 심기지도 않는 길가의 밭처럼 강퍅한 사람이 되는 것입니다.

실제 죄를 지은 죄인은 그에 대한 벌을 받게 되는데, 그 벌은 바로 주님과 관계가 단절되는 것입니다. 이것이 바로 죽음입니다. 생명의 근원이신 하나님과 단절된다는 것은 생명이 없어지는 것이고, 생명이 없는 상태가 죽음이기 때문입니다. 육신의 호흡이 끊어지고 영혼과 육체가 분리되는 것만이 죽음을 의미하는 것이 아닙니다. 죽음의 정확한 개념은 생명의 단절입니다. 여호와 앞에서 떠나간 가인은 이후 하나님과 대화하는 모습, 하나님과 교제하는 모습이 나오지 않습니다. 창세기 5장과 6장에서 "하나님의 아들들"과 "사람의 딸들"을 비교해서 말씀하시는 것을 볼 수 있습니다. 많은 학자는 이 "사람의 딸들"을 가인의 후손으로 해석합니다. 사람의 딸들은 하나님의 아들들을 유혹해 그들도 하나님에게서 멀어지게 하고 온 세상에 죄가 관영하도록 만들어서 결국 하나님의 심판을 초래합니다. 그만큼 죄성을 물려받으면 죄를 이기지 못하고 죄를 짓게 되고, 더 많은 죄성을 후손에게 물려주게 되는 큰 문제가 발생합니다. 이 문제를 해결하는 것이 구원입니다.

죄가 상속되어 이 죄의 저주에서 벗어날 소망이 없는 사람들에게 주님이 오셔서 그 저주를 끊어버리시고 생명을 얻는 길을 열어주셨습니다. 그래서 주님은 구원자가 되셨습니다. 주님은 우리와 하나님과의 관계에 막힌 담을 허시고 우리가 하나님께 나아갈 수 있는 길을 열어주셨습니다. 우리가 깊이 회개하여 주님의 보혈로 죄 용서함을 받고 깨끗해지면 거룩하신 하나님과 더욱 친밀한 관계가 될 수 있습니다. 또한 그 하나님께 생명과 사랑과 은혜와 지혜와 은사와 모든 좋은 것을 공급받아 만족한 영혼이 되며, 형통한 인생을 살 수 있습니다.

두 번째 장면

피 흘림의 결과

"가인이 그의 아우 아벨에게 말하고 그들이 들에 있을 때에 가인이 그의 아우 아벨을 쳐죽이니라 여호와께서 가인에게 이르시되 네 아우 아벨이 어디 있느냐 그가 이르되 내가 알지 못하나이다 내가 내 아우를 지키는 자니이까 이르시되 네가 무엇을 하였느냐 네 아우의 핏소리가 땅에서부터 내게 호소하느니라 땅이 그 입을 벌려 네 손에서부터 네 아우의 피를 받았은즉 네가 땅에서 저주를 받으리니 네가 밭을 갈아도 땅이 다시는 그 효력을 네게 주지 아니할 것이요 너는 땅에서 피하며 유리하는 자가 되리라 가인이 여호와께 아뢰되 내 죄짐을 지기가 너무 무거우니이다 주께서 오늘 이 지면에서 나를 쫓아내시온즉 내가 주의 낯을 뵈옵지 못하리니 내가 땅에서 피하며 유리하는 자가 될지라 무릇 나를 만나는 자마다 나를 죽이겠나이다 여호와께서 그에게 이르시되 그렇지 아니하다 가인을 죽이는 자는 벌을 칠 배나 받으리라 하시고 가인에게 표를 주사 그를 만나는 모든 사람에게서 죽임을 면하게 하시니라"(창 4:8-15).

앞에서 보면 가인이 하나님과 대화를 나누는 장면이 있습니다. 가인은 아담과 하와의 장자로서 하나님의 빛과 은혜를 많이 받았고, 또 죄성도 많이 물려받았습니다. 하나님은 장자인 그가 아담의 후계자로서 아담의 뒤를 이어 가문을 이끌어갈 것이기 때문에 그와 대화를 나누시며 자신의 역할을 잘 감당하도록 가르치시고 이끌어주셨습니다. 그러나 가인은 그런 하나님의 은혜를 가볍게 생각하고 자신의 역할에 충실하지 못했습니다. 하나님이 가인을 위해서 하신 말씀을 좋은 자세로 받아서 자신을 돌아보고 반성하며 발전의 밑거름으로 삼았어야 하는데 도리어 분노했습니다. 자신의 제사를 받아주시지 않은 하나님께 배신감과 원망의 마음을 품고 있었는데, 거기에 더해 책망을 듣자 강한 반감을 느끼고 엇나간 것입니다. 그래서 자신을 추월해 하나님의 눈에 든 동생 아벨에게 그 분노를 쏟아내려고 그를 불렀습니다. 가인은 열심히 발전해나가는 동생에게 질투심을 느끼고 그를 눌러서 더는 자신보다 앞서나가지 못하게 하고 계속 자신이 우위에 있다는 것을 보여주려고 했습니다.

아벨은 하나님이 형의 제사는 받지 않으시고 자신의 제사만 받으셨다는 것에 큰 기쁨을 느꼈습니다. 하나님이 형을 버리시고 자신을 후계자로 삼으실 것이라는 기대감에 가슴이 벅차 있었습니다. 그동안 가인을 앞질러 자신이 진정한 장자로 서기를 바라면서 하나님께 어떻게든 잘 보이려고 노력했던 모든 것이 드디어 빛을 보았다는 생각에 뿌듯하고 자신감이 넘치기 시작한 것으로 보입니다. 그래서 자신이 형보다 더 뛰어나서 형을 이겼다는 것을 자랑하고 싶고, 자신의 잘난 것을 드러내고 싶어 하며, 이제 자신의 시대가 시작되었다고 마음이 높아지므로 내면에서 교만함이 커지기 시작했습니다. 가인에게 눌려 있으면서 해소되지 못했던 욕망이 풀어지면서 아벨의 마음에서 교만이 빠른 시간에 급격하게 커졌습니다. 그래서 가인이 아벨을 형의 권위로 누르려고 하자 아벨이 반발합니다.

아벨은 가인에게 하나님이 형의 제사를 받지 않으신 것은 하나님께 버림받은 것이라고 말합니다. 그러면서 이제 하나님은 형이 아닌 자신을 받으시고 자신을 사용하시며, 자신을 가문의 후계로 삼으셔서 높이실 것이라고 말합니다. 실제 하나님이 아벨에게 가인을 버리고 그를 장자로 높여주겠다고 하시지 않았지만, 아벨이 스스로 하나님의 마음을 지레짐작해 가인을 도발한 것으로 얼마든지 추측할 수 있습니다. 하나님은 받으실 만한 제사를 받으시고, 그렇지 않은 제사는 받지 않으신 것뿐입니다. 그러므로 아벨은 혼자 착각하고 기고만장하여 그렇지 않아도 화가 나 있는 가인의 화를 더욱 돋운 결과를 초래했다고 할 수 있습니다. 안일하게 살면서 하나님께 드리는 제사에 정성을 다하지도 않으면서도 열심을 내는 동생들에게 뒤처질까 봐 불안감에 시달리며 동생들을 억압하던 가인의 약한 부분을 제대로 건드린 것입니다.

가인과 아벨이 이렇게 치열하게 경쟁한 것을 잘 이해하려면 하나님 나라의 왕이 된다는 것이 얼마나 중요한 일인지를 알아야 합니다. 왕정 시대에 왕자들이 왕이 되려고 얼마나 치열하게 다툼을 벌였습니까? 하나님이 아담을 이 세상을 다스릴 왕으로 세우셨고, 그것을 승계한다는 것은 정말 큰 복입니다. 물론 사탄의 유혹에 넘어가 죄를 지음으로 이 세상의 지배권을 사탄에게 빼앗겼지만, 최초의 사람인 아담은 모든 동물의 이름을 지어주었고, 모든 사람의 아버지로서의 권위가 있으므로 이는 누구나 탐낼 수밖에 없는 대단한 것이었음을 인지해야 합니다.

하나님의 빛이 가득했던 아담을 지금의 사람과 비교할 수 없습니다. 처음에 죄가 없었을 때의 아담은 그 어떤 성경의 인물보다도 더 훌륭했을 것으로 보아야 합니다. 성령이 충만하여 여러 기적과 이적을 행하고 많은 비밀을 알았던 훌륭한 인물이 성경에 많이 나오지만, 아담은 그들보다도 더 훌륭했을 것이 분명합니다. 그러므로 그런 아담의 뒤를 이어 후계자가 된다는 것이 얼마나 영광스러운 일인지를 생각해보아야 합니다. 이것을 아는 사람들은 치열하게 싸울 수밖에 없습니다. 어떻게든지 하나님께 인정받아서 자기가 그 자리를 얻겠다는 강렬한 욕망이 생길 수밖에 없습니다.

하나님이 창조주로서 이 땅에 강하게 임하여 계셨고, 그것을 당시 모든 사람은 다 느끼고 알고 있었기 때문에 아담과 하와의 자녀들은 치열하게 대결하고 있었습니다. 그러한 다툼 속에서 가인은 그 자리가 당연히 자신의 것이라 생각해서 안일하게 살았습니다. 그런데 아벨은 그 자리를 자기가 얻게 되었다는 생각에 승리감에 젖어 너무나 당당하게 가인에게 함부로 말한 것입니다. 그것을 빼앗기고 하나님께 버려진다는 두려움에 사로잡힌 가인이 동생을 쳐 죽이는 놀라운 행동을 한 것을 보면 그의 분노가 얼마나 극에 치달았는지를 짐작할 수 있습니다. 자신의 것이라고 믿어 의심치 않고 살았는데 한순간에 허무하게 빼앗겼을 때의 고통이 얼마나 컸을까요? 빼앗긴 것이 너무나 귀하고 영광스러운 것이라 누구에게도 양보할 수 없는 보물이었다면 그 분노는 더욱 클 것이 자명합니다.

가인은 분노가 극에 달해 자신도 모르게 바닥의 돌을 들어 아벨의 머리를 내리쳤습니다. 아벨이 피를 흘리며 쓰러지자 가인은 몸을 굽혀 쓰러진 아벨을 향해 돌을 몇 번 더 내리치며 분노를 쏟아냈습니다. 아벨은 벗어나고 싶어 몸부림을 쳤으나 이미 돌에 맞아 힘이 빠진 상태에서 분노한 가인의 강한 힘을 이기지 못했습니다. 분노한 가인이 화를 쏟아내는 소리와 고통에 찬 아벨의 신음이 공기를 찢으며 하늘을 울렸고, 아벨의 몸에서 흐른 피가 땅을 적시며 깊이 스며들었습니다.

만약 아벨이 화가 나 있는 가인을 잘 다독이고 형으로서 세워주며 높여주었다면 가인의 화가 가라앉아서 이런 비극을 피할 수 있었을 것입니다. 그러나 작은 말다툼이 살인이라는 큰 비극으로 치닫게 된 배후에는 두 사람의 속에서 역사한 사탄의 부추김이 있었던 것이 분명합니다. 사탄은 항상 각 사람의 가장 약한 부분, 가장 강렬한 욕망을 잘 알고 그 부분을 건드려서 쉽게 죄에 빠지도록 유혹합니다. 이로 인해 인류 최초의 살인이 일어나게 됩니다. 먼저 아벨의 속에 있던 교만과 자랑하고 싶은 마음, 형을 제치고 올라가고 싶은 욕심과 형에 대한 반항심 등을 붙잡은 악한 영입니다. 또한 가인 속에 있던 장자로 태어났다는 우월감, 동생에게 자신의 것을 빼앗기고 있다는 피해의식, 동생보다 잘하는 것이 없다는 열등감과 패배에 대한 두려움, 바닥으로 추락할지도 모른다는 불안감, 하나님께 버려질지도 모른다는 거절감 등을 붙잡은 악한 영이 부추겨서 서로 강하게 부딪치도록 만든 것입니다.

가인은 아벨이 미동도 없을 때까지 돌로 쳤고, 아벨은 과다출혈로 사망했습니다. 아벨의 죽음을 깨닫고 놀란 가인은 당황하여 들고 있던 돌을 놓치고 아벨의 상태를 살폈습니다. 그러나 그의 죽음을 확인하자 이 일을 숨기고 싶은 마음에 다른 사람이 보지 못하도록 시신을 땅에 묻었습니다.

아벨의 피는 땅 속으로 깊이 스며들었고, 그곳에서부터 악한 영들이 주변 땅으로 퍼져나가는 모습이 보였습니다. 아벨의 핏소리가 땅에서부터 하나님께 호소한다고 했는데 피도 아벨의 억울함을 호소하지만, 실제 더 강한 호소는 피를 흡수한 땅이 외치는 모습이었습니다. 땅도 하나님께 호소할 수 있습니다. 주님이 예루살렘에서 입성하신 후 사람들이 예수님을 찬양하며 반길 때 바리새인들이 그것을 멈추게 하라고 하니, 예수님은 그들의 찬양을 막으면 도리어 돌들이 찬양할 것이라고 말씀하셨습니다. 돌들도 살아 있어서 주님을 찬양할 수 있다는 말씀입니다.

성경은 생명을 다양한 뜻으로 말합니다. 영혼의 상태로 지옥에 가서 영원한 형벌을 받는 것이 죽음이고, 하늘에서 주님과 함께 영원히 사는 것이 생명입니다. 또 이 땅에 육신이 살아 있다고 하더라도 영혼은 하나님과의 관계에서 멀어져 죽어 있는 상태를 죽음으로 보고, 영혼이 하나님과 친밀한 관계에 있으면 생명이 있다고 말할 수 있습니다. 결국 중요한 것은 생명은 하나님과의 관계에 달려 있다는 것입니다. 하나님과의 관계가 단절된 상태가 죽음이고, 하나님과 연결된 상태가 살아 있는 상태입니다. 사람은 동물과 식물을 생물이라고 분류하면서 살아 있다고 하고, 돌이나 물 같은 무생물은 살아 있지 않다고 분류합니다. 생명을 단순히 호흡하고 성장하는 상태로 보고 생물과 무생물을 구분하며 살아 있는 것과 죽은 것을 나누면 성경에서 말하는 생명의 뜻을 정확하게 알 수 없습니다. 그러나 우리가 무생물로 분류하는 것을 포함해서 이 세상의 모든 것은 생명이 있다는 것이 중요합니다.

주님이 창조하신 이 세상은 물질적인 것과 영적인 것이 합쳐져서 구성되어 있습니다. 하나님이 생명의 근원이시고 이 세상을 창조하셔서 그 창조물들이 계속 존재하게 하는 것이 바로 하나님의 생명의 능력입니다. 무에서 유가 된 모든 것이 다시 무로 돌아가지 않고 존재를 유지할 수 있는 것 자체가 하나님의 능력이 붙들고 계시다는 증거입니다. 생명의 근원이신 하나님이 그 힘을 불어넣고 계시므로 존재하는 모든 것은 생명이 있는 것입니다.

가인이 아벨을 죽인 이 장소는 죄로 더럽혀졌고, 그 장소에 있는 모든 것도 살아 있기에 그가 죄를 짓는 것을 보았고, 그 죄를 고하는 것입니다. 아벨의 피를 흡수한 땅도 살아 있기 때문에 하나님께 호소할 수 있습니다. 그러나 아벨의 피는 그의 일부로서 그는 이미 죽어 하늘나라에 갔기 때문에 땅에서 아벨의 의지로 호소할 수는 없습니다. 그래서 아벨의 피는 그의 억울한 죽음을 증거하는 것으로서 호소력을 가집니다. 그리고 증거를 가지고 있는 땅이 직접 아벨의 억울함을 호소해주는 것입니다. 죄의 증거인 피를 흡수한 땅이 더 강하게 호소할 수 있는 것입니다.

우리가 집에서 죄를 지었다면 그 죄를 지은 집과 집 안에 있는 모든 사물들이 그 죄를 목격한 증인이 되어 우리의 죄를 고발할 것입니다. 또 죄를 통해 들어온 악한 영들도 우리를 고발합니다. 죄를 지은 곳에는 그 죄를 근거로 하여 악한 영들이 자리를 잡기 때문에 영적으로 오염되고 더러워집니다. 그래서 하나님이 우리에게 복을 주시려고 할 때 그 악한 영들이 죄를 고발하면서 합법적으로 복을 받지 못하도록 방해할 수 있는 것입니다. 악한 영이 이 사람이 이런 죄를 지었으므로 그 복을 주는 것은 합당하지 않다고 외치면 합당하신 하나님은 합당하지 않은 일을 하실 수 없으므로 악한 영들의 방해를 물리치고 우리에게 복을 주실 수 없습니다. 만약 우리가 그 죄를 회개한다면 우리를 고소할 것이 없어진 악한 영들이 하나님의 일을 막을 수 없을 것이고, 하나님은 풍성하게 우리에게 복을 주실 수 있게 됩니다.

죄를 지은 곳에는 합법적으로 악한 영이 들어올 수 있고, 그렇다면 그곳의 모든 사물은 악한 영들로 인해 하나님의 빛이 약해지고 도리어 영적으로 더러워지며 어두워지게 됩니다. 하나님의 빛으로 창조된 세상의 모든 피조물은 하나님을 찬양하고 하나님의 빛을 사모하며 살아 있습니다. 그런데 사람들이 죄를 지으면 악한 영들이 죄를 지은 자리에 들어와 터전을 잡은 다음, 하나님의 생명을 빼앗고 하나님의 빛을 가리며 하나님의 영광을 가립니다. 악한 영들이 자리 잡은 곳의 땅, 공기, 나무, 풀, 돌 등 모든 사물은 생명의 하나님과 단절되어 괴로움에 시달리게 됩니다. 그래서 그 악한 영들을 불러들인 죄를 지은 사람을 싫어하고 원망하게 됩니다. 아벨을 죽인 가인의 악함을 보고 그 주변의 모든 피조물이 얼마나 놀랐겠습니까? 특히 아벨을 죽이는 데 사용된 돌은 자신이 그런 악한 일에 사용되었다는 것이 얼마나 괴로웠겠습니까? 억울하게 죽은 아벨의 피를 받은 땅은 그의 고통스러운 죽음에 얼마나 슬퍼했겠습니까? 땅은 억지로 무죄한 피를 흘린 것을 마셔야 했기 때문에 이 살인자를 반대하며 그의 농사에 힘을 내주기를 거절했습니다. 그래서 그가 아무런 생산을 얻게 하지 않았으니 마치 가나안 땅이 가나안인을 토한 것과 같습니다. 그 이유는 가나안인이 그 땅을 모독하고(레 18:28) 가증한 죄를 지었기 때문입니다(카일).

이렇게 사람의 죄로 인해 모든 피조물이 두려워 떨고 괴로움에 고통스러워하며, 악한 영들에게 압제당하고 힘들어하게 되자 그들이 죄를 지은 사람을 좋아하지 않는 것이 당연합니다. 그러므로 모든 피조물이 죄를 지은 사람의 죄를 고발합니다. 죄를 지은 사람에게도 악한 영이 많이 감기고 하나님의 빛이 가로막혀 하나님의 은혜를 받지 못하는 상태가 되므로 하나님의 모든 피조물은 그를 기피하게 됩니다. 그래서 하나님은 가인에게 "네가 땅에서 저주를 받으리니 네가 밭을 갈아도 땅이 다시는 그 효력을 네게 주지 아니할 것이요 너는 땅에서 피하며 유리하는 자가 되리라"(11-12절)라고 말씀하시는 것입니다. 자연 만물도 그를 싫어하여 그가 하는 일을 도와주지 않고, 악한 영들도 그가 복을 받지 못하도록 방해하므로 그의 인생길이 고난의 길로 바뀌게 되었습니다. 땅을 하나님의 진노의 집행자로 삼으셨다면 우리가 심판을 피할 길은 없습니다(매튜 헨리).

하나님의 책망을 받은 가인은 "내 죄짐을 지기가 너무 무거우니이다 주께서 오늘 이 지면에서 나를 쫓아내시온즉 내가 주의 낯을 뵈옵지 못하리니 내가 땅에서 피하며 유리하는 자가 될지라 무릇 나를 만나는 자마다 나를 죽이겠나이다"(13-14절)라고 말합니다. 가인은 여전히 종교적

통찰력을 지니고 있었기에 하나님에게서 멀어질수록 사망의 위협 속으로 깊이 떨어진다는 것을 그는 잘 알고 있었습니다(랑게). 죄를 지은 사람은 하나님을 볼 수 없다고 한 그의 말은 죄의 결과를 아주 잘 보여줍니다. 죄를 지으면 하나님과의 관계가 단절되고, 하나님과의 관계가 단절되면 하나님의 나라와도 단절됩니다. 그래서 아담과 하와는 에덴동산에서 쫓겨났고, 가인은 그 쫓겨나 살던 곳에서도 더 멀리 쫓겨나 유리하는 자가 된 것입니다.

가인은 처음 하나님이 자신에게 아벨을 찾으실 때 자기는 동생의 행방을 알지 못한다며 거짓말합니다. 그러나 하나님이 그의 죄를 정확하게 짚어내시자 "나를 만나는 자마다 나를 죽이겠나이다"라며 자신이 죽을 죄인이라는 사실을 고백합니다. 하나님은 그의 회개를 받으시고 그가 죽지 않으리라고 약속하시면서 "가인을 죽이는 자는 벌을 칠 배나 받으리라"라고 말씀하시면서 표를 주십니다. 가인은 노예처럼 표를 받았고, 죽음을 피할 수 없었습니다. 죄인은 두려움에 사로잡힌 노예이자 욕망의 노예, 탐욕의 노예, 정욕의 노예, 죄의 노예, 분노의 노예입니다(암브로시우스).

가인이 받은 표는 하나님이 그를 치심으로 얼굴이 어그러지고 이곳저곳에 혹이 난 모습으로 보였습니다. 야곱은 에서가 자신을 죽이려고 군사들을 이끌고 올 때 두려워서 얍복강을 건너지 못하고 있었습니다. 하나님이 천사를 보내셔서 그의 환도뼈를 치시자 다리를 절게 되었는데, 그 모습을 본 에서는 연민을 느끼고 동생을 받아주게 됩니다. 가인의 표도 그의 불쌍한 모습으로 인해 그를 만나는 모든 사람이 그가 이미 하나님의 벌을 받았으므로 더는 그에게 아벨을 죽인 죗값을 갚지 않으려는 마음을 갖도록 하신 것입니다. 하나님은 보호표를 통해 피의 복수를 금지하셨는데, 이는 후에 도피성을 마련해 복수자를 피하게 하신 것에서도 드러납니다(앨런 로스). 도피성에 피할 수 있는 자는 의도치 않게 사람을 죽인 자에 한합니다. 가인도 처음부터 아벨을 죽이려는 마음으로 계획하여 살인한 것이 아니라 아벨과 대화하던 중에 화가 나서 과한 폭력을 휘두르다 죽인 것입니다. 그러므로 하나님도 그의 회개를 받으시고 그를 용서하시며 다른 사람에게 죗값을 받아 죽지 않도록 하신 것입니다.

하나님이 지으신 모든 피조물 중 하나님께 불순종하는 것은 사람밖에 없습니다. 다른 모든 존재는 다 하나님을 찬양합니다. 그러나 죄로 오염되어 악한 영들이 자리 잡고 있는 곳에 거하는 피조물들은 하나님을 찬양할 수 없고, 악한 영의 영향 아래에서 신음하면서 악한 영들의 악한 일에 이용당할 수밖에 없습니다. 그래서 자연이 예수님의 행보를 가로막는 일까지 일어나는 것입니다. 예수님이 잠들어계시던 배를 광풍과 파도가 흔들어 제자들이 죽음의 공포에 빠져 있을 때입니다. 제자들이 잠자던 예수님을 깨웠을 때 예수님이 바람과 파도를 꾸짖어 잠잠하게 하신 것을 보면 악한 영들이 자연을 움직일 수 있다는 것을 알 수 있습니다. 그렇게 하나님의 빛으로 창조된 자연이 하나님께 반하는 행동을 하면서 괴로워했을 것을 생각하면 안타깝습니다. 이런 일은 이 세상에 죄가 만연해지고 악한 영이 더욱 많아지면서 더욱 심화된다고 할 수 있습니다.

하나님은 사람을 이 세상의 왕으로 만드셨습니다. 창조주이신 하나님을 대리하여 이 세상을 통치하는 신분인 것입니다. 그러나 아담의 범죄로 이 땅에 대한 지배권이 사탄에게로 넘어갔고, 사람들도 죄를 지으면서 그 사람과 그가 죄를 지은 곳에 대한 통제권이 사탄에게 합법적으로 넘어갔습니다. 자연히 사탄은 이 땅에서 자신이 지배할 수 있는 땅을 점점 넓혀왔습니다. 점점 사람이 많아지고 그들이 온 세계로 퍼져나가면서 세상 곳곳에서 죄를 짓기 시작했고, 그 죄를 통해 사탄이 지배하는 땅은 점점 더 넓어진 것입니다. 하나님이 처음 창조하셨을 때의 아름다운 세계는 더러운 귀신들이 덮어버려서 하나님의 빛을 잃어가기 시작했습니다. 하나님은 당신의 사람을 통해 죄를 회개함으로써 하나님의 사람이 있는 곳을 다시 하나님이 통치하시는 하나님의 나라로, 다시 하나님의 빛이 임하는 곳으로 회복시켜가고 계십니다. 이렇게 이 땅에서는 하나님의 사람과 악한 세력 사이의 영적 전쟁이 여기저기에서 끊임없이 벌어지고 있습니다. 그러나 마지막 때로 갈수록 악한 세력들이 차지하는 땅이 점점 넓어져서 손을 쓸 수 없는 지경에 이를 것이고, 그렇게 오염된 이 세상은 하나님의 심판을 받아 완전히 멸망할 것입니다.

세 번째 장면

가인의 자손

“가인이 여호와 앞을 떠나서 에덴 동쪽 놋 땅에 거주하더니 아내와 동침하매 그가 임신하여 에녹을 낳은지라 가인이 성을 쌓고 그의 아들의 이름으로 성을 이름하여 에녹이라 하니라 에녹이 이랏을 낳고 이랏은 므후야엘을 낳고 므후야엘은 므드사엘을 낳고 므드사엘은 라멕을 낳았더라 라멕이 두 아내를 맞이하였으니 하나의 이름은 아다요 하나의 이름은 씰라였더라 아다는 야발을 낳았으니 그는 장막에 거주하며 가축을 치는 자의 조상이 되었고 그의 아우의 이름은 유발이니 그는 수금과 퉁소를 잡는 모든 자의 조상이 되었으며 씰라는 두발가인을 낳았으니 그는 구리와 쇠로 여러 가지 기구를 만드는 자요 두발가인의 누이는 나아마였더라 라멕이 아내들에게 이르되 아다와 씰라여 내 목소리를 들으라 라멕의 아내들이여 내 말을 들으라 나의 상처로 말미암아 내가 사람을 죽였고 나의 상함으로 말미암아 소년을 죽였도다 가인을 위하여는 벌이 칠 배일진대 라멕을 위하여는 벌이 칠십칠 배이리로다 하였더라”(창 4:16-24).

비록 아담과 하와가 에덴동산에서 쫓겨났어도 에덴동산과 최대한 가까운 곳에서 에덴동산을 그리워하며 살았는데, 가인은 더욱 먼 곳으로 도망쳐서 살게 됩니다. 가인이 그곳까지 가는 동안 야생 열매를 따먹거나 사람들에게 먹을 것을 구걸했습니다. 사람들은 그의 얼굴을 보며 죄의 결과에 대해 두려워하거나, 그의 비참한 모습을 불쌍하게 여겼습니다. 그래서 먹을 것을 주거나 아니면 자기 마을에서 쫓아냈습니다. 도움을 받지 못할 때에는 먹을 것을 몰래 훔치기도 했습니다. 가인은 하나님을 만나는 기쁨의 공간인 에덴에서 떠나 놋 땅에 정착하여 아들을 낳고 성을 쌓은 후 그곳을 아들의 이름을 붙여 에녹이라고 지었습니다. 하나님을 떠나 자기 뜻대로 자신만의 성과 왕국을 만든 것입니다.

가인의 죄는 그의 후손들에게 영향을 주었습니다. 그래서 그 죄성을 물려받은 후손도 계속 죄를 지었고, 그들도 땅에서 저주를 받았습니다. 가인의 후손들이 식물을 심고 가꾸며 농사지을 때 땅이 영양소를 공급해주지 않으므로 열매가 잘 맺히지 않았습니다. 또 바람과 햇빛, 비도 농사가 잘되도록 도와주지 않으니 수확이 적었습니다. 다른 사람들이 농사지을 때는 잘 도와주면서 가인과 그의 후손에게는 도와주지 않았습니다.

하나님이 지으신 이 세계는 모든 것이 살아 있고, 그 모든 것은 하나님을 사랑하며 하나님이 사랑하시는 자들을 사랑합니다. 우리가 지금 살고 있는 곳에서 선을 행하면 주변의 모든 것이 우리를 도와주어 잘되게 해줍니다. 어떤 사람이 하나님을 잘 믿으면 하나님이 기뻐하시고 사랑하셔서 당신의 은혜와 생명의 빛을 충만히 내려주실 것이고, 그러면 그 은혜와 생명은 그 사람이 사는 땅과 주변 모든 사물과 사람과 존재들에게도 흘러갈 것입니다. 그러므로 주변의 모든 것이 그 사람에게서 하나님의 은혜를 나누어 받으므로 그를 사랑하고, 그가 더욱 하나님을 잘 믿고 복 받을 수 있도록 물심양면으로 돕는 것입니다. 선을 행하는 사람은 악한 영들이 싫어해서 그를 피하므로 그가 망하도록 방해하는 악한 영들도 없으니 하나님의 은혜가 더 잘 내려오게 됩니다. 그래서 우리는 하나님이 기뻐하시는 일, 곧 선을 행하고, 반대로 하나님이 싫어하시는 일, 곧 죄는 짓지 말아야 하는 것입니다.

하나님과의 관계가 단절되고 죄를 지어 악한 영들의 노예로 사는 사람은 하나님이 만드신 모든 세계가 그를 싫어하고 기피하며 그를 돕지 않습니다. 그가 죄를 지을 때마다 주변에 악한 영들이 더욱 많아지게 되고, 주변에 있는 모든 존재는 악한 영의 영향력 아래에서 지옥에서 사는 것과 같은 삶을 살게 되며, 하나님의 은혜에서 멀어지게 됩니다. 그러므로 죄를 지은 사람으로 인해 모든 존재가 고통을 겪고 있는데 어떻게 그 사람을 좋아하고 도울 수 있겠습니까? 또 그를 도와서 그가 다시 하나님의 자녀가 되도록 함으로서 힘든 상황에서 벗어나고 싶어도 하나님의 은혜가 단절되었고 악한 영의 아래에 있는 이상 자연 만물은 그를 도울 힘이 없습니다. 도리어 악한 영들이 더욱 활개치며 그가 더 많은 죄를 짓도록 하고 그가 망하는 길로 가도록 부추길 뿐입니다. 또한 악한 영들은 자신의 지배 아래 있는 모든 자연을 움직여서 그를 공격하고 온갖 사건사고를 일으켜 망하게 합니다.

가인의 후손은 땅의 저주로 인해 삶의 방식을 바꾸게 됩니다. 땅은 저주를 받아 가인의 집안사람에게 자신의 힘을 주지 않았기 때문에, 가인의 집안은 그 힘을 빼앗겨 농산물을 적게 거두어들였습니다(시리아인 에프렘). 그래서 정착하여 농사짓는 삶을 포기하고 장막생활을 하면서 여러 동네를 돌아다니며 가축을 치는 일을 하게 됩니다. 가축을 치고 그 가축을 다른 사람의 농산물과 바꾸면서 생활한 것입니다. 또 농사일의 어려움을 달래기 위해 노동요를 발달시킵니다. 노래를 부르면서 하면 일이 즐거워지고 수월해집니다. 또 쉴 때에도 노래하고 춤추면서 스트레스를 푸는 것입니다. 그리고 농사일을 더 쉽게 할 수 있는 방법을 고민하다 농기구를 더 좋게 만들기 시작합니다. 그들만의 지혜로 문제를 해결해나간 것입니다. 물론 이것으로 인해 죄가 더해진 부분도 있습니다. 문화가 발달하면서 쾌락과 향락에 빠지게 되었고, 농기구만 잘 만든 것이 아니라 무기도 잘 만들어서 다른 사람을 공격하기도 했기 때문입니다. 그것으로 인해 곳곳에서 싸움과 전쟁이 일어나게 되었고, 더 많은 피가 흐르게 되었습니다.

가인 집안에서 죄의 무거움이 계속되어 그의 후손인 라멕은 자신에게 상처를 입힌 소년을 죽이게 됩니다. 가인은 감히 하나님 앞에서 자신의 죄를 숨겼다가 결국 드러나서 벌을 받았지만, 라멕은 자신의 죄를 인정하고 바로 고백하는 모습을 보여서 가인과 같은 벌을 받지 않았습니다. 그래서 가인은 표를 받고 죽음을 면했지만, 라멕은 표를 받지 않고도 죽음을 면한 것입니다. 라멕은 죄를 고백함으로써 앙갚음을 피하고, 자신을 심판함으로써 하나님의 판결이 없게 했습니다(키루스의 테오도레투스).

네 번째 장면

셋의 후손

"아담이 다시 자기 아내와 동침하매 그가 아들을 낳아 그의 이름을 셋이라 하였으니 이는 하나님이 내게 가인이 죽인 아벨 대신에 다른 씨를 주셨다 함이며 셋도 아들을 낳고 그의 이름을 에노스라 하였으며 그 때에 사람들이 비로소 여호와의 이름을 불렀더라"(창 4:25-26).

아담과 하와는 다시 아들을 낳았는데, 그는 많은 자녀가 태어난 후에 나왔으므로 악한 영에 많이 노출되지 않았습니다. 가인은 아벨을 죽인 죄로 하나님 앞에 설 수 없게 되었고, 하나님이 받으실 만한 예배를 드린 아벨은 가인의 손에 죽어 아담과 하와의 뒤를 이어갈 후계자가 없었는데 하나님이 셋을 후계자로 주신 것입니다. 그래서 그는 하나님의 축복을 받은 영혼으로 이 땅에 보내졌고, 그의 아들 에노스가 태어난 이후 셋이 가문을 이어가면서 하나님과의 관계가 잘 이어지게 됩니다. 즉,

셋이 하나님과 다른 사람들과의 연결고리 역할을 잘 감당한 것입니다. 그것이 바로 가주(家主)의 역할입니다. 가주는 가문의 제사를 주도하면서 가문의 모든 구성원이 하나님께 바른 예배를 드리고 하나님께 영광을 돌리며 감사와 찬양을 올려드리도록 주도적인 역할을 해야 합니다. 하나님이 창조주 하나님이시고 만왕의 왕이 되시니 하나님 중심으로 살도록 교육하는 것입니다.

가족의 수가 늘어나고 집단이 커지면 영적인 교육이 필요합니다. 인류가 많아지고 멀리 퍼져서 살게 되었기 때문에 그들 중에는 하나님을 직접 만나지 않은 사람도 많았을 것입니다. 그러므로 하나님과 직접 관계를 맺은 아담의 이야기, 가인의 이야기를 전해줌으로써 하나님이 어떤 분인지를 알려줄 필요가 생겼습니다. 공동체 안의 모든 구성원이 하나님과 올바른 관계를 맺을 수 있도록 도와주고, 하나님이 어떤 분인지 바로 알도록 가르치는 것입니다. 그래서 그것을 듣고 믿은 사람들 속에서 진정 하나님을 믿고 섬기는 종교가 생성된 것입니다. 여호와의 이름을 부른다는 것은 바로 그분에게 예배드리고 기도하며 찬송하는 종교적 행위를 말합니다(박윤선). 신이신 하나님과 신도이자 백성으로서 관계가 형성된 것입니다.

더 깊이 생각해보기

1. 하나님의 자녀인 우리가 하나님을 만나고 은혜를 받는 시간인 예배는 신앙생활에 정말 중요합니다. 나는 예배에 얼마나 충실하게 임하고 있나요? 얼마나 은혜를 받고 있나요?

2. 어떻게 하면 하나님이 더 기뻐하실 예배를 드릴 수 있을까요?

3. 부모의 죄성은 자녀에게 내려갑니다. 내가 부모님에게 물려받은 죄성은 무엇인가요?

4. 부모에게 물려받은 죄성을 해결하기 위해 어떤 노력을 기울이고 있나요?

5. 죄를 다스리고 선을 행하라고 하셨는데 어떤 선을 행하고 있나요?

6. 부모에게서 내려오는 죄성을 끊고 선을 행하여 내 후손에게는 최대한 죄성은 내려가지 않고 좋은 은사들이 내려가게 하려면 앞으로 어떤 부분에 더 노력해야 할까요?

5장

하나님의 모양과 사람의 모양

5장에서는 하나님의 모양과 사람의 모양을 대비하여 말씀하십니다. 그래서 하나님의 모양이 무엇인지, 또 사람의 모양은 무엇인지 깊이 생각해보는 시간을 가질 필요가 있습니다. 사람은 하나님의 모양으로 창조되었기 때문에 죄를 회개하여 정결해지면 하나님과 동행할 수 있음을 에녹이 보여주었습니다. 그래서 그가 어떻게 회개하게 되었는지, 또 그가 살았던 삶인 하나님과 동행하는 삶은 어떤 것이었는지도 묵상해보겠습니다.

한눈에 보는 창세기 5장

하나님의 형상과 모양을 타고 태어난 아담과 하와는 거룩한 모습이었지만, 죄를 지은 이후 그들의 후손은 죄성과 함께 죄의 값인 사망을 물려받는 사람의 모양으로 태어나게 된다. 그러나 하나님은 깊이 회개하는 자를 만나주시고 그에게 하나님의 계획을 알게 하신다. 에녹은 깊이 회개함으로 깨끗해져서 하나님을 깊이 만났고, 하나님의 뜻을 전하며 하나님과 동행했다. 회개함으로 죄를 용서받아 죄가 없어져 정결해진 그는 죽지 않고 하늘로 올라갔다. 하나님은 죄로 타락한 사

람들이 만연하여 더럽혀진 이 땅을 다시 깨끗하게 하시려고 홍수 심판을 계획하셨다. 에녹, 므두셀라, 라멕을 통해 이 하나님의 뜻이 전파되었고, 이는 노아의 때에 이루어질 것이었다. 이로 인해 저주받았던 땅은 새로워지고, 하나님의 사람들이 다시 이 땅에 퍼져서 하나님의 나라가 이루어지도록 하신다.

첫 번째 장면

하나님의 모양으로 창조된 사람

"이것은 아담의 계보를 적은 책이니라 하나님이 사람을 창조하실 때에 하나님의 모양대로 지으시되 남자와 여자를 창조하셨고 그들이 창조되던 날에 하나님이 그들에게 복을 주시고 그들의 이름을 사람이라 일컬으셨더라"(창 5:1-2).

5장은 아담의 계보, 즉 족보를 기록하고 있습니다. 아담의 후손이 어떻게 이어지는지를 알려주면서 노아를 소개하는 32절까지가 그 족보입니다. 중요한 부분은 설명이 길게 추가되지만, 그 외에는 누가 몇 세에 누구를 낳고 몇 세를 살고 몇 세에 죽었다고 기록합니다. 여기서는 아담, 즉 사람에 대해서와 에녹에 대해서 더 길게 설명함으로써 그들의 삶이 이 족보에서 중요한 의미가 있고 더 살펴보아야 할 필요가 있음을 알려 줍니다. 그리고 이 족보의 끝은 노아입니다. 노아가 세 아들을 낳았다는 것으로 끝납니다. 즉, 이 족보는 노아가 어떻게 태어나게 되었는지를 알려주려는 기록임을 깨닫게 해줍니다. 어떤 사람의 후손으로 태어났는지를 살펴봄으로써 그가 선조의 좋은 부분들을 받아서 태어났으므로 그의 인생이 훌륭하다는 것을 알려주는 것입니다. 그리고 이후에 노아의 족보를 통해 그것을 자세히 드러냅니다. 우리는 항상 뿌리를 기억하면서 조상의 나쁜 점은 빼고 좋은 점은 극대화하여 드러내도록 항상 노력해야 합니다.

하나님은 사람을 당신의 모양을 따라 지으셨습니다. 사람이 하나님의 형상 안에 있다는 것은 인간이 불완전하고 한정적이긴 하지만, 전달 가능한 하나님의 속성(생명, 인격, 진리, 지혜, 사랑, 거룩함, 공의)을 공유하고 있으며, 하나님과 영적으로 교제할 수 있다는 것을 의미합니다(앨런 로스). 영생하시는 생명의 근원이신 하나님을 닮아 창조된 사람은 하나님처럼 영생할 수 있게 창조되었습니다. 죄가 없으신 거룩하신 하나님을 닮아 거룩하고, 하나님과 항상 동행하며, 하나님의 관심과 사랑을 한몸에 받고 있었습니다.

하나님은 사람을 당신의 빛, 생명으로 가득한 모습으로 창조하셨고, 그 모습은 삼위 하나님의 형상이신 성자 하나님과 닮은 것이었습니다. 성부 하나님은 빛 덩어리와 같은 모습이시고, 성령 하나님은 바람과 같은 분이시므로 하나님의 형상으로 지어진 사람은 성자 하나님을 닮은 모습인 것입니다. 하나님은 사람을 흙으로 몸을 만드신 후에 생기, 즉 당신의 영을 불어 넣으셔서 만드셨지만, 성자 예수님은 성령님이 마리아의 뱃속에 사람으로 태어날 수 있도록 역사하셔서 이 땅에 오신 것이므로 서로 다릅니다. 성자 예수님의 몸은 흙으로 된 사람과는 근본적으로 다른, 온전히 영으로 된 사람이시므로 사람이면서 하나님이실 수 있는 것입니다. 흙으로 된 사람의 몸과 하나님이 만드셔서 천국에서 이 땅으로 내려 보내신 영혼은 성자를 닮았고, 하나님의 영, 즉 성령을 받았기에 사람은 하나님의 자녀와 같습니다. 사람이 자신의 일부인 DNA를 물려주어 자식을 낳는 것과 같이 하나님도 자신의 속성으로 사람을 지으신 것이므로 결국 사람은 하나님의 아들로 만들어진 것입니다. 또 사람은 하나님의 성품도 많이 닮았습니다. 이런 사람은 하나님과 같이 거룩하고, 죄가 없으며, 하나님과 동행하고, 영생할 수 있었습니다. 생명나무의 열매를 먹으며 영원히 이 세상의 왕으로서 하나님을 대신하여 이 땅을 통치할 수 있었습니다. 하나님은 그렇게 할 수 있도록 사람에게 권위를 위임하시고 복을 주셨습니다. 그리고 하나님은 자신이 만드신 사람이 계속해서 하나님을 바라보고 하나님과 동행하면서 가족으로 서로 친밀한 교제를 나누며 살기를 바라셨습니다.

하나님이 처음 만드신 세상은 육의 세계와 영의 세계가 하나였습니다. 지구와 우주는 천국과 하나가 되어 하나님이 통치하시는 하나의 나라로 존재했습니다. 하나님은 사람을 이 땅에 두시고 하나님을 대리하여 왕으로서 이 땅을 다스리게 하시면서, 주어진 역할을 잘 해내면 하늘나라도 상속해주시려고 계획하셨습니다. 대리 왕으로서 사람이 할 일은 바로 "생육하고 번성하여 땅에 충만하라, 땅을 정복하라, 바다의 물고기와 하늘의 새와 땅에 움직이는 모든 생물을 다스리라"(창 1:28)는 것이었습니다. 창조주 하나님의 상속자이며 이 땅의 왕으로서의 사람은 정말 영광스럽고 위대한 존재였습니다. 하나님의 빛이 충만하게 그의 몸으로 임했으며 그래서 하나님의 은혜가 항상 함께했고, 하나님 앞에 거하면서 하나님과 동행하며 살았습니다. 하나님을 닮은 지혜로 하나님이 창조하신 수많은 동물의 이름을 지어주었습니다. 그들의 모습과 생활 습성 등을 보고 적절한 이름을 서로 겹치지 않도록 잘 지어주었습니다. 이는 하나님이 크신 능력과 지혜를 비롯해 여러 가지 복을 내려주셨기에 가능했습니다. 하나님의 모양을 타고 태어난 사람은 이렇게 영광스러운 모습이었습니다.

두 번째 장면

사람의 모양으로 태어난 셋의 자손

"아담은 백삼십 세에 자기의 모양 곧 자기의 형상과 같은 아들을 낳아 이름을 셋이라 하였고 아담은 셋을 낳은 후 팔백 년을 지내며 자녀들을 낳았으며 그는 구백삼십 세를 살고 죽었더라 셋은 백오 세에 에노스를 낳았고 에노스를 낳은 후 팔백칠 년을 지내며 자녀들을 낳았으며 그는 구백십이 세를 살고 죽었더라 에노스는 구십 세에 게난을 낳았고 게난을 낳은 후 팔백십오 년을 지내며 자녀들을 낳았으며 그는 구백오 세를 살고 죽었더라 게난은 칠십 세에 마할랄렐을 낳았고 마할랄렐을 낳은 후 팔백사십 년을 지내며 자녀들을 낳았으며 그는 구백십 세를 살고 죽었더라 마할랄렐은 육십오 세에 야렛을 낳았고 야렛을 낳은 후 팔백삼십 년을 지내며 자녀를 낳았으며 그는 팔백구십오 세를 살고 죽었더라 야렛은 백육십이 세에 에녹을 낳았고 에녹을 낳은 후 팔백 년을 지내며 자녀들을 낳았으며 그는 구백육십이 세를 살고 죽었더라"(창 5:3-20).

이 땅의 통치자로 세워졌던 아담은 죄를 지은 후 그 자리를 빼앗깁니다. 그 거룩한 자리를 자녀들에게 온전히 물려주었어야 했는데 사탄에게 좌지우지될 수밖에 없는 비참한 모습으로 전락하고 말았습니다. 옛 왕조들의 기록에서 왕권이 약하여 신하들에게 좌우되었던 왕들이 얼마나 무력하고 비참했는지를 떠올리면 이해가 잘 될 것입니다. 아담과 그의 후손이 이런 모습이었습니다. 각 사람을 망하게 하고 죽이려고 벌떼처럼 달려든 악한 영들의 모습은 왕권이 약한 시대의 신하들이 왕을 조종하고 겁박하여 어떻게 해서든 자신들의 이익을 취하려고 아귀다툼을 벌이던 모습을 떠올리게 합니다.

죄를 지은 아담은 자신의 모양으로 자식을 낳았고, 이로 인해 영원한 생명을 갖도록 창조된 사람은 언젠가는 죽을 수밖에 없는 유한한 생명으로 살 수밖에 없게 되었습니다. "아담"은 본래 "하나님의 형상대로" 지어져 하나님과 교제하는 생활에 있어서 완전했습니다. 그러나 범죄한 인간의 형상은 물론 형식상으로만 하나님의 형상이고 실질적으로는 효능을 발생시키지 못했습니다(박윤선). 사람은 죄를 지음으로 처음 창조의 모습이 변질되었고, 그 모양을 닮은 자식을 낳음으로써 죄성이 후손에게 이어졌으며, 이제 아담 이후의 사람은 사람의 모양으로 태어나서 죽게 되었습니다. 아무리 오래 산다고 해도 언젠가는 죽는 날이 오는 것입니다. 죄의 삯은 사망이기 때문입니다. 비록 그가 금단의 열매를 먹은 바로 그 날에 죽지는 않았다고 해도 바로 그 날부터 죽어야 하는 운명을 지니게 된 것입니다. 그 이후 모든 그의 생애는 집행유예를 받고 권리를 박탈당하게 된 것입니다(매튜 헨리). 사람은 그의 육신이 흙으로 지어졌으므로 죽어서 흙으로 돌아가게 됩니다. 아담의 족보가 그것을 보여줍니다.

죽음의 의미는 바로 분리와 단절입니다. 영혼과 육체가 분리되어 완전히 단절된 상태가 바로 죽음입니다. 또 하나님과 사람의 관계가 분리되어 완전히 단절된 상태도 죽음입니다. 이는 지옥에 떨어지는 것으로 귀결되는 죽음으로, 성경은 이를 둘째 사망이라고 합니다. 또 지옥에 떨어지기 전 이 땅에 사는 동안에도 하나님의 백성이 아닌 마귀의 지배 아래 살면서 이미 죽음에 발을 걸치고 있는 상태로 생각해야 합니다. 그 사람은 영혼과 육체가 분리되어 그의 영혼이 죽음에 처해 있는 상태로 악한 영들에게 둘러싸여 죽음의 기운을 받으면서 계속해서 완전한 죽음으로 인도받아 나아가고 있기 때문입니다. 물론 하나님의 은혜로 그가 복음을 받아들이고 구원의 길로 나아갈 기회를 얻을 수도 있지만, 하나님과 많이 멀고 악한 영의 강한 구속 가운데 있을수록 그런 기회를 얻기는 요원합니다. 죄성을 타고난 사람은 점점 죄를 짓게 되었고, 그 죄를 계속해서 자손에게 물려주어 자손들은 더 많은 악한 영의 영향력 아래 살게 되면서 구원의 기회를 점점 잃어버렸습니다. 그리고 결국 하나님의 심판을 불러들이게 되었습니다.

하나님은 사람을 당신의 빛과 생명, 능력이 가득한 모습으로 지으셨지만, 죄를 물려받은 사람은 빛과 함께 죄성도 물려받았고, 이로 인해 오염된 양심을 갖게 되었습니다. 결국 사람은 사는 동안 계속 죄를 짓고, 후손에게는 점점 더 크게 축적된 죄와 저주를 물려줄 수밖에 없게 된 것입니다. 하나님께 받은 빛은 적게 내려가고 죄성은 많이 물려받는 모습인 것입니다. 이것이 바로 사람의 모양, 사람의 형상입니다. 그래서 하나님이 처음 창조하셨을 때의 모습과는 많이 다르게 변질되었기 때문에 하나님의 충만한 은혜가 내려오지 못하고, 하나님과 깊이 교제하면서 교통하기가 힘들게 되었습니다. 하나님은 사람의 마음에 도사리고 있는 죄악의 근원을 감찰하셨습니다. 이것은 쓴 뿌리, 즉 더러워진 샘이었습니다(매튜 헨리).

4장에 나온 가인은 살인죄를 지었기 때문에 그의 후손에게는 더 많은 죄성이 대대로 이어졌고, 그로 인해 그의 족보는 사람을 죽인 라멕의 이야기로 끝을 맺습니다. 그나마 셋과 그의 후손은 자손을 많이 낳다가 죽었다고 하는 생명을 생산한 일이 족보에 기록되어 있는 것과 비교해 볼 수 있습니다. 하나님은 사람을 축복하시면서 번성하여 땅에 충만하라고 말씀하셨는데 그 말씀대로 산 것입니다.

죄가 전혀 없었던 아담과 하와도 하나님의 말씀을 어기고 선악과를 먹는 죄를 지을 수 있었으니, 죄성을 물려받은 사람은 너무나 쉽게 죄를 지을 수 있는 것입니다. 사람은 흙으로 만들어졌고, 그 흙은 사람의 죄로 인해 저주받아 가시덤불과 엉겅퀴를 내게 되었으며, 사탄의 먹이로 전락했습니다. 그리고 흙은 결국 흙으로 돌아갈 것입니다. 사람의 몸에 나는 가시덤불과 엉겅퀴는 물려받은 죄성이고, 이로 인해 마귀는 언제든지 유혹하고 죄를 짓도록 공격할 수 있습니다. 그리고 죄를 지으면 사탄은 더욱 강하게 가시덤불과 엉겅퀴가 자라나게 하고 강하게 공격해 죽음에 이르게 하는 것입니다. 사탄의 공격으로 많은 사람이 하나님의 영을 받고 태어났는데도 죄를 많이 짓기 시작합니다. 그 죄는 계속 후손에게 내려가고 점점 쌓여서 이 세상에 죄가 만연하게 됩니다. 죄가 많아지는 만큼 사탄의 영역은 점차 넓어지고, 사탄은 죄인들을 자신의 수중에 넣고 그들의 삶을 짓밟으며 기뻐합니다.

세 번째 장면

하나님과 동행한 에녹

"에녹은 육십오 세에 므두셀라를 낳았고 므두셀라를 낳은 후 삼백 년을 하나님과 동행하며 자녀들을 낳았으며 그는 삼백육십오 세를 살았더라 에녹이 하나님과 동행하더니 하나님이 그를 데려가시므로 세상에 있지 아니하였더라"(창 5:21-24).

죄성을 물려받고 태어난 모든 사람이 다 하나님을 떠나 죄를 짓고 사탄의 노예로 산 것은 아니었습니다. 사람은 하나님의 영을 받았고, 하나님의 빛으로 가득했던 아담의 좋은 부분도 물려받았기 때문에 죄를 깨닫고 회개하며 하나님을 바라보고 산다면 하나님과 깊이 교제하며 하나님과 동행할 수 있었습니다. 하나님의 영이 충만하게 사람들에게 임하여 있었고, 이 땅도 하늘나라와 하나 된 하나님의 나라로서 하나님이 항상 임재하셔서 통치하고 계셨기 때문입니다. 하나님이 온 세계의 황제와 같으시다면 아담은 이 땅을 다스리도록 위임받은 분봉 왕과 같은 위치에 있었습니다. 비록 죄로 인해 하나님과의 관계가 멀어졌지만, 하나님은 여전히 당신의 자녀들을 사랑하셔서 그들에게 항상 관심을 가지고 계셨습니다. 그래서 누구든지 하나님을 찾으며 자신의 부족함과 허물과 죄를 깨닫고 회개하며 겸손히 하나님 앞에 나아간다면 하나님은 그를 만나주시고 사랑하시며 은혜를 주실 수 있었습니다. 죄를 깊이 회개함으로 모든 죄를 다 용서받고 깨끗해지며 원래 지어진 거룩한 모습으로 돌아간다면 처음 아담이 누렸던 모든 것을 완벽하지는 않지만 상당 부분 누릴 수 있었습니다. 그 대표적 인물이 에녹입니다.

에녹은 이미 영혼부터 하나님의 축복받은 사람이었습니다. 그를 하늘나라에서 보내실 때 빛이 충만하고 성숙한 영혼으로서, 겉에는 하나님이 보호막을 씌우셔서 그의 어머니의 뱃속에 넣어주셨습니다. 그 보호막으로 인해 아기는 어머니의 뱃속에 있는 악한 영들의 공격에서 보호받고 자랐습니다. 에녹은 자라면서 머리에 하나님의 빛이 강하게 내려와 지속적으로 공급되는 하나님의 은혜 속에서 성장했습니다.

그러나 에녹도 죄성을 조금은 물려받았기에 작은 죄들을 지으면서 하나님과 깊이 교제하지는 못했는데, 그가 므두셀라를 낳을 때 하나님께 이 땅에 죄가 만연하여 결국 이 땅을 심판하실 것이라는 계시를 받습니다. 이는 태몽과 같이 그에게 임했는데 그의 아들이 죽은 후에 하나님의 심판이 이 땅에 임할 것을 알게 되었습니다. 그래서 에녹은 아들의 이름을 "므두셀라"라고 지었습니다. 이 이름은 '심판'이라는 뜻과 '창을 던지는 자'라는 뜻이 있습니다. 고대사회에서 창을 던지는 자는 전쟁이 벌어졌을 때 마을의 중심부를 지키는 최후의 보루 역할을 합니다. 핵심

전력인 이 사람이 무너지면 그 마을은 초토화됩니다. 그래서 에녹은 이 아들이 죽으면 세상에 멸망이 올 것이기 때문에 이름을 그렇게 지은 것입니다.

에녹은 자신의 아들을 보면서 날마다 하나님의 심판을 생각했을 것이고, 경각심을 가지고 하나님의 심판을 불러오는 죄를 깊이 회개했습니다. 하나님이 그에게 이 세상이 멸망할 것이라는 경고를 주실 만큼 세상이 부패한 상태였고, 많은 사람이 죄 가운데 살면서도 깨닫지 못하고 있었으므로 하나님의 은혜로 깨달은 자신이 모든 죄를 회개해야 한다는 것을 알았습니다. 그래서 자신의 죄와 가족의 죄와 조상의 죄와 모든 사람의 죄를 다 회개했습니다. 그는 자신의 회개로 하나님의 심판이 임하지 않기를 바랐고, 그렇지 못하면 뒤로 늦춰지도록 간절하게 회개했습니다.

에녹은 깊은 회개를 통하여 하나님을 더 깊이 알게 되었고, 하나님이 원하시는 뜻이 무엇인지 깨닫게 되었으며, 하나님의 마음을 더 깊이 느끼게 되었습니다. 그런 에녹을 하나님이 사랑하시고 함께해주셨습니다. 하나님의 빛이 그의 머리 위에 계속 공급되어 그에게 힘을 주시고, 능력을 주시며, 은사를 주시고, 필요를 채워주셨습니다. 성자 그리스도가 그에게 여러 가지를 가르쳐주셨고, 세상의 악한 모습에 함께 마음 아파하시며 세상을 살리기 위해 의논하시는 모습이 보였습니다. 그는 주님의 가르치심으로 하나님이 만드신 세상을 알아갔고, 그 속에 녹아 있는 하나님의 경륜과 창조의 섭리, 하늘과 땅의 세계에 대해 깊이 이해하게 되었습니다. 하나님의 뜻, 하나님의 마음을 잘 아는 에녹은 거룩하신 하나님과 날마다 대면하며 깊이 대화하면서 그분의 역사에 동참하여 선한 일을 하며 살았습니다. 이것이 동행하는 것입니다. 하나님이 원하시는 선한 일은 결국 영혼 구원입니다. 죄에 빠져 사탄의 노예로 사는 영혼을 죽음에서 건지고 하나님이 처음 만드셨던 거룩하고 영광스러운 하나님의 모양, 하나님 나라의 상속자, 왕의 모습을 되찾도록 돕는 것이 하나님이 원하시는 선한 일입니다.

하나님의 생명과 은혜의 통로가 되고 이 땅과 하늘을 연결해주었던 통로인 생명나무는 사람의 죄로 인해 제 역할을 하지 못했습니다. 그러나 이것은 반드시 필요합니다. 하나님은 우리 성도가 그 역할을 감당하기를 원하십니다. 생명나무는 그리스도이십니다. 그리스도를 닮은 성도 한 사람 한 사람이 작은 생명나무가 되어 하나님께 생수를 받아서 공급해주는 역할을 해야 합니다. 이 땅을 정복하고 모든 생물을 다스린다는 것 자체가 바로 하늘의 생수를 끌어들여서 내가 통로가 되어 다른 사람들에게 생명수를 나눠주는 것입니다. 그리고 생명의 열매를 공급하여 그들이 생명을 얻고 영적으로 성장하며 하나님을 잘 알고 그분의 뜻대로 살도록 하는 것이 각 사람의 역할입니다. 여기서 나아가 사람뿐 아니라 모든 생물과 온 세상에 생수를 공급해주어야 합니다. 하나님이 만드신 이 세상은 다 살아 있기 때문입니다. 살아 있는 모든 존재는 다 생명의 근원되시는 하나님의 생수를 공급받아야 합니다. 그래야 더욱 생명이 넘치고 기쁨과 즐거움을 누리며 하나님께 영광을 돌리면서 살 수 있기 때문입니다. 성도는 이 세상을 다스리는 왕으로서 그 역할을 감당하려는 소원을 가져야 합니다. 이 역할을 충실하게 잘 해내면 하나님이 천국을 상속해주십니다. 천국에서도 그 역할을 감당해야 하기 때문입니다. 이 세상은 그 역할을 배우고 예행연습을 하는 곳입니다.

에녹은 누구보다 이 역할을 잘 해냈습니다. 하나님이 사람을 창조하신 목적대로 가장 잘 살아냈습니다. 에녹이 하나님과 동행했다고 했는데, 이 말은 하나님과 가장 밀접하게 교제하거나 또는 현존하는 신성의 영구적 관망, 곧 그분의 인도하심을 계속해서 따라가는 것을 의미합니다(랑게). 하나님과 동행했다는 것은 하나님과 함께 살면서 그분의 역사에 동참했다는 것입니다. 생명의 근원이신 하나님의 역사는 사람을 살리는 일입니다. 하나님은 당신의 자녀인 사람이 처음 만드셨던 아담의 모습을 회복하고 하나님의 나라를 상속받아 다스리는 왕으로서 영원히 살기를 원하십니다. 중요한 것은 각자가 하나님의 생명의 참여자가 되어야 한다는 것입니다(헹스텐벅). 이를 위하여 에녹도 사람들에게 하나님의 생수를 공급해주는 통로로서 생명을 나눠주는 일을 했고, 사람들이 하나님께 돌아와 하나님과의 관계를 회복할 수 있도록 복음을 전했으며, 하나님의 자녀로 살면서 하나님의 뜻대로 살도록 도와주는 일을 했습니다. 그리고 만약 그렇게 하지 않고 계속 죄 가운데 살면 하나님의 심판이 있을 것이라고 전해주었습니다. 이는 이미 므두셀라의 탄생을 통해 환상 속에서 두려운 심판의 모습을 보았기 때문에 생생하게 전해줄 수 있었을 것입니다. 또 에녹은 자신이 죽지 않고 하늘로 올라갈 것을 미리 알고 있었기에 그전에 자녀에게 최대한 많이 하나님의 뜻을 알려주려고 최선을 다했습니다.

루터는 "에녹에게는 성령의 특이한 위로와 놀랍고 훌륭한 용기가 있다. 그래서 최고도의 확신과 대담성으로 다른 족장들 앞에서 사탄의 교회와 가인 계열에 대항하여 도전한다. 하나님을 경외하는 마음으로 그 분과 동행한다는 것은 광야에서 방황하거나 어딘가에 숨어 있는 것이 아니라 자기 소명대로 사탄과 세상에 속한 불의와 담대하게 싸우는 것을 의미한다"고 말했습니다. 그리고 랑게는 "유대인의 전통에 따르면 에녹은 아마 그 시대에 가인 계열의 반율법주의자를 반대하는 간증자가 된 듯하고, 또 그들에게 홍수 심판이 임할 것을 선포했다"고 했습니다.

에녹은 결국 죽음을 보지 않고 천국에 올라갔습니다. 성자가 그를 찾아오셔서 손을 잡고 함께 하늘로 올라가는 모습이 보였습니다. 성자가 그의 손을 잡으시는 순간 그의 육체는 부활의 몸처럼 변화되었고, 충만한 빛이 폭포수처럼 하늘에서 내려와 그를 덮었으며, 그 빛을 따라 주님과 함께 하늘로 올라가는 모습이었습니다. 이미 죄가 없이 깨끗하고 하나님의 빛으로 가득한 그는 죽을 필요가 전혀 없었기 때문입니다. 죄의 유혹을 완벽하게 이겼고, 죄성을 통해 몸에 들어온 악한 영들도 완전히 이기고 승리했으며, 하나님이 이 땅에 그의 영혼을 보내실 때 주셨던 사명을 온전히 다 이루었기에 하나님이 그를 하늘로 부르신 것입니다. 이는 하나님의 빛을 강하게 받았으나 죄를 짓고 쫓겨났고, 그런데도 회개하지 않은 채 죄성을 가진 자녀를 낳아 기르다가 인생을 마친 아담과 비교됩니다.

네 번째 장면

땅의 저주를 안위하는 노아

"므두셀라는 백팔십칠 세에 라멕을 낳았고 라멕을 낳은 후 칠백팔십이 년을 지내며 자녀를 낳았으며 그는 구백육십구 세를 살고 죽었더라 라멕은 백팔십이 세에 아들을 낳고 이름을 노아라 하여 이르되 여호와께서 땅을 저주하시므로 수고롭게 일하는 우리를 이 아들이 안위하리라 하였더라 라멕은 노아를 낳은 후 오백구십오 년을 지내며 자녀들을 낳았으며 그는 칠백칠십칠 세를 살고 죽었더라 노아는 오백 세 된 후에 셈과 함과 야벳을 낳았더라"(창 5:25-32).

에녹은 삼백육십오 세를 살면서 많은 자녀를 낳았는데 므두셀라가 그 중 한 아들입니다. 므두셀라도 구백육십구 세를 살면서 많은 자녀를 낳았고, 라멕은 그 중 한 아들입니다. 그리고 라멕도 칠백칠십칠 세를 살면서 많은 자녀를 낳았고 그 중 한 아들이 노아입니다. 노아도 오백 세를 살면서 많은 자녀를 낳았겠지만, 여기서는 오백 세 된 후에 낳은 셈과 함과 야벳만을 기록하고 있습니다. 이러한 사실은 성경의 족보는 성경 기자가 보기에 구속사에서 영적 의미가 있는, 다시 말해 영적 계보의 "영웅들"만을 포함시켰다는 "영웅계보설"을 뒷받침해줍니다(양승훈).

에녹은 므두셀라를 낳은 이후 300년을 하나님과 동행하면서 자신의 형제와 자녀에게 하나님의 뜻을 전했습니다. 바로 엄위하신 하나님의 심판으로 이 땅의 모든 생물이 다 죽을 것이라는 이야기입니다. 그런 하나님의 심판은 사람들의 죄 때문이므로 죄를 회개하여 하나님의 심판이 임하지 않도록 해야 한다는 것도 이야기해주었습니다. 이 뜻은 므두셀라의 자녀들에게도 전했고, 에녹은 라멕이 탄생한 이후에도 100년 이상 살았으므로 라멕과 그의 자녀에게도 전했습니다. 노아는 에녹이 죽은 이후에 탄생했으므로 실제 에녹을 보지는 못했겠지만, 므두셀라나 라멕을 통해 그의 이야기를 들었을 것입니다. 또 노아의 자녀인 셈과 함과 야벳도 마찬가지로 므두셀라와 라멕을 통해 이야기를 들었을 것입니다. 홍수 심판은 므두셀라가 죽은 후에 시작되었고, 에녹이 전한 하나님의 심판 이야기는 므두셀라의 생애인 969년 동안 수많은 사람에게 전파되었습니다. 그런데도 그들은 심판에 대비하지 못하고 죽었습니다. 에녹의 자녀, 므두셀라의 자녀, 라멕의 자녀가 회개하고 하나님께 돌아왔다면 하나님은 뜻을 접으시고 온 인류가 멸망하는 홍수를 내리지 않으셨을 것이 분명합니다. 그러나 그렇지 않았기 때문에 홍수 심판은 결국 임했습니다.

에녹의 후손 중에서 정말 소수인 므두셀라, 라멕, 노아, 셈, 함, 야벳만이 홍수에 대비한 사람들이었다는 것은 정말 안타까운 일입니다. 므두셀라는 그의 탄생과 죽음을 통해 하나님의 심판을 보여주었고, 라멕은 노아를 낳고 난 후 하나님이 땅의 저주를 푸시고 수고롭게 일하는 사람들을 안위하실 것을 깨닫고 아들의 이름을 통해 이 사실을 전했습니다. 그리고 노아와 셈, 함, 야벳은 실제 홍수에 대비해 인류와 동물을 보전하는 역할을 감당했습니다.

에녹이 깊이 회개하고 하나님과 동행하며 살 때에 하나님의 빛이 충만히 임했고, 그런 그의 빛을 받아 태어나고 자란 므두셀라에게도 하나님의 은혜가 많이 내려갔습니다. 그도 자신의 죽음 이후 하나님의 심판이 임할 것을 확실하게 깨닫고 회개하며 하나님의 심판이 늦춰질 수 있도록, 그래서 되도록 많은 사람이 살 수 있도록 기도했습니다. 그의 기도가 응답되었기에 그가 성경에 기록된 인물 중에서 가장 장수할 수 있었습니다. 그리고 그만큼 하나님은 사람에 대한 심판을 미루시면서 더 많은 기회를 주시고, 진노를 오래도록 참으신 사랑의 하나님이심을 알 수 있었습니다. 또한 이를 통해 성경에 기록되지는 않았지만, 에녹의 가르침을 믿고 그것을 따라 회개한 사람들도 있었을 것을 깨닫게 되었습니다. 그들이 소수였기에 심판을 피할 만큼 회개가 자지 않아 심판이 임했지만, 그래도 조금은 심판이 미뤄진 것입니다. 에녹의 삶은 헛되지 않았고 그의 삶을 통해 죄에서 돌이킨 사람들이 있었기에 하나님이 기뻐하셔서 그와 동행하시고 그가 죽음을 보지 않도록 하늘로 부르신 것입니다. 아마도 에녹의 말을 듣고 하나님을 믿고 회개한 사람들은 하나님의 심판이 임하기 전에 다 죽었을 것이고, 그래서 홍수 때에는 노아의 여덟 식구만 구원받았을 것입니다.

에녹의 승천은 그가 예언한 바를 확신하게 해주는 이적이어서 그것을 본 가족은 그의 말을 더욱 신뢰하게 되었습니다. 특히 그의 아들 므두셀라는 자신의 죽음이 심판의 시작이라는 에녹의 말을 더 깊이 생각하고 하나님의 심판이 늦춰질 수 있도록, 그래서 많은 사람이 회개하고 돌이켜 심판을 피할 수 있도록 애썼습니다. 므두셀라도 하나님의 복을 받아서 장수하다가 홍수 심판을 보지 않고 그 전에 죽습니다.

라멕도 에녹의 가르침을 잘 받아들였고 하나님의 심판을 잘 이해하고 있었습니다. 또한 하나님이 심판 중에도 긍휼히 여기셔서 자신의 아들을 통해 안위받을 수 있도록 해주실 것을 깨닫고 아들의 이름을 노아라 지었습니다. 이런 깨달음은 그가 하나님과 깊은 교제를 나누었음을 보여줍니다. 그는 노아가 하나님의 특별한 계획을 이루기 위해 특별히 선택받아 태어난 축복된 영혼이라는 것을 알았습니다. 그도 하나님의 복을 받고 홍수 심판이 있기 전에 죽습니다. 에녹처럼 죽음을 보지 않는 것은 어려우므로 그 대신 하나님의 심판을 겪지 않고 죽은 것이 은혜입니다.

노아는 수많은 사람이 하나님을 떠나 자기 마음대로 악을 행하며 살 때 에녹과 므두셀라와 라멕의 이야기를 받아들이고 하나님 앞에 겸손히 회개하며 살았습니다. 하나님이 그의 모습을 보시고 은혜를 주셔서 그를 하나님의 심판 가운데서 특별히 구원하시려고 그와 그의 가르침을 잘 받은 세 아들을 부르십니다. 심판을 피하면 좋겠지만, 꼭 겪어야 한다면 하나님이 피할 길을 주셔서 구원을 얻을 수 있다는 것은 큰 은혜입니다.

더 깊이 생각해보기

1. 아담의 뒤를 이어 하나님 나라를 상속한 셋처럼 부모에게 어떤 신앙 유산을 물려받았나요?

2. 만약 부모에게 받은 신앙 유산이 없다면 나는 내 자녀에게 어떤 신앙 유산을 물려주고 싶나요?

3. 에녹은 하나님과 동행하다가 죽음을 맛보지 않고 하늘로 갔습니다. 어떻게 하면 에녹처럼 하나님과 동행할 수 있을까요?

4. 하나님이 나를 이 땅에 보내신 뜻이 있으므로 그것을 이루어드려야 나의 인생을 잘 마칠 수 있습니다. 나를 향하신 하나님의 뜻은 무엇일까요?

5. 사람의 죄로 어둠에 빠진 이 땅을 안위하기 위해서는 어떻게 해야 할까요?

5장

하나님의 모양과 사람의 모양

2부

홍수 심판

6장

홍수 심판을 대비하는 노아 가족

6장에서는 하나님이 누구를 하나님의 아들들이라고 하시고, 누구를 사람의 딸들이라고 하시는지를 살펴볼 필요가 있습니다. 이 부분을 잘 알려면 죄성과 죄 그리고 죄가 쌓이는 것과 죄가 대를 이어 역사하는 것을 알아보고 비교해보아야 합니다. 하나님은 사람들이 죄를 짓고, 그 죄가 후손에게 내려가 점점 쌓이는 모습을 보셨습니다. 그리고 사람을 창조하신 것을 후회하시면서 "나의 영이 영원히 사람과 함께 하지 아니하리니"(창 6:3)라고 말씀하십니다. 그리고 이 땅을 물로 심판하실 것이라고 말씀하십니다. 앞으로 9장까지 이어지는 홍수 심판에 대해서는 하나님이 말씀하실 때 누구에게 하시는지가 중요합니다. 그래서 그 부분을 집중해서 보았습니다.

한눈에 보는 창세기 6장

사람의 딸들은 하나님의 아들들을 유혹해 죄를 짓도록 부추겼다. 땅을 많이 차지하고 제물을 많이 가지며 많은 사람을 거느리려는 욕심을 부추겨 전쟁을 일으키고 우상을 숭배하게 했으며, 또한 음란과 유흥과 쾌락에 빠지도록 했다. 그 배후에 사탄이 역사하고 있었으므로 사람들은 더욱 빠르게 죄에 물들어갔다. 이 땅이 더럽혀지자 하나님은 더는 이 땅에 머무시며 사람들과 함께하

실 수 없었다. 하나님의 나라는 이 땅과 완전히 분리되었고, 에덴동산에 있던 생명나무와 그룹과 불칼은 함께 하늘로 올라갔다. 하나님의 아들들 중에서 신실한 사람들은 믿음을 지켰는데 그 대표적 인물은 노아다. 노아는 이 땅에 임할 하나님의 홍수 심판에 대한 계시를 받고 그에 대비하기 위해 방주를 만든다.

첫 번째 장면

사람 지으심을 한탄하신 하나님

"사람이 땅 위에 번성하기 시작할 때에 그들에게서 딸들이 나니 하나님의 아들들이 사람의 딸들의 아름다움을 보고 자기들이 좋아하는 모든 여자를 아내로 삼는지라 여호와께서 이르시되 나의 영이 영원히 사람과 함께 하지 아니하리니 이는 그들이 육신이 됨이라 그러나 그들의 날은 백이십 년이 되리라 하시니라 당시에 땅에는 네피림이 있었고 그 후에도 하나님의 아들들이 사람의 딸들에게로 들어와 자식을 낳았으니 그들은 용사라 고대에 명성이 있는 사람들이었더라 여호와께서 사람의 죄악이 세상에 가득함과 그의 마음으로 생각하는 모든 계획이 항상 악할 뿐임을 보시고 땅 위에 사람 지으셨음을 한탄하사 마음에 근심하시고 이르시되 내가 창조한 사람을 내가 지면에서 쓸어버리되 사람으로부터 가축과 기는 것과 공중의 새까지 그리하리니 이는 내가 그것들을 지었음을 한탄함이니라 하시니라"(창 6:1-7).

사람이 땅에서 번성하면서 하나님의 아들들과 사람의 딸들로 나뉘게 됩니다. 하나님은 하나님의 아들들이 사람의 딸들과 결혼하는 것을 좋아하지 않으셨습니다. 그래서 하나님의 아들들은 누구를 가리키고, 사람의 딸들은 누구를 가리키는지 알아야 이 구절을 이해할 수 있습니다. 모든 인류는 아담과 하와에게서 비롯되었기 때문에 같은 사람을 이렇게 구분하시는 것은 하나님이 보시기에 그들이 분명히 달랐기 때문입니다.

먼저 사람의 딸들에 대해 살펴보겠습니다. 이 사람의 딸들로 인해 하나님은 "사람의 죄악이 세상에 가득함과 그의 마음으로 생각하는 모든 계획이 항상 악할 뿐임을 보시고 땅 위에 사람 지으셨음을 한탄하사 마음에 근심하시고 이르시되 내가 창조한 사람을 내가 지면에서 쓸어버리되 사람으로부터 가축과 기는 것과 공중의 새까지 그리하리니 이는 내가 그것들을 지었음을 한탄함이니라"(창 6:5-7)라고 말씀하셨습니다. 하나님은 사탄에게 "네가 흙을 먹으리라"(창 3:14)고 말씀하신 뒤 그에게 사람을 넘겨주셨음을 명백히 밝히셨습니다(아우구스티누스). 죄로 인해 사람은 사탄의 노예가 되어 여러 가지 죄를 지을 수 있습니다. 탐욕으로 도둑질하거나 사기를 치거나 폭력을 행하거나 심지어 사람을 죽이는 등 많은 죄가 있지만, 성경에서 하나님이 어떤 지역과 나라와 민족을 죽이는 심판을 행하실 때는 우상숭배와 하나님의 사람을 짓밟은 죄 때문이었습니다.

하나님은 당신이 창조하신 모든 사람을 자녀로 생각하십니다. 그들이 하나님만 섬기고 따르기를 원하시고, 다른 하나님의 자녀를 존중하고 사랑하면서 아름다운 하나님의 나라를 이루기를 바라십니다. 그러나 이

것이 깨어질 때 진노하십니다. 그 진노는 전쟁, 전염병, 기근, 홍수 등 여러 가지 재앙을 일으키셔서 죄악을 범한 사람들을 죽이시고 나라와 민족을 멸절시키는 방법으로 표출하셨습니다. 지금 하나님은 한 공동체나 민족이나 나라가 아니라 온 세상을 홍수로 멸망시키려고 작정하셨습니다. 이것은 이 당시 사람들이 지은 죄가 자기 마음대로 살면서 죄를 짓거나 탐욕으로 도둑질하거나 사기를 치거나 폭력을 행하거나 사람을 죽이는 등의 죄가 아니라 하나님이 온 세상을 멸망시키셔야 마땅할 심각한 우상숭배와 하나님의 사람들을 짓밟은 죄였다는 것입니다.

여기서 저는 사람의 딸들이 성경에서 여러 차례 언급되는 "음녀"와 같다는 것을 깨닫게 되었습니다. 성경은 음녀의 특징을 세 가지로 표현합니다. 바로 우상숭배자, 탐욕으로 전쟁을 일으키는 자, 음란을 행하는 자입니다. 음녀가 우상숭배로 표현된 것은 에스겔 16장 35-36절을 통해 알 수 있습니다. "그러므로 너 음녀야 여호와의 말씀을 들을지어다 주 여호와께서 이같이 말씀하셨느니라 네가 네 누추한 것을 쏟으며 네 정든 자와 행음함으로 벗은 몸을 드러내며 또 가증한 우상을 위하며 네 자녀의 피를 그 우상에게 드렸은즉." 이것은 역사서에도 기록된 것으로 우상숭배를 할 때 신전의 여사제들이 신도들과 음행했고, 또 음녀가 자녀를 우상에게 바치는 인신제사를 한 것을 정확하게 지적하고 있으므로 여기서 말하는 음녀는 우상숭배자를 가리킨다는 것을 알 수 있습니다. 또 나훔 3장 1-4절을 보면 "화 있을진저 피의 성이여 그 안에는 거짓이 가득하고 포악이 가득하며 탈취가 떠나지 아니하는도다 휘휙 하는 채찍 소리, 윙윙 하는 병거 바퀴 소리, 뛰는 말, 달리는 병거, 충돌하는 기병, 번쩍이는 칼, 번개 같은 창, 죽임 당한 자의 떼, 주검의 큰 무더기, 무수한 시체여 사람이 그 시체에 걸려 넘어지니 이는 마술에 능숙한 미모의 음녀가 많은 음행을 함이라 그가 그의 음행으로 여러 나라를 미혹하고 그의 마술로 여러 족속을 미혹하느니라"라고 했습니다. 음녀가 여러 나라를 조장해 전쟁을 일으켰다고 말합니다. 그리고 잠언 7장 7-12절에는 "어리석은 자 중에, 젊은이 가운데에 한 지혜 없는 자를 보았노라 그가 거리를 지나 음녀의 골목 모퉁이로 가까이 하여 그의 집쪽으로 가는데 저물 때, 황혼 때, 깊은 밤 흑암 중에라 그 때에 기생의 옷을 입은 간교한 여인이 그를 맞으니 이 여인은 떠들며 완악하며 그의 발이 집에 머물지 아니하여 어떤 때에는 거리, 어떤 때에는 광장 또 모퉁이마다 서서 사람을 기다리는 자라"라고 하면서 음녀가 남편이 있음에도 여러 남자를 유혹하여 음행하는 모습을 지적하고 있습니다.

사실 사탄의 대표적인 죄악이 바로 교만, 탐욕, 음란입니다. 사탄은 교만해져서 하나님의 자리에 앉으려고 하나님을 대적하다가 하늘에서 쫓겨났습니다. 지옥에 떨어져서도 여전히 군림하고 싶고 숭배받고 싶어서 사람들에게 자신을 섬기도록 하고 있습니다. 죄로 인해 타락한 인간들은 진정한 하나님이신 여호와를 알아보지 못하고 사탄의 유혹에 넘어가서 수많은 우상을 만들며 여러 종교를 만들어냈습니다. 사탄은 그들에게 거짓 구원을 약속하며 유혹하고, 그들의 정신을 혼미하게 하여 망하는 길, 죽음의 길, 지옥으로 끌어들이고 있습니다.

또 사탄은 탐욕으로 아담을 유혹해 하나님이 맡기신 이 땅에 대한 왕권을 빼앗았습니다. 사탄은 사람이 하나님의 상속자로서 이 땅과 저

하늘을 상속받고 왕으로 세워지는 것에 불만을 품고 이를 빼앗고자 했습니다. 이후 아담의 후손들이 죄를 짓도록 해서 그 죄가 있는 땅을 자신의 영역으로 만들었습니다. 하나님의 나라를 조금씩 빼앗으면서 온 땅을 자신의 지배 아래 넣고, 자신이 이 땅의 왕으로 군림하기 위해 모든 노력을 기울였습니다. 이런 모습은 사탄의 지배 아래 들어간 사람들에게서도 나타났습니다. 많은 사람이 사탄의 부추김을 받아서 남의 것을 탐하여 탈취하고, 다른 사람의 땅을 탐하여 무력으로 빼앗아 결국 무력이 강한 사람이 왕이 되어 많은 땅을 차지했습니다. 그리고 그 땅으로도 만족하지 못해 다른 나라들을 정복해 제국을 이루는 일들이 벌어진 것입니다. 성경은 이런 사람들을 "네피림", "용사"라고 표현합니다. "네피림"이란 말은 "침략자들", 혹은 "폭군들"을 가리킵니다(카일, 델리치).

그리고 사탄은 음란을 조장합니다. 음란은 하나님이 세우신 질서를 어지럽힙니다. 하나님이 아담과 하와를 만드시고 사람에게 복을 주시면서 "생육하고 번성하고 땅에 충만하라"(창 9:7)고 하셨습니다. 하나님이 하와를 아담의 돕는 배필로 지어주셨을 때 아담은 "이는 내 뼈 중의 뼈요 살 중의 살이라 이것을 남자에게서 취하였은즉 여자라 부르리라 하니라 이러므로 남자가 부모를 떠나 그의 아내와 합하여 둘이 한 몸을 이룰지로다"(창 2:23-24)라고 말했습니다. 하나님의 뜻은 한 남자와 한 여자가 만나 둘이 합하여 한 몸이 되어 많은 자녀를 낳고 생육하며 번성하고 땅에 충만하기를 바라셨습니다. 이는 단순히 이 땅에 사람이 많아지기를 바라셔서 하신 말씀이 아닙니다. 바로 하나님의 형상과 모양을 가지고 하나님의 영을 받은 하나님의 자녀들이 이 땅에 번성하고 충만하기를 바라셔서 복을 내리신 것입니다. 그런데 음녀는 음란을 통해 죄악 된 자녀를 낳아서 하나님과 상관없는 사람, 도리어 사탄에게 붙잡힌 사람들이 이 땅에 많아지게 하므로 문제인 것입니다. 이는 솔로몬의 모습을 통해 알 수 있습니다. 솔로몬은 지혜의 왕이었으나 여러 나라에서 많은 여자를 아내로 맞이한 후 그들이 섬기는 우상들도 들여와서 온 나라에 우상숭배가 퍼져나가게 되었습니다.

하나님이 직접 만드셨고 하나님의 가족으로 그분을 대면했던 아담은 900세가 넘게 사는 동안 많은 자손에게 하나님의 살아계심과 하나님이 창조주요 모든 사람의 아버지 되심에 대해 이야기해주었을 것입니다. 또 앞에서 설명했듯이 에녹도 하나님에 대해 많은 이야기를 자손에게 해주었습니다. 그래서 창조주 하나님에 대해 모르는 사람은 없었을 것입니다.

또 중요한 것은 "나의 영이 영원히 사람과 함께 하지 아니하리니"(창 6:3)라고 말씀하신 것은 세상의 많은 사람이 죄를 범하여 "육신"으로 전락해 하나님이 떠나시기 전까지는 모든 사람에게 하나님의 영이 함께하셨다는 것입니다. 그런데도 하나님을 믿지 않고 자신의 하나님으로 받아들이지 않은 사람이 많았던 것입니다. 그래서 "셋도 아들을 낳고 그의 이름을 에노스라 하였으며 그 때에 사람들이 비로소 여호와의 이름을 불렀더라"(창 4:26)라는 말씀을 보면 그때 종교가 시작되었다는 것이고, 결국 그 말씀은 창조주 하나님을 자신의 하나님으로, 구원의 하나님으로 받아들인 사람이 있고, 그렇지 못한 사람이 있었다는 것입니다.

여호와의 이름을 알지 못하고 여호와와 관계없이 살았던 사람들은 다. 자기 뜻대로, 자기 속에 있는 죄성을 따라, 그 죄성을 잡고 역사하는 사탄의 유혹을 좇아 온갖 죄를 범하며 살았습니다. 그들은 하나님을 여호와가 아닌 다른 이름으로 부르면서 자신만의 하나님을 만들어서 섬겼습니다. 그들은 자신이 믿고 싶은 것을 믿고 싶었고, 따르고 싶은 것을 따르고 싶었습니다. 하나님의 법이 아닌 자신만의 법을 세우고 그것이 옳다고 믿었습니다. 그렇지만 그들은 자신이 창조주 하나님을 믿는다고 생각했습니다. 그래서 자신들의 문제를 전혀 발견하지 못하고 더욱 부패하고 변질되는 믿음을 갖게 되었습니다. 그러므로 하나님은 그들을 사람의 딸들이라고 하시면서 하나님의 아들들과 구별하신 것입니다.

사람의 딸들은 하나님을 떠나 우상숭배에 빠져들면서 사탄의 손아귀에 완전히 들어가게 됩니다. 하나님의 영이 그들에게서 떠나고 하나님의 빛이 점점 사라지자 그들 속에는 악한 영들로 가득 차 그들의 영혼은 어두워지고 점점 죽어갔습니다. 악한 영들로 인해 위에서 내려오는 하나님의 빛이 차단되고, 또 악한 영들의 지배를 받은 그들이 스스로 하나님의 빛을 거절하게 됩니다. 그들은 하나님이 창조하셨을 때 하나님의 영을 공급받은 영혼인 속사람과 육체가 하나가 된 "사람"이었는데, 하나님의 영이 떠나시고 죽은 영혼에 육체만 남으므로 "육신"이 되어버렸습니다. 그런 그들의 육신을 악한 영들이 묶어서 끌고 다녔습니다. 그들의 양심은 오염되고 가시덤불과 엉겅퀴로 가득해져서 그 어떤 선한 열매도 맺지 못하게 되었습니다. 그리고 다른 사람에게 상처 주는 가시 같은 말, 피해를 끼치는 악한 행동, 죽이는 독을 가진 어두운 감정을 쏟아냈습니다. 그들의 죄악으로 인해 그들이 사는 모든 땅이 악한 영들로 덮여서 땅이 오염되고 더러워지며, 그 지역에 사는 생물들까지 악한 영들에게 사로잡히고 죽음의 기운에 눌렸습니다. 하나님이 도저히 함께하실 수 없는 모습으로 변질되었습니다.

아담이 선악과를 먹음으로 영의 눈이 가려지고 육의 눈이 떠졌는데, 그래도 하나님의 영이 함께하는 사람은 영적인 세계를 함께 볼 수 있었습니다. 그러나 사탄에게 사로잡힌 사람들은 영적인 세계 중 하나님이 계시는 하늘나라를 보는 눈이 닫히고, 사탄이 역사하는 지옥과 악한 영들을 보는 눈과 육적인 세계가 함께 보이므로 더욱 사탄에게 물들게 됩니다. 당연히 사탄을 숭배할 수밖에 없는 것입니다. 그리고 하나님이 창조하신 아름다운 나라가 아닌 곧 사라질 이 땅의 아름다움에 심취하여 그것들을 좇아가고 만족해합니다. 하나님의 빛으로 충만해야 충만한 기쁨을 누릴 수 있는데 그들은 하나님의 기쁨을 잃어버리고 육적인 것을 통해 기쁨을 찾으려고 했습니다. 이 땅의 것을 더 많이 얻으려고 싸우고 전쟁하며 죽고 죽이는 일이 많아지게 되었습니다. 남녀가 서로 자기 눈에 좋은 대로 음행하며 다른 사람의 아내를 빼앗거나 난교나 동성애 같은 음란한 일들을 벌이게 됩니다. 이 땅은 그렇게 점점 더러워졌습니다.

하나님의 아들들에 대해서는 앞에서 설명한 에녹, 므두셀라, 라멕, 노아를 생각하면 됩니다. 하나님의 아들들의 머리 위로 하나님의 빛이 임하고 있었고, 그들의 영혼은 하나님과 계속 교통하는 모습이었습니다. 그들은 하나님의 은혜를 많이 받고 하늘의 생수를 공급받아 다른 사람들에게 나누며, 하나님과 연결되어 있어서 하늘의 비밀들을 알고 하나님의 뜻을 깨달아 다른 사람에게 전하는 일을 했습니다. 죄성을 회개하여 깨끗해지고, 거룩하신 하나님과 깊이 교제하면서 다른 사람들에게 선을 행하는 모습이었습니다. 하나님이 원하시는 것을 할 때 하나님의 생명을 얻습니다.

에녹이 하나님과 동행하다가 죽지 않고 하늘나라로 올라갔는데 이렇게 에녹이 하나님의 영으로 충만할 수 있었던 것은 하나님의 영이 이 땅에서 떠나지 않으셨기 때문에 가능했습니다. 하나님의 나라가 이 땅에 함께했고, 하나님의 은혜와 생명과 능력과 은사와 힘 등이 늘 함께했다는 것은 대단한 일입니다. 하나님과 하나가 되어 그것을 누림으로 죽지 않고 하늘로 승천한 에녹과 같은 하나님과의 진정한 동행이 가능했던 것입니다. 그러므로 하나님의 영이 떠나시고, 하나님의 나라가 하늘과 이 땅으로 분리되며, 생명나무가 하늘로 올라가는 사건은 에녹의 승천 이후에 있었을 것이 분명합니다. 그 사건이 있었더라도 하나님이 노아에게 중대한 사명을 알려주셔야 하므로 노아에게서는 하나님의 영이 떠나지 않으셨을 것입니다. 멸망의 때라도 하나님의 영은 하나님의 사람과 항상 함께하십니다.

이렇게 아담 이후 하나님을 잘 믿는 사람들이 많이 있었지만, 세월이 가고 평탄한 인생을 살면서 사람들은 점점 죄의 유혹에 빠졌습니다. 사람들은 보통 900년 이상 살았는데, 오랜 세월을 사는 동안 삶이 지루해지면서 쾌락을 좇기 시작했습니다. 또 땅이 저주를 받아 가시나무와 엉겅퀴로 농사짓는 일이 힘들어졌지만, 그래도 이 세상은 추위와 더위가 없이 온실과 같았기에 식물이 잘 자랄 수밖에 없는 환경이었으므로 먹고사는 것에는 전혀 문제가 없었습니다. 죽음의 두려움 없이, 걱정할 것

없이 평안하게 살다 보니 자극적인 일을 찾게 되었고, 점점 죄에 빠져들게 된 것입니다. 쾌락에 심취해 완전히 타락하여 하나님을 떠난 사람의 딸들은 하나님을 믿으며 선하게 사는 사람들에게 자신들과 같은 즐거움을 누려보라고 유혹했습니다. 그들은 처음에는 음란에 빠졌고 그다음에 그들이 섬기는 우상에 빠졌으며, 그러다 결국 욕심이 넘쳐서 악을 행하는 일에 빠져 사람의 딸들과 같이 사람에서 육신이 되어갔습니다. 하나님의 아들들이 사람의 딸들에 의해 죄에 빠져 하나님을 떠나자 그들에게 연결되어 있던 하나님의 빛이 끊어졌습니다. 그렇게 부패하고 타락한 사람들이 점점 많아지면서 하나님의 아들들의 수는 소수가 되었습니다.

하나님이 처음 만드신 이 세상은 하나님의 나라인 천국과 하나였습니다. 영적인 세계와 육적인 세계가 분리되어 있지 않고, 육적인 세계에 영적인 세계가 덧씌워진 것으로 보였고 서로 연결되어 있었습니다. 그 연결 통로의 역할을 생명나무가 했습니다. 하나님의 보좌와 연결되어 이 하나님의 보좌와 생명나무를 중심으로 두 세계가 하나가 된 세계였습니다. 그러나 이는 "나의 영이 영원히 사람과 함께 하지 아니하리니"라는 말씀과 함께 분리되었습니다. 영적 하나님의 나라인 천국이 육적 하나님의 나라인 이 땅과 분리되어 천국이 하늘 위로 올라가는 모습이 보였습니다. 그래서 전에는 에덴동산에 하나님이 함께하셨고, 그곳에서 거니실 때 아담이 자주 하나님을 만났습니다. 하나님이 항상 함께 가시고 함께 계셨고 계속 보고 계셨으므로 하늘에서 내려오실 필요가 없었습니다. 그런데 홍수 사건을 보면 하늘에서 비가 내리는데 하늘의 창문이 열립니다. 이후 많은 성경 본문에서 하늘의 보좌가 보일 때 하늘의 문이 열려서 보였다고 말합니다. 이는 평소에는 하늘이 닫혀 있었다는 것입니다. 하늘과 이 땅이 분리되어 서로 왕래하기가 어려워졌고, 창이나 문이 열리고 하나님이 내려오시거나 사람이 하늘을 볼 수 있게 되어야 교제할 수 있게 된 것입니다. 바벨탑 사건 때에도 하나님이 바벨탑을 보시려고 하늘에서 내려오시는 장면이 나옵니다. 또 소돔과 고모라를 심판하실 때에도 하나님이 하늘에서 내려오셔서 아브라함을 만나시고 심판에 대해 미리 말씀하신 후 천사들을 보내셔서 심판하십니다.

하나님이 "나의 영이 영원히 사람과 함께 하지 아니하리니"라고 말씀하신 후에 하나님의 나라가 천국과 이 땅으로 분리되었기 때문에 심판을 말씀하신 것입니다. 천국과 하나 된 이 땅은 심판하실 수 없습니다. 또한 하나님의 거룩하고 깨끗한 천국은 죄가 만연한 곳과 하나 되어 존재할 수 없습니다. 하나님 자체가 거룩하시고 완전하신 분이므로 죄와 더러움과는 공존하실 수 없습니다. 그래서 하나님은 과감하게 이 땅을 떠나 하늘로 올라가신 것입니다. 하나님은 오래 참는 분이기에 아담 때부터 이때까지 죄를 짓는 사람들을 참으시고 어두워지며 더러워지는 이 땅을 보시면서 회개하기를 기다리셨지만, 부패함이 더욱 심해지기만 하자 결단을 내리시고 떠나신 것입니다. 하나님은 택하신 이스라엘 백성과 직접 축복하신 하나님의 성전도 이스라엘 백성의 우상숭배로 더러워졌을 때 떠나셨습니다. 성전의 기물들도 바벨론으로 옮겨지도록 하셔서 그곳 왕실의 보물고에 잘 보존되게 하셨습니다. 이 땅에 있던 생명나무를 고이 천국으로 옮기신 것과 같은 모습입니다.

하나님의 영이 사람에게서 완전히 떠나신 이후 하나님은 이제 육신이 된 사람의 연수가 120년이 될 것이라고 말씀하십니다. 이것은 그때에 사람의 수명이 120년으로 한정된다는 것이 아니고, 120년이 지나고 나면 홍수 심판이 있으리라는 의미입니다(박윤선). 곧 그들에게 참회할 기간이 120년 있다는 말을 덧붙이셨습니다(히에로니무스). 실제 사람의 연수는 노아의 홍수 심판 이후에 천천히 감축됩니다. 홍수 이후 자연의 변화로 수명이 짧아진 것도 있지만, 하나님과 분리되고 하나님의 생명을 잃어버린 사람의 수명이 짧아지는 것은 당연합니다. 앞에서도 말했지만, 모든 만물은 하나님께 순종할 때 생명의 근원이신 하나님의 생명을 얻어서 살 수 있습니다. 그러나 하나님을 거역하고 그분을 떠나면 하나님의 생명을 공급받을 수 없게 되므로 생명이 사라질 수밖에 없습니다. 하나님의 영이 떠난 곳은 하나님의 생명이 사라지고 죽음이 가득하게 됩니다. 죽음과 하나 된 악한 영들로 가득한 어둠 속에서 하나님의 섭리와 질서를 잃어버린 채 썩어가는 육신만 남으며 멸망으로 나아가게 됩니다.

하나님이 떠나신 곳은 죄악과 죽음, 사탄이 더욱 관영할 수밖에 없습니다. 이 땅은 죄를 근거로 많은 악한 영으로 가득 채워지게 되었습니다. 그들로 인해 이 땅은 지옥과 다름없어졌습니다. 결국 이 땅은 하나님의 나라가 아니게 되었습니다. 그래서 하나님이 이 땅을 심판하실 수밖에 없었습니다. 하나님은 하나님의 때에 하나님의 심판을 이루십니다. 그리고 사람이 심판받을 때 자연도 심판받게 됩니다. 그것은 사람이 사는 곳마다 죄로 인해 사탄이 가득 찼으므로 하나님은 사람만 죽이시는 것이 아니라 그 땅에 사는 모든 가축과 기는 것과 공중의 새까지 온 땅을 심판하실 수밖에 없기 때문입니다. 죄를 지은 곳의 모든 것이 지옥화되어 오염되었기 때문에 함께 멸망시켜야 마땅했기 때문입니다. 피조물은 사람을 위해 창조되었기에 창조된 사람이 없어진 뒤에는 그것도 죽는 것이 논리적으로 타당했습니다(암브로시우스). 하나님은 "무릇 주를 멀리하는 자는 망하리니 음녀 같이 주를 떠난 자를 주께서 다 멸하셨나이다"(시 73:27), 또 "음행으로 땅을 더럽게 한 큰 음녀를 심판하사"(계 19:2)라는 말씀과 같이 이 땅을 완전하게 멸하실 계획을 세우십니다.

하나님의 나라가 생명나무와 함께 하늘 위로 올라가 이 땅과 분리되었는데 이는 서서히 멀어지게 된 것입니다. 이 땅의 죄가 관영하면서 악한 영들이 이 땅을 덮고 죄가 더욱 많아져서 하늘에까지 악한 영들이 가득해지면서 하나님의 나라는 점점 더 이 땅과 멀어진 것입니다. 공중의 권세 잡은 자가 하늘에 가득해졌으므로 하나님의 나라와 영적인 거리가 더욱 멀어졌습니다. 이제는 마지막 때라서 도리어 천국이 가까워지는 때입니다. 심판의 주가 오시는 그 날에 새 하늘과 새 땅이 이 땅에 임할 것인데, 이 새 하늘과 새 땅도 단번에 내려오는 것이 아니라 지금도 서서히 내려오고 있습니다. 공중의 권세 잡은 자들은 이 땅의 죄가 가득 찰수록 이 땅에 가까이 내려올 것이고, 그와 함께 하나님의 나라도 심판을 준비하시면서 이 땅에 가까이 오고 있습니다. 주님이 재림하셔서 이 땅을 심판하실 때 이 땅은 완전히 멸망하고 새 하늘과 새 땅만 남게 될 것입니다.

하나님이 "나의 영이 영원히 사람과 함께하지 아니하리니"라고 말씀하셨지만, 이는 죄로 인해 사람이 육신이 되었기 때문에 일어난 일입니다. 이 죄로 인해 하나님과 사람의 관계가 멀어졌고 하늘의 문이 닫혔습니다. 그러나 죄를 회개하면 우리는 육신에서 다시 사람이 될 수 있고, 그렇게 되면 하나님의 영이 다시 오실 수 있습니다. 지금도 많은 사람이 하나님의 영을 받아 하나님과 교제하며 영적인 비밀들을 알아가면서 하나님의 역사에 동참하고 있습니다. 그러나 우리는 하나님의 나라는 멀고 오랜 세월 축적된 죄는 너무나 많아서 하나님과 친밀한 관계로 회복되는 데에 어려움을 많이 느끼고 있습니다. 노아의 홍수 때 세상에 죄가 관영했고, 하나님을 바라보고 그 말씀을 믿고 행함으로 구원받은 사람은 오직 노아의 여덟 식구밖에 없었습니다. 앞으로 마지막 때가 올 텐데 그때에도 하나님의 심판을 피하고 하나님의 보호하심으로 구원받을 사람은 너무나 소수일 것입니다. 우리는 노아의 때와 비슷해지고 있는 현 시대를 보면서 경각심을 가져야 합니다. 에녹, 므두셀라, 라멕, 노아가 하나님의 두려운 심판이 임하지 않기를, 만약 그렇지 않다면 최대한 늦춰지도록 간절하게 기도하며 하나님 앞에 바로 살기 위해 힘쓰고, 많은 사람을 살리기 위해 애썼던 것처럼 우리도 그렇게 살면서 마지막 때를 준비해야 합니다. 노아의 홍수는 마지막 때를 앞두고 있는 우리에게 많은 교훈을 주는 사건입니다.

두 번째 장면

홍수를 대비하는 노아 가족

"그러나 노아는 여호와께 은혜를 입었더라 이것이 노아의 족보니라 노아는 의인이요 당대에 완전한 자라 그는 하나님과 동행하였으며 세 아들을 낳았으니 셈과 함과 야벳이라 그 때에 온 땅이 하나님 앞에 부패하여 포악함이 땅에 가득한지라 하나님이 보신즉 땅이 부패하였으니 이는 땅에서 모든 혈육 있는 자의 행위가 부패함이었더라 하나님이 노아에게 이르시되 모든 혈육 있는 자의 포악함이 땅에 가득하므로 그 끝 날이 내 앞에 이르렀으니 내가 그들을 땅과 함께 멸하리라 너는 고페르 나무로 너를 위하여 방주를 만들되 그 안에 칸들을 막고 역청을 그 안팎에 칠하라 네가 만들 방주는 이러하니 그 길이는 삼백 규빗, 너비는 오십 규빗, 높이는 삼십 규빗이라 거기에 창을 내되 위에서부터 한 규빗에 내고 그 문은 옆으로 내고 상 중 하 삼층으로 할지니라 내가 홍수를 땅에 일으켜 무릇 생명의 기운이 있는 모든 육체를 천하에서 멸절하리니 땅에 있는 것들이 다 죽으리라 그러나 너와는 내가 내 언약을 세우리니 너는 네 아들들과 네 아내와 네 며느리들과 함께 그 방주로 들어가고 혈육 있는 모든 생물을 너는 각기 암수 한 쌍씩 방주로 이끌어들여 너와 함께 생명을 보존하게 하되 새가 그 종류대로, 가축이 그 종류대로, 땅에 기는 모든 것이 그 종류대로 각기 둘씩 네게로 나아오리니 그 생명을 보존하게 하라 너는 먹을 모든 양식을 네게로 가져다가 저축하라 이것이 너와 그들의 먹을 것이 되리라 노아가 그와 같이 하여 하나님이 자기에게 명하신 대로 다 준행하였더라"(창 6:8-22).

창세기 6장 8절부터 9장 29절까지는 노아의 족보입니다. 노아의 일생 중 중요한 부분만 요약해놓았고, 그가 죽는 것으로 족보가 끝납니다. 노아의 족보는 노아의 가장 큰 성공과 실패를 보여줍니다. 가장 큰 성공은 하나님의 심판으로 이 땅이 멸망할 때 가족과 동물을 살린 것입니다. 반면 그의 가장 큰 실패는 포도주에 취해 아들에게 치부를 보여준 것입니다.

죄가 만연해 하나님이 이 세상을 심판하시려고 계획하신 그 시대에 그는 하나님의 은혜를 입었습니다. 그것은 그가 의인이고 당대에 완전한 자였으며 하나님과 동행했기 때문입니다. 부패한 시대에 신앙을 지키기는 어렵지만, 신앙을 지키는 자가 하나님의 독특한 사랑을 받는 것도 사실입니다(박윤선). 그는 하나님과 대화하며 이 땅이 어둠에 물드는 것을 한탄하시는 하나님의 마음을 잘 아는 사람이었습니다. 노아는 하나님을 아는 지혜가 있었고, 하나님이 이 세상을 심판하실 것을 알고 하나님의 뜻을 사람들에게 전하면서 죄를 회개하고 죄짓지 않기 위해 노력하며 살았습니다. 그래서 하나님은 그를 의인이라고 보셨고 당대 완전한 자라고 하시며 은혜를 베푸신 것입니다. 아무도 하나님을 위해 자기를 드러내려고 하지 않을 때에 하나님 앞에 나아간다는 것은 조류를 거슬러 하늘을 향해 나아가는 강한 믿음과 결의를 보여주는 증거입니다(매튜 헨리). 하나님의 빛이 그에게 임하고 있었고, 하나님이 그에게 당신의 영을 부으셔서 그가 어둠과 죄악이 가득한 세상에서도 구별된 삶을 살 수 있도록 도와주셨습니다.

노아는 태어날 때 아버지 라멕을 통해 "여호와께서 땅을 저주하시므로 수고롭게 일하는 우리를 이 아들이 안위하리라"(창 5:29)라는 예언을 받은 사람입니다. 온 세상이 죄악으로 가득해 그 죄를 통해 역사하는 악한 영들로 덮여 있었고, 사탄이 장악한 이 땅은 저주받았으며, 그 저주로 인해 하나님의 생명을 공급받지 못하고 있었습니다. 죄가 있는 땅은 악한 세력들이 머물며 역사합니다. 악한 세력들은 죽음과 함께합니다. 죽음이 역사하는 땅에서는 어떤 생물도 원활하게 생을 이어갈 수 없습니다. 하나님의 생명을 공급받지 못하는 모든 존재는 열매를 맺을 수 없고 죽음에 빠집니다. 겉으로는 살아 있지만, 결국 죽음을 향해 가는 것일 뿐입니다. 예수님이 무화과나무를 향해 더는 열매를 맺지 못하리라고 하셨을 때 말라 죽어 있던 그 나무의 모습이 바로 하나님의 생명을 공급받지 못하는 모든 존재의 모습입니다. 그런 땅에서 살아가는 모든 사람이 얼마나 힘든 인생을 살았을지는 불을 보듯 뻔한 일입니다.

하나님이 죄악 된 세상을 심판하셔서 죗값이 치러지면 이 땅은 다시 회복됩니다. 죄를 통해 역사하는 악한 영들이 설 자리가 없어지기 때문입니다. 죄로 인해 악한 영들에게 완전히 덮인 땅은 영적으로 흑암 가운데 있으므로 지옥과 다를 바 없습니다. 그러나 홍수 심판으로 죗값이 치러지면 악한 영들이 물러가고 영적으로 회복되어 밝은 모습이 됩니다. 새로 죄를 짓지 않는 한 그 모습은 유지될 것입니다. 물론 그렇다고 해서 처음 창조되었던 거룩한 모습으로 회복되는 것은 아닙니다. 새 옷에 얼룩이 묻었을 때 그것을 지웠다고 다시 새 옷이 되는 것이 아니라 단지 깨끗한 옷이 되는 것과 같습니다. 이렇게 땅의 회복이 노아 시대에 일어나기 때문에, 그리고 노아를 통해 인류가 보전되어 새롭게 된 땅에 살게 되기 때문에 노아가 안위한다고 하는 것입니다. 그것은 노아의 전 시대 사람들이 바라던 모습입니다. 죄의 노예로, 사탄의 지배 아래에서 살던 사람들이 죄의 짐을 내려놓고 자유를 얻는 새로운 시대가 오기를 계속 바랐는데, 그것이 노아 때에 이루어지므로 모두가 기도의 응답을 받고 위안을 얻은 것입니다.

하나님이 "그 때에 온 땅이 하나님 앞에 부패하여 포악함이 땅에 가득한지라 하나님이 보신즉 땅이 부패하였으니 이는 땅에서 모든 혈육 있는 자의 행위가 부패함이었더라"(11-12절)라고 말씀하십니다. 하나님은 심판의 이유를 설명하시면서 "부패"하였다고 세 번이나 말씀하십니다. 그로 인해 심판을 피할 수 없게 된 것입니다. 부패한 것은 상해서 썩은 것입니다. 음식이 상해서 썩으면 악취가 나고 곰팡이나 벌레가 생깁니다. 사람과 이 땅이 부패한 모습도 음식이 상해서 썩은 것과 같은 모습입니다. 죄악으로 부패한 사람에게서는 영적으로 죄의 악취가 나고 썩은 물이 흐르며, 곰팡이나 벌레와 같은 악한 영이 가득한 모습으로 보입니다. 이는 악한 영이 영적으로 부패해 악취가 나고 더러우며 곰팡이와 벌레와 같은 모습이기 때문에 죄를 통해 악한 영이 들어온 사람이 그런 모습으로 보이는 것입니다. 이는 사람만이 아니라 죄를 지은 땅도, 그 땅의 생물도 그렇게 오염됩니다. 악한 영들이 죄가 있는 자리에 머물기 때문입니다. 결국 부패란 악한 영이 인간의 깊은 영적 내면세계까지 스며든 상태, 즉 암세포가 전신에 퍼져 있는 것과 같습니다. 암이 침투한 부위를 잘라내지 않으면 치료할 수 없듯이 썩은 인간의 영혼을 치료하는 방법은 암세포와 같이 죄로 더럽혀진 부분을 제거해야 합니다. 이처럼 이 땅이 부패한 것을 해결하려면 사람을 비롯해 가축과 기는 것과 공중의 새까지 부패한 모든 것을 쓸어버리는 수밖에 없습니다. 이것이 바로 홍수의 근본 원인입니다(양승훈).

그리고 사람의 "포악"함 때문이라고도 두 번이나 말씀하십니다. 이것은 그들이 하나님 앞에서 다른 신을 섬기고 있었든지, 또는 새로운 우상을 세워 그것을 예배했거나, 그렇지 않으면 뻔뻔스럽게도 하나님을 무시하고 악의를 품어 하나님을 멸시함으로써 타락하고 사악해진 것입니다(매튜 헨리). 포악한 사람은 자신과 다른 사람에게 상처 입히고, 망하게 하며, 죽음으로 이끕니다. 포악한 사람은 생각과 말과 행동이 다 포악합니다. 그의 속에 죄악이 가득하므로 죄악 된 생각과 말과 행동을 하기 때문입니다. 또 그로 인해 다른 사람도 죄악 된 생각과 말과 행동을 하게 됩니다. 악한 말을 들으면 악한 말이 나갈 수밖에 없듯이 포악함은 주변을 전염시켜 죄가 더욱 많아지게 합니다. 여러 사람에게 있는 악한 영이 함께 작용하여 다 같이 죄를 짓도록 부추겨 계속해서 문제가 커지게 합니다. 그 죄악에 역사하는 악한 영들이 주변 모든 사람의 생각과 말과 행동을 더욱 포악해지도록 부추깁니다. 그래서 포악한 사람이 있는 곳은 미움과 증오가 가득한 지옥과 같은 모습이 됩니다. 그리고 부패가 점점 극대화됩니다. 하나님은 더는 하나님의 나라가 부패하도록 두고 보실 수 없어서 심판하기로 결정하십니다.

하나님은 노아에게 "내가 홍수를 땅에 일으켜 무릇 생명의 기운이 있는 모든 육체를 천하에서 멸절하리니"(17절)라고 말씀하셨습니다. 하나님은 첫 번째 징계 도구로 홍수를 사용하십니다. 하나님은 사람의 죄로 인해 심판하실 때 불, 지진, 전염병, 기근, 전쟁 등 다양한 방법을 사용하십니다. 그런데 이때는 비라는 것이 한 번도 내린 적이 없었는데, 비를 내리셔서 홍수를 일으켜 다 죽게 될 것이라고 말씀하십니다. 에녹, 므두셀라, 라멕, 노아를 통해 홍수 심판에 대해 들은 많은 사람은 비를 본 적도 없고 홍수도 본 적이 없으므로 그들의 말이 전혀 마음에 닿지 않고 머리로도 이해되지 않아 믿지 못했습니다. 그래서 지금까지 살던 대로 살면서 죄를 짓고 아무렇지 않게 지냈습니다. 그러다가 드디어 심판의 때가 가까워진 것입니다.

하나님은 노아가 의인이라고 말씀하셨는데 하나님은 성경에서 의인과 악인을 비교하여 말씀하실 때가 많습니다. 그 구절들을 보면 의인은 구원받고 악인은 멸망한다는 내용이 주를 이룹니다. 잠언 11장 8절에도 "의인은 환난에서 구원을 얻으나 악인은 자기의 길로 가느니라"라고 말씀합니다. 의인은 그가 행한 의로 인해 의의 보응을 받고, 악인은 그가 행한 악으로 인해 악의 보응을 받습니다. 하나님은 행한 대로 갚으시는 분이기 때문입니다. 의인은 하나님이 택하시고 부르시고 인도하셔서 결국 구원받습니다. 즉, 구원을 받아야 의인이라고 할 수 있는 것입니다. 하나님의 심판 때에 악인이 다 멸망하는 중에서 살아남음으로 자신의 의인됨을 증명하는 것입니다. 구원받는 믿음이 있는 의인은 그가 얻은 생명으로 말미암아 하나님의 공의를 드러냅니다. 그리고 구원이 하나님 손에 있음을 보여주어 하나님의 권위를 높이고 그분의 이름이 영광을 받으시게 합니다. 그러므로 의인의 삶 자체가 하나님의 공의를 드러내기 때문에 의미가 있습니다.

하나님은 심판하시기 전에 항상 예고하십니다. 죄인이라 할지라도 자신이 왜 죽는지 모르고 죽으면 억울하게 여기고 정의로 심판하신 하나님을 원망하겠지만, 하나님은 공정한 심판관으로서 죄를 정확하게 지적하시고 그 죄로 인한 벌이 무엇인지 예고하신 다음 벌을 내리시므로 모든 사람이 하나님의 공의를 알게 됩니다. 그래서 하나님은 에녹, 므두셀라, 라멕, 노아에게 나타나셔서 홍수 심판이 있을 것을 알려주시고 사람들에게 전하게 하신 것입니다. 그러나 하나님의 말씀대로 따른 사람은 노아의 가족뿐이었습니다. 하나님이 노아 개인과 언약을 맺으시지만, 그가 가장으로서 대표하는 그의 가족도 포함되었고, 그것과 함께 새 인류는 중재적으로 또한 미약한 의미에서 보존될 동물계도 포함되었습니다(랑게).

노아가 하나님께 이 말씀을 어떻게 받았는지 환상으로 보았습니다. 환상 속에서 노아가 큰 바위에 무릎을 꿇고 앉아서 기도하는 모습이 보였고, 하늘에서 금색 빛의 물이 쏟아져 내려와서 노아의 정수리를 통해 온몸에 퍼지는 모습이 보였습니다. 그리고 노아가 가족을 들판에 모아놓고 하나님이 하신 말씀을 전달하는데 모든 가족이 다 그 말에 순종하는 모습이 보였습니다.

하나님은 노아에게 하나님의 심판 중에서 구원받기 위해 방주를 만들어 그의 식구와 동물들이 완전히 끊어지지 않고 종족을 보전할 수 있도록 은혜를 베푸셨습니다. 하나님은 노아가 확실하게 믿을 수 있도록 환상으로 이 땅의 부패함과 사람들의 포악한 실상을 보여주시고, 또 그로 인해 일어날 홍수 심판이 어떻게 이루어지는지 그리고 그것을 피하기 위해 만들어야 하는 방주의 모습도 보여주셨습니다. 엄위하신 하나님이 그에게 직접 나타나셔서 말씀하시고 손에 잡힐 듯 생생한 환상을 보여주시므로 그는 그것을 믿지 않을 수 없었습니다. 게다가 노아는 이미 에녹, 므두셀라, 라멕을 통해서 계속 하나님의 심판에 대해 들었기 때문에 올 것이 왔다고 생각했습니다. 라멕과 므두셀라는 노아가 방주를 만드는 동안에도 살아 있었습니다. 라멕은 홍수가 일어나기 5년 전에 죽었고, 므두셀라는 홍수가 일어나기 바로 전에 죽었습니다. 그러므로 노아가 계시를 받고 방주를 만드는 일에 라멕과 므두셀라는 적극 지지해주었을 것입니다.

하나님은 노아에게 구원의 도구인 방주를 만들 재료와 방주의 크기와 양식을 자세히 알려주십니다. 노아의 눈앞에 방주를 만드는 과정과 완성된 모습과 내부의 모습, 동물들의 배치까지 환상으로 다 보여주셔서 그가 하나님이 원하시는 대로 만들 수 있도록 도와주셨습니다. 특히 창문을 위에서부터 한 규빗에 내고 문은 옆으로 내라고 하셨습니다. 방주의 높이가 30규빗인데 위에서 한 규빗에 창문이 있으므로 창문으로는 하늘만 볼 수 있게 됩니다. 만약 창문이 옆에 있어서 바깥을 잘 볼 수 있다면 홍수가 이 땅에 임할 때 많은 사람과 동물들이 홍수에 휩쓸려 죽는 모습을 볼 수도 있고, 비가 그친 후 방주가 떠다닐 때 바다 위의 시체들도 볼 수 있습니다. 방주 안에서 생명을 구원받았을지라도 다른 사람의 죽음을 경험하는 것은 충격적인 일입니다. 심판으로 다 죽을 것을 머리로는 알지만, 아는 것과 실제로 목격했을 때의 충격은 큰 차이가 나기 때문입니다. 그래서 하나님은 창을 하늘로 내어 오직 하나님만 바라보라고 하신 것입니다. 그리고 문은 옆으로 크게 내어 몸집이 큰 동물도 잘 들어갈 수 있도록 하셨습니다. 이 방주는 키나 노가 없고, 닻이나 돛도 없어서 오직 바다에 떠다니는 것만 할 수 있는 큰 나무상자와 같았습니다. 아기 모세를 넣어 나일 강에 띄웠던 갈대상자와 같은 모습입니다. 방주는 배 모양으로 짓지 않고 용골이 없이 평평한 상자 모양으로 만들었으므로 배라기보다는 움직일 수 있는 네모난 집이었는데, 이는 항행보다 물 위에 뜨는 것이 그 목적이기 때문입니다(랑게).

노아가 언덕의 넓은 구릉 지대에 방주를 만드는 모습이 보였습니다. 그와 자녀들이 함께 나무를 베고 손질하고 못질하고 역청을 바르는 등 여러 공정을 통해 방주를 만드는데, 규모가 워낙 거대해서 완성까지 오랜 세월이 걸렸습니다. 먼저 뼈대를 만들어서 지지대로 세워놓고 만들어가는 모습이 보였습니다. 노아의 가족은 방주만 만들 수는 없고 농사도 지어야 먹고 살기 때문에 부지런히 일했습니다. 방주 안에 홍수 심판 동안 먹을 것도 저장해야 했기에 농사를 소홀히 할 수 없었습니다. 방주를 만드는 데는 노아의 여덟 식구만 아니라 다른 사람들도 있었습니다. 당시 노아는 가축도 많았고 농사도 지었으므로 도와주는 일꾼을 많이 두고 있었습니다. 노아는 돈을 주고 사람을 고용해서 방주를 만드는 일도 시켰습니다. 그럼에도 불구하고 워낙 큰 배이므로 기중기나 사다리차 등의 도움 없이 사람의 손만으로 완성하는 것은 쉬운 일이 아니었을 것입니다.

방주의 각 층마다 동물들이 먹을 식물도 나무통과 바구니에 담아 잘 쌓아두었습니다. 홍수가 일어나기 전까지는 모든 생물이 식물을 양식으로 삼았기 때문에 여러 가지 풀, 과일, 곡식, 물을 주로 저장했습니다. 썩지 않고 오래 두기 위해 말려서 보관했습니다. 방주 내부는 3층 구조여서 덩치가 크고 무거운 동물은 1층, 그다음 크기의 동물은 2층, 날아다니는 새나 몸집이 작은 동물은 3층에 있도록 했습니다. 3층에는 창이 있는데 방주의 앞으로 나 있고, 옆으로는 바람이 통하지만 비가 들이치지 않도록 설계한 통로가 여러 군데 나 있었습니다. 각 내부에는 층을 오르내리는 사다리가 있었고, 각각의 동물이 쉴 수 있는 방이 있었으며, 지푸라기를 방마다 채워 누울 곳을 만들어주었습니다.

노아는 방주 만드는 일을 도와준 일꾼들이니 방주에 대한 소문을 듣고 관심을 가지는 주변 이웃들 그리고 만나는 사람들마다 하나님의 심판에 대해 이야기해주었습니다. 하나님은 노아를 그 세대의 사람들에게 전도자로 삼으셨습니다. 그는 타락해버린 그 땅과 닥쳐오는 진노의 홍수에 관해 회개와 경고의 말씀으로 사람들을 깨우치며 돌아다녔습니다(매튜 헨리). 그러나 그들은 하나님의 심판에 대해, 특히 비가 많이 내려서 홍수가 일어나 온 땅이 물에 잠겨 멸망할 것이라는 말을 이해하지도 못하고 믿지도 못했습니다. 그 당시에는 비가 한 번도 오지 않았기 때문입니다. 오히려 노아를 미친 사람으로 보았습니다. 그러나 노아는 끝까지 하나님의 명령에 순종했습니다. 노아는 자신의 믿음을 실행으로 옮겨 그 당시 사람들에게 고립당하면서도 방주를 예비했습니다(박윤선).

노아의 시대에 모든 사람이 죽고 이 땅이 멸망하는 심판이 있었듯이 마지막 때에도 모든 사람이 죽고 이 세상이 완전히 멸망하는 심판이 있을 것입니다. 홍수 심판 후에는 다시 회복되었지만, 이 마지막 때에는 땅이 다시 회복되지 않고 끝나고 새 하늘과 새 땅, 즉 천국이 온전하게 이루어질 것입니다. 이 홍수 심판을 보면서 마지막 시대에 살고 있는 우리는 하나님의 심판에 대한 경고를 새겨듣고 교훈을 얻어야 합니다. 주님은 "세상 끝에도 이러하리라 천사들이 와서 의인 중에서 악인을 갈라내어 풀무 불에 던져 넣으리니 거기서 울며 이를 갈리라"(마 13:49-50)라고 말씀하셨습니다. 우리는 세상 끝날 풀무 불에 던져지는 악인이 아니라 하나님의 나라로 들어갈 의인이 되어야 합니다. "무릇 그들이 주께서 치신 자를 핍박하며 주께서 상하게 하신 자의 슬픔을 말하였사오니 그들의 죄악에 죄악을 더하사 주의 공의에 들어오지 못하게 하소서 그들을 생명책에서 지우사 의인들과 함께 기록되지 말게 하소서"(시 69:26-28)라는 말씀처럼 의인은 생명책에 이름이 있는 사람을 말합니다. 그리고 악인은 하나님의 사람이 죄를 지어 하나님의 심판을 받았다고 하면서 조롱하고 핍박한 사람입니다. 하나님은 당신의 사람을 건드리는 것을 용납하지 않으십니다. 그것은 하나님을 대적하는 일이기 때문입니다. 하나님을 믿지 않고 하나님의 주권을 인정하지 않는 사람이 행할 수 있는 악입니다. 그런 악인은 아무리 하나님을 믿는다고 스스로 외쳐도 생명책에서 이름이 지워질 것이 분명합니다. 우리는 생명책에 이름이 있는 의인이 되어 당당히 하늘나라에 입성해야 합니다.

방주의 모습이 처음에는 배 형태로 보였지만, 그 모양이 낙원의 모습으로 바뀌어 보였습니다. 밖으로 울타리가 쳐져 있고, 그 안으로는 평안하게 보이는 너른 풀밭이 펼쳐져 있으며, 그 가운데에는 생명수가 솟아나는 샘이 있었습니다. 그 풀밭에서 노아와 가족과 동물들이 있는 모습이 보였습니다. 그 울타리 안으로 들어가면 구원받는 것이고, 울타리 밖은 구원받지 못하는 사람들이 있는 것으로 보였습니다. 방주 안에는 생명이 있고 방주 밖에는 죽음이 있듯, 울타리 안은 천국이고 울타리 밖은 지옥인 것입니다. 하나님의 마지막 심판은 이미 예고되었습니다. 우리는 방주에 타야 하고 구원의 울타리 안으로 들어가야 합니다. 우리는 하나님의 심판이 늦어진다면서 게으름을 피우고 세상을 즐기는 사람들 가운데서 구별되어 하나님의 부르심을 받은 선택된 사람들입니다. 깨어 기도하며 구원에서 멀어지지 않도록, 믿음을 잃어버리지 않도록 주님을 붙잡아야 합니다.

더 깊이 생각해보기

1. 조상 중에 "사람의 딸들"과 같이 우상을 숭배하고 포악하며 음란을 행했던 사람들이 있어 내가 그런 죄성을 타고 난 것은 아닌지 생각해보세요.

2. 육신이 되어버린 내가 버리고 끊어내야 할 죄성은 무엇인가요?

3. 하나님이 축복하신 사람 그리고 하나님의 아들로서 어떤 믿음의 본을 보이고 있나요?

4. 모든 사람이 하나님의 심판 가운데 놓일지라도 구원받은 노아처럼 나도 마지막 때에 구원받을 믿음이 있다고 생각하나요?

5. 혹시 아니라면 어떤 부분이 부족해 구원받지 못할 수도 있다고 생각하나요?

6. 어떻게 나의 믿음을 굳건하게 해 구원받을 만한 믿음으로 만들 수 있을까요?

7장

물에 잠긴 땅

하나님의 진노로 이 땅에 홍수가 임합니다. 이 홍수는 하나님의 심판이기 때문에 단순히 과학적 원리에 따라 비가 오는 것만 생각하면 그 배후에 역사하시는 하나님의 섭리는 알기 어려우므로, 어떻게 심판이 임하는지를 영적으로 보아야 합니다. 그리고 홍수로 모든 생물이 죽는 동안 방주 안과 방주 밖의 모습을 비교해보면 심판의 때에 하나님의 구원이 어떤 모습인지를 잘 알 수 있습니다.

한눈에 보는 창세기 7장

하나님은 홍수로 이 땅을 심판하시려고 계획하시지만, 완전히 멸하지 않으시고 노아의 가족 여덟 명과 모든 동물을 쌍으로 깨끗한 것만 골라서 남기기 원하셨다. 그래서 이 땅에서 가장 깨끗한 공간이었던 생명나무 주변의 동물 중에서 최대한 죄에 더럽혀지지 않은 것들로 골라 천사들을 보내셔서 방주로 인도하게 하셨다. 악한 영들의 방해가 있었지만 노아의 여덟 식구와 동물들은 그 방해를 이기고 방주에 잘 들어갔고, 주님이 직접 문을 닫으시고 방주를 보호막으로 감싸주

셨다. 하늘에서 심판의 천사들이 내려왔고 창을 든 큰 천사들은 땅 밑으로 들어가 화산이 폭발하도록 했다. 그리고 활을 든 큰 천사들이 빛의 화살을 쏘자 하늘에 있던 물의 막이 찢어지며 이 땅에 비가 쏟아지기 시작했다. 하늘은 어둠에 잠겼고 땅은 점점 물에 잠겨갔다. 방주에 타지 못한 동물들과 사람들은 방주로 달려가 애원했으나 문은 열리지 않았다.

첫 번째 장면

방주로 피함

"여호와께서 노아에게 이르시되 너와 네 온 집은 방주로 들어가라 이 세대에서 네가 내 앞에 의로움을 내가 보았음이니라 너는 모든 정결한 짐승은 암수 일곱씩, 부정한 것은 암수 둘씩을 네게로 데려오며 공중의 새도 암수 일곱씩을 데려와 그 씨를 온 지면에 유전하게 하라 지금부터 칠 일이면 내가 사십 주야를 땅에 비를 내려 내가 지은 모든 생물을 지면에서 쓸어버리리라 노아가 여호와께서 자기에게 명하신 대로 다 준행하였더라"(창 7:1-5).

하나님이 홍수로 온 땅을 심판하시고 공기로 호흡하는 모든 생물을 멸하시려는 계획을 온 세상에 선포하시는 장면입니다. 사실 하나님은 "여호와께서 사람의 죄악이 세상에 가득함과 그의 마음으로 생각하는 모든 계획이 항상 악할 뿐임을 보시고 땅 위에 사람 지으셨음을 한탄하사 마음에 근심하시고 이르시되 내가 창조한 사람을 내가 지면에서 쓸어버리되 사람으로부터 가축과 기는 것과 공중의 새까지 그리하리니 이는 내가 그것들을 지었음을 한탄함이니라 하시니라"(창 6:5-7)라고 말씀하셨습니다. 하나님의 심판이 이미 작정되었다는 것이 온 우주에 선포되었으나, 다시 정확하게 심판을 선포하시는 것입니다. 6장 13-21절의 말씀은 하나님이 심판의 도구로 홍수를 선택하셨고, 그 심판에서 피하여 생명을 보전할 수 있도록 구원의 수단인 방주를 만들게 하려고 먼저 노아에게 하신 말씀입니다. 그러나 노아만이 아니라 온 세상도 하나님의 홍수 심판이 곧 있을 것을 알아야 하므로 하나님은 7장 1-5절에서 방주에 대한 내용을 제외하고는 6장과 비슷한 내용을 반복해 말씀하신 것입니다.

하나님의 심판에 대한 선포는 먼저 방주에 들어와 홍수 심판에서 살아남아 온 지면에 씨를 유전하기 위해 구별될 동물들이 알아야 했는데, 그것은 그래야 홍수가 시작되기 전에 그들이 방주로 모일 수 있기 때문입니다. 그러나 그 동물들 외에 다른 동물들도 알아야 합니다. 자신들의 죽음을 대비하고 그것이 사람의 죄 때문인 것도 똑바로 알아야 하기 때문입니다.

그리고 영적 존재인 천사들도 이 심판을 알아야 합니다. 방주에 들어가기 위해 구별된 동물들이 방주로 모이도록 돕기 위해서 천사들이 파견되어야 하기 때문입니다. 그 천사들은 각각의 동물이 잘 모일 수 있도록 길을 인도해주고, 혹 도중에 있을 다른 동물의 방해나 악한 영들의 공격에서 지켜주어야 합니다. 그리고 홍수 심판 전에 하나님을 의지하고 믿은 사람은 홍수에 쓸려 죽지 않도록 하나님이 미리 천국으로 데려가십니다. 므두셀라와 라멕이 대표적 인물입니다. 그들 외에도 더 있었을 것입니다. 이런 영혼들을 천국으로 인도할 천사들도 심판에 대해 알아야 합니다. 또 하나님의 명령으로 홍수 심판을 직접 일으킬 심판의 천사들도 알아야 합니다. 하나님은 세상을 심판하실 때 천사들을 동원해 일하게 하십니다. 요한계시록을 보면 마지막 심판인 7년 대환란 때에 심판의 천사들이 인봉을 열고 나팔을 불며 대접을 부으면서 심판을 내린다고 기록되어 있습니다. 게다가 천국으로 먼저 간 성도들도 이를 알아야 이 땅을 위해서 더 기도해줄 수 있으므로 천국에도 하나님의 심판이 선포되어야 합니다.

그리고 사람들에게 죄를 부추긴 사탄과 악한 영들도 다 하나님의 심판을 알아야 합니다. 이 심판은 부패한 땅과 포악한 사람에 대한 심판일 뿐 아니라 거기에 역사하는 악한 영들에 대한 심판이기도 합니다. 죄를 붙잡고 들어온 악한 영들이 이 세상을 지옥으로, 사탄이 지배하는 나라로 만들었는데 그것을 심판함으로써 되돌리는 것이기 때문입니다. 죽은 사람에게는 죄를 물을 수 없고, 이미 판결받고 죗값을 치른 것을 다시 정죄할 수 없는 것이 원리입니다. 그러므로 심판 후에는 더는 죄를 빌미로 이 땅에 악한 영들이 역사할 수 없게 됩니다. 다시 죄를 짓지 않는 이상에는 말입니다. 이렇게 하나님의 심판은 천국과 지옥의 모든 영적인 존재를 포함해서 이 세상의 모든 피조물이 알아야 하는 대사건이므로 하나님이 온 세상에 선포하신 것입니다.

하나님은 여기서 심판에서 구원받아 방주로 들어갈 수 있는 조건을 말씀하십니다. 바로 "의로움"입니다. 하나님은 노아의 의로움을 보시고 노아의 식구들을 방주로 들어갈 수 있도록 허락하셨습니다. 또 세상에 씨를 유전할 동물들도 의로운 동물들입니다. 죄인들의 손이 타지 않고, 죄를 지은 땅에 살지 않아서 죄에 오염되지 않고 악한 영들의 영향을 받지 않은 동물들만 방주로 들어가게 하셨습니다. 하나님은 에녹에게 하나님의 심판을 예언하게 하셨고, 라멕과 므두셀라를 포함해 그의 말을 믿은 소수의 사람은 모두 나이가 많았을 것이 분명합니다. 그들은 하나님이 홍수 전에 천국으로 인도하셨고, 노아 세대와 그 이후의 세대에는 노아의 여덟 식구 외에는 하나님의 심판의 말씀을 믿고 죄를 회개하며 의롭게 산 사람이 없었습니다. 그래서 하나님은 노아를 "당대에 완전한 자라"(창 6:9)고 표현하셨습니다. 노아의 시대에도 인구가 많았을 것이지만 이렇게 구원받을 만한 의로운 사람이 없었다는 것이 안타깝습니다. 아마도 마지막 때 주님이 재림하시기 전 7년 대환란 때의 모습도 노아의 때와 비슷한 모습일 것입니다. 7년 대환란을 거치면서 주님을 향한 믿음을 지킨 의인들은 이미 하늘나라로 갔기 때문에 주님이 다시 오셔서 이 세상을 심판하실 때에는 노아처럼 구원받을 수 있는 의인은 아주 소수일 것입니다. 우리는 노아처럼 끝까지 믿음을 지켜 주님 앞에 당당히 설 수 있는 의인이 될 수 있도록 노력해야 합니다.

앞의 6장에서는 모든 것이 종류대로 각기 둘씩 생명을 보존하게 하라고 하셨는데, 여기서는 정결한 짐승은 암수 일곱씩, 부정한 것은 암수 둘씩, 공중의 새도 암수 일곱씩 데려와 그 씨를 온 지면에 유전하게 하라고 하십니다. 아직 율법이 없고 제사법도 없는 시대인데 정결한 짐승과 부정한 짐승으로 구분하는 것은 이 성경이 모세 때 쓰였기 때문입니다. 하나님은 제사 예법을 제정하시기 전에도 제사드릴 때 사용하는 짐승에 대해 먼저 정해두셨습니다. 그래서 아벨도 다른 동물이 아닌 양으로 제사드린 것입니다. 홍수 후에 짐승이 퍼지는 시간 동안에도 하나님께 제사를 드려야 하므로 정결한 짐승은 암수 일곱씩 데려오도록 명하신 것입니다. 이는 동물들을 인도할 천사들이 하나님의 뜻대로 동물을 선정해 방주로 데려와야 하므로 이렇게 정확하게 선택할 동물의 수를 알려주신 것입니다. 앞에서는 홍수 심판으로 땅의 모든 생물이 죽을 것이기 때문에 새로운 땅에 유전할 동물의 암수를 보존하는 것이 중요함을 말하려고 세세하게 설명하지 않았습니다. 또 7장 6-16절에도 방주에 모든 동물의 암수가 둘씩 들어갔다고 나옵니다. 이 부분도 마찬가지입니다. 결국 생물이 끊어지지 않고 이어져서 번성하려면 각 동물의 암수가 반드시 있어야 합니다. 그래서 그 부분을 강조하고자 한 것입니다. 그렇지만 이 본문에서는 방주에 들일 동물을 정확하게 알려주어야 데려올 수 있으므로 말씀한 것입니다. 즉, 본문의 말씀이 선포되고 칠 일 후에 홍수가 시작된다고 했는데, 그 칠 일의 기간이 천사들이 동물을 선택해서 방주로 인도하는 기간인 것입니다.

방주가 만들어지고 있었지만, 사람들은 그것을 보며 조롱하고 관심을 두지 않았습니다. 에녹의 예언은 므두셀라가 지금까지 죽지 않고 살아 있고, 그의 이름처럼 하나님의 심판이 900년이 넘도록 내리지 않고 있으므로 많은 사람이 믿지 않고 있었습니다. 이제 방주는 완성되었고, 방주 안으로 들어갈 일만 남았습니다. 하나님은 칠 일 후에 홍수가 시작될 것이라고 말씀하셨습니다. 그래서 노아와 가족은 방주 안에 홍수 동안에 먹을 양식을 싣고 방주 안에 태울 동물을 어떻게 잘 들여보내고 배치할지를 의논했습니다. 동물이 배치되는 것에 따라 각 층마다 먹을 양식을 잘 맞추어서 싣기 위함이었습니다. 그들은 방주 안에 갖추어야 할 물건과 식량의 양이 많아 분주하게 준비했습니다.

또 다른 한 쪽에서는 사람이 살지 않는 땅에서 사람의 손을 타지 않고 사람의 죄성에 물들지 않은, 즉 죄가 없는 깨끗한 곳에서 살던 동물 중 방주와 가까운 곳의 동물들이 구별되어 천사의 인도를 받아 방주로 모이고 있었습니다. 이 땅에서 사람이 살지 않고 사람의 죄에 오염되지 않은 곳은 하나님이 그룹들과 불칼로 보호하신 에덴동산 안의 동물들이었습니다. 그 동물들은 하나님의 보호를 받고 죄와 악한 영들의 오염이 거의 없는 깨끗한 모습으로 살았기에 하나님이 그들을 통해 홍수 이후 새로운 세상에 동물들이 유전될 수 있도록 계획하셨습니다. 하나님이 천국과 이 땅을 분리하실 때 생명나무와 그룹들을 하늘로 올라가게 하셨지만, 이곳은 거룩한 곳이자 하나님이 쫓아내신 이후 사람이 들어갈 수 없는 곳으로 인식되어 있었기에 아무도 살지 않았습니다. 특히 죄를 지은 사람은 하나님의 낯을 피하고 싶어 하므로 하나님을 만나는 장소로 나아가기를 싫어했습니다. 또 이곳은 산 중에 가장 높은 산이어서 농사짓고 살기에는 낮은 곳에 좋은 땅이 많았기에 그 높은 곳을 올라갈 필요가 없었던 것입니다. 그리고 죄인들의 배후에 있는 악한 영들도 하나님의 거룩한 산으로 사람들이 나아가는 것을 좋아하지 않았으므로 그곳은 사람들의 기억에서 더욱 멀어졌습니다. 그러나 하나님은 그곳을 기억하시고 천사들을 보내셔서 깨끗한 동물들을 구별해 데려오게 해 방주에 태우시는 것입니다.

게다가 노아의 방주는 에덴동산이 있던 산 아래의 구릉 지대에서 만들어지고 있었습니다. 아담은 에덴동산에서 쫓겨난 후 그곳을 그리워하면서 최대한 에덴동산에서 가까운 곳에 살았습니다. 그리고 시간이 나면 산을 올라가 에덴동산의 입구를 바라보면서 하나님을 생각했습니다. 그런 아담의 후손 중 하나님을 잘 믿고 하나님과 깊은 교제를 나누었던 사람들은 다 아담과 같이 에덴동산에서 멀지 않은 곳에 살면서 하나님을 만나기 위해 힘썼습니다. 하나님은 이렇게 하나님을 찾는 자들을 만나주시고 동행해주셨습니다. 그런 사람 중에는 노아도 있었습니다. 그래서 노아는 에덴동산이 있는 산 아래에 살면서 큰 방주를 만들기 위해 근처의 넓은 구릉 지대에서 작업한 것입니다. 그래서 에덴동산에서 내려다보면 방주가 워낙 커서 바로 눈에 보입니다. 그러므로 에덴동산에 있던 동물들이 산 아래 언덕에 있는 방주로 잘 찾아갈 수 있는 가까운 거리에 있었기에 에덴동산의 동물을 선택하신 하나님의 계획은 여러 모로 좋았습니다. 하나님이 택하신 동물들은 그들의 머리에 하나님의 빛이 임해 천사들이 쉽게 발견하고 데려가는 모습이 보였습니다. 그 동물들은 너무 어리지도 않고 너무 나이가 많지도 않은, 사람으로 치면 청년인 동물들이 선택되었습니다.

그런데 방주에 타기 위해 선택받은 동물들 외에도 하나님의 심판에 대한 선포를 듣고 두려워하는 수많은 동물은 하나님의 선택을 받고 싶어 안달했지만, 결국 선택받지 못하여 모두 안타까워했습니다. 게다가 하나님의 계획이 이루어지는 것을 방해하고자 사탄과 악한 영들이 다른 동물들을 부추겨 혹은 방주로 오는 길목에 사는 사람들을 부추겨 하나님이 택하신 동물들을 공격했습니다. 악한 영들의 부추김을 받은 선택받지 못한 동물들은 하나님의 선택받은 동물 대신 자신이 그 선택을 받고 싶어서 공격했습니다. 악한 영들이 생존본능에 역사하여 그런 공격적인 모습을 보이게 된 것입니다. 또 사람들은 갑자기 동물들이 몰려다니면서 다툼이 벌어지자 위협을 느끼고 그들을 죽이려고 했습니다. 그리고 눈앞에 있는 많은 동물을 사냥해 가죽과 털을 얻으려는 욕심으로 사람들이 많이 몰려갔습니다. 또한 악한 영들은 하나님이 선택하신 동물들을 덮어서 더럽히려고 했습니다. 영적으로 더러워진 동물들이 방주에 태워져서 새로운 땅으로 퍼져나간다면 그곳에 자기들의 자리가 보전될 것이라고 생각했기 때문입니다. 그러나 천사들이 이 모든 공격에서 피할 수 있도록 도와주고 악한 영들을 막아주어 선택받은 동물들이 방주를 향해 잘 갈 수 있도록 길을 열어주었습니다.

천사들의 도움으로 선택된 동물들이 완성된 방주 앞에 다 모일 수 있었습니다. 그러나 그 뒤로도 수많은 동물이 방주가 있는 구릉으로 몰려들었습니다. 하나님의 심판에서 살 길은 방주밖에 없었기 때문입니다. 그것을 모든 동물이 알았으므로 방주 주변으로 몰려온 것입니다.

두 번째 장면

땅에 홍수가 임함

"홍수가 땅에 있을 때에 노아가 육백 세라 노아는 아들들과 아내와 며느리들과 함께 홍수를 피하여 방주에 들어갔고 정결한 짐승과 부정한 짐승과 새와 땅에 기는 모든 것은 하나님이 노아에게 명하신 대로 암수 둘씩 노아에게 나아와 방주로 들어갔으며 칠 일 후에 홍수가 땅에 덮이니 노아가 육백 세 되던 해 둘째 달 곧 그 달 열이렛날이라 그 날에 큰 깊음의 샘들이 터지며 하늘의 창문들이 열려 사십 주야를 비가 땅에 쏟아졌더라 곧 그 날에 노아와 그의 아들 셈, 함, 야벳과 노아의 아내와 세 며느리가 다 방주로 들어갔고 그들과 모든 들짐승이 그 종류대로, 모든 가축이 그 종류대로, 땅에 기는 모든 것이 그 종류대로, 모든 새가 그 종류대로 무릇 생명의 기운이 있는 육체가 둘씩 노아에게 나아와 방주로 들어갔으니 들어간 것들은 모든 것의 암수라 하나님이 그에게 명하신 대로 들어가매 여호와께서 그를 들여보내고 문을 닫으시니라"(창 7:6-16).

완성된 방주에 필요한 물자까지 다 실려 이제 사람과 동물만 타면 되었습니다. 그리고 하나님이 씨를 남기시려고 선택하신 동물들이 방주 주변에 이미 도착해 있었습니다. 그 외에도 방주에 타고 싶은 동물들이 땅 사방에서 흙먼지를 일으키며 몰려오고 있었습니다. 그때 비가 내리기 시작했습니다. 노아의 여덟 식구와 선택받은 동물들이 방주로 들어갔습니다. 동물들을 인도했던 천사들이 선택된 동물 외에 다른 동물들이 방주로 들어가지 못하도록 방주 주변을 둘러서서 막고 있었습니다. 그 동물들은 홍수로 죽을 것을 알고 슬피 울며 애원했지만, 천사들은 하나님의 명령만 따랐습니다.

본문에는 같은 구절을 두 번 반복해서 기록하고 있습니다. 6-9절에서 "홍수가 땅에 있을 때에 노아가 육백 세라 노아는 아들들과 아내와 며느리들과 함께 홍수를 피하여 방주에 들어갔고 정결한 짐승과 부정한 짐승과 새와 땅에 기는 모든 것은 하나님이 노아에게 명하신 대로 암수 둘씩 노아에게 나아와 방주로 들어갔으며"라고 말했습니다. 그런데 13-15절에서 "곧 그 날에 노아와 그의 아들 셈, 함, 야벳과 노아의 아내와 세 며느리가 다 방주로 들어갔고 그들과 모든 들짐승이 그 종류대로, 모든 가축이 그 종류대로, 땅에 기는 모든 것이 그 종류대로, 모든 새가 그 종류대로 무릇 생명의 기운이 있는 육체가 둘씩 노아에게 나아와 방주로 들어갔으니"라고 말합니다. 두 부분의 차이는 홍수에 대한 표현과 들어간 사람과 동물들에 대해 더 자세히 묘사했다는 것뿐입니다. 홍수가 어떻게 일어났는지에 대해 두 부분 사이에서 설명하고, 바로 그 홍수가 시작된 날에 노아의 가족과 동물들이 방주에 들어갔다는 것을 두 번

반복하여 말하는 것입니다. 이는 홍수가 어떻게 시작되었는지를 자세히 설명하려는 의도와 함께 홍수가 시작되었을 때 노아의 식구와 동물들이 방주에 들어갔다는 것, 그리고 많은 사람과 동물들이 홍수를 피하고 살기 위해 방주로 왔지만, 하나님이 방주에 들이라고 명하신 노아의 가족과 동물들 외에는 아무도 방주에 들어가지 못했다는 것을 강조하기 위한 것입니다.

하나님의 이런 섭리는 성경 곳곳에서 발견할 수 있습니다. 특히 이스라엘 백성이 모세의 인도로 출애굽한 후 애굽 군인들의 추격을 받으며 홍해를 건널 때 하나님이 구름기둥으로 그들을 막아주셔서 이스라엘 백성은 무사히 홍해를 다 건넜습니다. 그러나 뒤따라온 애굽 군인들은 아무도 홍해를 건너지 못하고 다 바다에 수장되는 장면과 비슷합니다. 하나님은 당신이 택하신 백성과 아닌 사람을 확실히 구분하시고 하나님의 백성만 구원하십니다.

홍수는 큰 깊음의 샘들이 터지고 하늘의 창문들이 열려 비가 쏟아지면서 시작되었습니다. 하늘에서 거대한 심판의 천사들이 무장을 한 채 하나님의 보좌 아래에서부터 내려와 지구의 중심에서 창을 들고 땅을 찌르니 압력을 받고 마그마들이 지표면을 뚫고 올라가 화산이 폭발했습니다. 화산 폭발과 함께 사방으로 지진이 일어나 땅이 갈라지고 뒤틀렸습니다. 여러 화산이 폭발했는데 그때마다 굉음이 울려 퍼지고 지진으로 땅이 흔들리자 집들이 무너졌는데, 그 거대한 소음이 주변으로 퍼져나갔습니다. 또한 화산에서 화산재가 뿜어져 나와 하늘을 덮고, 마그마가 땅과 바다를 덮으며, 수증기가 가득하게 하늘로 올라갔습니다. 하늘은 화산재와 수증기로 자욱하게 덮여 태양이 가려져서 빛이 땅에 내려오지 못하므로 세상이 어두워지기 시작했습니다. 그것은 거대한 구름을 형성했는데 여러 구름은 서로 부딪혔고, 빛이 사라져 어두운 하늘을 찢듯이 번개가 번쩍였으며, 천둥소리는 귀를 때리듯 강하게 울렸습니다.

또 다른 심판의 천사들은 하늘 위에서 빛나는 활을 꺼내 빛나는 화살을 쏘았습니다. 그 빛나는 화살이 하늘에 있는 물로 된 막을 터뜨리자 비가 되어 쏟아졌습니다. 궁창 위의 물이 얇은 막처럼 하늘을 덮고 있었는데 빛으로 된 화살이 지나가면서 비로 쏟아졌고, 구름층을 지나면서 빗물이 더욱 거세지며 소나기가 강하게 내렸습니다.

빛이 사라져 어둠 속에 갇힌 가운데 요란한 소리가 울려 퍼졌고, 하늘에서 세찬 비가 내리고 하나님의 심판의 창과 같은 번개가 하늘에서 땅으로 내리 꽂히자 이 땅의 모든 존재는 다 두려워 떨었습니다. 하나님의 심판이 시작되었다는 것을 그 누구도 부정할 수 없었습니다. 예언이 이제 실현되기 시작했음을 직감한 사람들은 피할 곳을 찾아 이리저리 해맸습니다. 화산이 폭발하는 소리, 지진 소리, 강하게 내리는 빗소리, 천둥소리, 산사태가 일어나고 집이 무너지는 소리, 동물들의 발자국 소리와 울부짖는 소리, 살려달라고 외치는 사람들의 다급한 소리와 도망치려고 애쓰는 몸부림의 소리 등 여러 가지 소리로 인해 온 세상이 혼란으로 가득 찼습니다.

방주 주변으로 더욱 많은 동물이 몰려왔고, 하나님의 심판을 피할 곳은 그동안 무시하고 조롱해왔던 노아의 방주 외에는 없다는 것을 깨달은 사람들이 방주 가까이 몰려왔습니다. 방주가 있는 넓은 구릉이 거대한 배와 동물들과 사람들로 가득 찼습니다. 노아와 여덟 식구는 하나님이 택하신 동물들과 함께 이미 방주로 들어갔고 문은 닫혔습니다. 하나님은 이 문을 닫으심으로 노아와 바깥 모든 세상 사이에 칸막이벽을 세우신 것입니다(매튜 헨리). 성자이신 주님이 방주보다 더 큰 모습으로 오셔서 직접 방주의 문을 닫으시고 열리지 않도록 빛으로 감싸셨습니다. 또 오랜 홍수 기간에 방주가 버틸 수 있도록 방주 전체를 빛의 보호막으로 감싸주셨습니다. 나무에 역청을 발라서 방수가 되도록 했지만, 오랜 기간 비가 올 것이고 더 오랜 기간 물에 떠 있어야 하므로 나무가 온전하기가 어려울 것이기 때문입니다.

이미 많이 몰려온 동물들을 제치고 사람들이 방주로 가까이 다가오기는 힘들었습니다. 방주로 다가가려고 아우성을 치는 동물과 사람이 서로 몸싸움을 하면서 밟히거나 채이거나 쓰러지거나 넘어지는 등 아수라장이 되었습니다. 몸부림 끝에 방주로 다가간 사람들은 문을 두드리며 열어달라고 외쳤습니다. 그러나 문이 열리지 않자 방주를 부술 듯 발로 차고 몸을 부딪치며 화를 쏟아냈습니다. 그래도 끝까지 문이 열리지 않자 살려달라고 애원하면서 울부짖고 가까이 다가오는 죽음에 두려워 떨며 비명을 질러댔습니다. 방주 안에 있던 노아의 가족은 그 울부짖음을 들으며 비통한 심정으로 눈물을 흘렸습니다. 노아의 가족은 주님께 그들을 긍휼히 여겨달라고 기도했습니다.

죽음 앞에 서자 사람들은 그제야 하나님의 역사를 깨닫고 후회했습니다. 사람의 어리석음이 드러나는 순간입니다. 자신의 지혜와 능력을 믿으면서 하나님의 경고를 무시하고 하나님이 주신 기회를 허무하게 놓치고는 죽고 망한 후에야 깨닫는 것입니다. 이렇게 하나님은 진노의 사자를 보내셔서 인간들을 둘러막으심으로써 그들이 위를 쳐다보면 두려움과 놀라움뿐이고, 땅을 굽어보아도 "환난과 흑암과 고통의 흑암만을 보게"(사 8:21-22) 하실 수가 있습니다(매튜 헨리). 그러나 공의로우신 하나님은 죄인을 심판하시더라도 미리 경고하시고 피할 방법까지 알려주셔서 한 사람이라도 더 심판받지 않고 죽음과 저주를 피할 수 있도록 하십니다. 그러나 안타깝게도 죄인들은 항상 끝까지 고집을 꺾지 않고 죄의 길에서 돌이키지 않아 스스로 망할 길로 가다가 죽습니다. 사람의 이런 어리석고 악한 모습은 성경에서 계속 발견되었고 그래서 반복된 심판이 있었습니다. 그것은 지금도 마찬가지고 그래서 앞으로도 하나님의 심판이 기다리고 있는 것입니다.

우리는 마지막 시대를 살고 있습니다. 앞으로 7년 대환란이 올 것이라고 요한계시록은 예언합니다. 노아의 시대에 홍수로 이 땅이 멸망하는 심판이 이루어졌듯, 앞으로도 이 땅이 멸망하고 새 하늘과 새 땅이 임할 것입니다. 그때에도 오직 하나님이 인 치신 구원받을 믿음이 있는 의인들만 천국에 가고 악인들은 심판받을 것입니다. 의인들은 구원받고 악인들은 멸망함으로 하나님의 공의가 드러나고 하나님의 이름이 영광을 받으실 것입니다. 우리는 우리의 믿음이 구원받을 만한 믿음인지 점검해보아야 합니다. 주님이 "주여 주여 하는 자마다 천국에 다 들어갈 것이 아니요"(마 7:21)라고 말씀하셨기 때문입니다. 구원의 방주의 문이 닫히면 누구도 그 문을 열 수 없습니다. 기름을 준비하지 못한 어리석은 다섯 처녀는 문이 닫힌 후 열어달라고 빌었지만, 결국 들어가지 못했습니다. 하늘의 문이 닫히기 전에 들어가야 합니다. 우리는 늘 깨어 있어서 죽는 순간까지 믿음을 굳건히 붙잡아야 합니다.

세 번째 장면

땅에 물이 넘침

"홍수가 땅에 사십 일 동안 계속된지라 물이 많아져 방주가 땅에서 떠올랐고 물이 더 많아져 땅에 넘치매 방주가 물 위에 떠 다녔으며 물이 땅에 더욱 넘치매 천하의 높은 산이 다 잠겼더니 물이 불어서 십오 규빗이나 오르니 산들이 잠긴지라 땅 위에 움직이는 생물이 다 죽었으니 곧 새와 가축과 들짐승과 땅에 기는 모든 것과 모든 사람이라 육지에 있어 그 코에 생명의 기운의 숨이 있는 것은 다 죽었더라 지면의 모든 생물을 쓸어버리시니 곧 사람과 가축과 기는 것과 공중의 새까지라 이들은 땅에서 쓸어버림을 당하였으되 오직 노아와 그와 함께 방주에 있던 자들만 남았더라 물이 백오십 일을 땅에 넘쳤더라"(창 7:17-24).

방주 안은 사방이 다 막힌 공간에 창이라고는 하늘을 향해 난 하나의 창밖에 없어서 비가 오는 동안에 계속 닫아둘 수밖에 없었습니다. 그래서 노아의 가족과 동물들은 캄캄한 어둠 속에서 밖에서 들리는 빗소리, 천둥소리, 사람들과 동물들의 울부짖는 소리를 들으며 괴로워했습니다. 방주 안에서는 불을 피웠다가 혹시라도 방주가 흔들려서 불이 번지면 안 되므로 최대한 불을 켜지 않았습니다. 방주의 재료는 나무이고 그 안에는 여러 동물이 있으며, 화산 폭발과 홍수로 배가 흔들리는 상황에서 함부로 불을 피우면 위험하기 때문입니다. 음식을 할 때만 아주 잠깐 켰다가 바로 껐습니다. 그래서 방주 안은 깜깜했습니다. 그 속에서 방주 바깥의 시끄러운 소리를 들으며 노아의 식구들과 동물들은 다 두려워 떨었습니다.

홍수 전에는 이 땅에 아지랑이만 올라왔을 뿐 비는 오지 않았고, 안개와 이슬이 내리는 좋은 기후였습니다. 추위와 더위가 없는 온화한 날씨가 계속되었는데, 이제 궁창 위의 물이 없어지고 햇빛이 차단되며 비가 오므로 기온이 내려갔습니다. 방주 안의 모든 사람과 동물들은 어둠과 추위 속에서 두려움에 떨며 음식도 제대로 먹지 못하는 극한 스트레스 상황에 있었습니다. 방주 안은 긴장된 상황이었고, 사람과 동물들은 모두 가슴이 떨리고 불안하며 우울한 마음을 갖고 있었습니다. 그런 속에서 노아의 가족이 모여서 기도했습니다. 방주 안에서 하나님의 보호를 받고 있었지만, 언제 하나님의 진노가 자신들에게도 임할지 모른다는 죽음의 공포에 시달렸습니다. 또 가족과 친척, 친구들의 죽음을 생각하며 슬퍼하고 괴로워했습니다. 그들을 구원하지 못하고 자신들만 살았다는 죄책감에 빠졌습니다. 그렇게 그들은 살았으나 죽음 속에 있는 듯 괴로워했습니다.

방주 밖의 상황은 그보다 더 심각했습니다. 하늘에는 구름이 가득했고, 어떤 빛도 없이 사방이 캄캄한 가운데 천둥번개가 치고 지진과 화산 폭발로 땅이 흔들렸습니다. 계속해서 내리는 비로 고인 물이 넘쳐 땅을 덮으며 차오르자 방주 밖의 모든 사람과 동물들은 두려움에 떨며 괴로워했습니다. 바다 속에서 화산이 폭발하자 거대한 해일이 땅을 덮쳤는데, 끝없이 내리는 비가 쌓여 물이 많아지자 해일은 더 높아져서 땅 위로 물이 올라오므로 아무리 높은 산으로 도망쳐도 물이 계속해서 차올랐습니다. 사람들과 동물들은 살기 위해 어떻게 해서든지 높은 곳으로 올라가려고 애를 썼습니다. 그러나 어두워서 서로 부딪혀 쓰러지고 밟힐 뿐, 제대로 피하는 사람은 없었습니다. 한 번씩 거대한 해일이 부딪히면서 땅 위의 모든 것을 다 쓸어갔습니다. 계속 내리는 비에 땅 위로 물이 가득 찼고, 화산 폭발로 새로 생겨난 산을 포함해 모든 산의 봉우리가 물에 완전히 잠겼으며, 결국 모든 사람과 동물이 물에 휩쓸려 죽었습니다. 홍수로 죽은 자 중 어떤 사람들은 방주 짓는 일로 노아를 도왔거나 그에게 고용되었을 것입니다. 그러나 그들은 회개하여 방주 안에 들어가 구원의 자리를 마련할 만큼은 현명하지 못했습니다(매튜 헨리). 방주 바깥이 완전한 어둠 속에 잠긴 채 모든 생물이 바다에 수장되었습니다. 그래서 거대한 늪처럼 휘몰아치는 물에서 땅과 초목과 사람들과 동물들의 시체들이 소용돌이쳤습니다. 이 세상이 죽음에 잠긴 듯한 비참한 모습이었습니다.

방주는 하나님의 보호막으로 감싸여 아무리 강한 비가 내리고 번개가 치며 집어삼킬 듯 파도가 높이 쳐도 넘어지지 않고 안정적으로 물에 떠 있었습니다. 땅과 함께 물속에 잠긴 땅을 덮고 있던 악한 영들, 사람과 동물들을 잡고 있던 악한 영들이 바닷물을 이용해 하나님이 구원하시려는 방주를 덮쳐서 넘어뜨리려고 마지막 발악을 했습니다. 하지만 하나님의 보호하심으로 방주는 안정적으로 떠다녔습니다. 주님이 보호막을 쳐주셨고 성령님도 역사하셔서 방주가 뒤집힐 만한 강한 파도가 오지 못하도록 막아주셨고, 바람으로 배의 방향을 움직이셨습니다. 악한 영들이 아무리 하나님의 구원 계획을 방해할지라도 하나님은 끝까지 당신의 뜻을 이루신다는 것을 보여주셨습니다.

이 세상의 죄를 통해 이 땅을 장악했던 악한 영들은 하나님의 심판으로 이 땅이 물에 잠기고 땅이 요동하자 바다 속으로 함께 잠겨 들어가기 시작했습니다. 악한 영들은 바다 깊숙이 빨려 들어가듯이 가라앉아서 지옥으로 들어가는 모습이 보였습니다. 땅에 역사하던 악한 영들이 다 지옥에 들어간 것은 아니고 일부는 남아서 바다 속을 떠다니는 시체들과 함께 해류에 섞여 떠다녔습니다. 하나님의 심판으로 죄에 대한 징벌이 임하였으니 그 죄를 주관하는 악한 영들도 징벌을 당하는 것은 당연합니다.

이렇게 방주 안과 방주 밖은 어둠과 고통에 잠긴 듯 비슷한 모습이었지만, 방주 안에는 생명과 구원이 있고, 방주 밖에는 죽음과 저주가 있다는 것이 달랐습니다. 하나님은 이것을 주목하여 보게 하셨습니다. 아무리 방주 안에 있다고 해도 바깥의 소리가 다 들리고 똑같이 어둡고 습한 곳에서 음식도 제대로 먹지 못하면서 오랜 시간을 보냈으니 참으로 괴로웠을 것입니다. 메튜 헨리는 그 상황을 이렇게 표현했습니다. “노아는 간신히 살아났다. 그는 사실상 생매장되었었다. 그는 좁은 곳에 유폐

되었고, 쏟아지는 비의 공포와 불어나고 있는 큰 물 그리고 죽어가고 있는 이웃들의 비명과 절규로 충격을 받았으며, 그의 마음은 황폐해져 심히 우울한 생각에 빠져 있었기 때문이다. 그러나 그는 자기 본분을 다해 구원의 길에 들어서 있다는 사실 때문에 스스로 위로했다." 이 사건은 비록 생명은 건졌지만, 방주 안에 있던 모두에게 큰 트라우마가 되었을 것입니다. 그들은 정말 죽음을 목전에 두고 있는 것처럼 느꼈을 것입니다. 그런데도 하나님은 당신을 의지하는 사람들을 끝까지 보호하시고 살리셨습니다.

이것을 통해 이 세상이 심판당할 때 하나님의 백성이라고 해서 심판에서 면제되거나 심판의 고통을 겪지 않는 것은 아니라는 사실을 깨달았습니다. 하나님은 당신의 자녀들을 죽게 하지 않고 살리시며 반드시 구원하신다는 것도 알게 되었습니다. 그러나 하나님을 떠나고 대적한 사람들은 하나님의 심판 때에 반드시 죽습니다. 그것이 바로 하나님의 섭리라는 것도 깨닫게 해주셨습니다. 마지막 때를 살고 있는 우리도 이 말씀을 통해 교훈을 받아야 합니다. 하나님은 심판 때에 당신의 사람들에게 피할 길을 주시고 생명을 끝까지 보호해주십니다. 그럼에도 고난이 있고 어려움도 있습니다. 심판이 초래하는 고난과 어려움을 다 겪지 않고 평안할 수는 없습니다. 다만, 똑같이 고난과 어려움을 당하더라도 하나님이 도와주시기에 평안할 수 있고, 하나님을 의지하므로 하나님이 이기게 하셔서 그로 인해 하늘에 상급을 쌓아주시는 것, 우리의 이름이 의인으로 생명책에 기록되는 것을 기대할 수 있는 것입니다.

세상 마지막 때에 이 땅에 하나님이 내리시는 여러 가지 심판이 임할 것입니다. 지금까지 성경에 나왔던 모든 재앙이 총집합하고 집대성된 듯한 재앙들이 있을 것입니다. 그러나 하나님은 당신을 믿는 자들을 위해 그 날을 감해주시겠다고 약속하셨습니다(마 24:22). 하나님의 심판을 피할 수 없으므로 그 심판을 미뤄주시거나 약하게 임하기를 기도해야 합니다. 덧붙여 그 심판 가운데서도 끝까지 믿음을 지키게 해달라고 기도하고, 주님이 함께해주셔서 잘 이기게 해달라고 기도해야 합니다. 하나님은 이기는 자에게 천국을 약속하셨습니다.

더 깊이 생각해보기

1. 하나님은 죄에 따라 심판하십니다. 좁게는 한 개인을, 넓게는 나라나 이 세상에 심판을 내리십니다. 혹시 나에게, 내 가정에, 교회에, 나라에 하나님의 심판이 임하고 있는 것은 아닌지 생각해보세요.

2. 지금 하나님의 심판을 당하고 있다면 나의 죄로 인한 것인가요? 아니면 나를 둘러싼 공동체의 죄 때문인데 그곳에 속했다는 이유로 함께 당하는 고난인가요?

3. 공의로운 하나님의 심판을 어떤 자세로 맞이하고 있나요? 그것으로 인해 원망과 불평이 생기거나 믿음에 시험이 들지는 않나요?

4. 하나님의 심판 속에서도 나와 나의 가정, 교회가 구원의 방주로 굳건히 세워지고 주님의 보호 아래 있다고 생각하나요?

5. 혹시 아니라면 어떤 부분이 부족해 가정과 교회가 구원의 방주로서 주님의 보호를 받지 못한다고 생각하나요?

6. 나의 가정과 교회를 주님의 보호하심을 받는 구원의 방주로 어떻게 만들 수 있을까요?

7장
물에 잠긴 땅

8장

심판 후 하나님의 진노가 풀림

하나님의 심판은 인간이 화가 나서 분을 쏟아내는 것과는 분명히 다릅니다. 그래서 공의의 하나님이신 것입니다. 7장과 8장에 나오는 홍수 심판의 전 과정으로 그것을 알 수 있습니다. 그리고 하나님은 멸망의 심판 앞에서 두려워하는 사람을 포함해 모든 생물을 안위하시는 사랑의 하나님의 모습도 보여주십니다.

방주 안의 사람들과 동물들은 생명은 건짐받았으나 사망의 골짜기를 지나는 듯한 괴로움을 겪고 있었다. 하나님은 심판을 다 행하시고 방주 안의 생명들을 기억하셨다. 심판의 천사들을 불러들이시고, 비를 그치게 하시며, 물이 줄어들게 하셨다. 깊은 산맥과 해저, 남극과 북극의 얼음으로 물이 줄어들었다. 노아는 까마귀와 비둘기를 통해 물이 줄어든 것을 알았고, 하나님의 명령에 따

라 방주에서 나왔다. 노아의 여덟 식구는 하나님께 속죄와 감사 제사를 드렸고, 하나님은 다시는 물로 세상을 심판하지 않겠다는 말씀으로 홍수 심판을 받고 두려움에 떨었던 모든 사람과 동물과 자연 만물을 위로하셨다.

첫 번째 장면

땅에서 물이 걷힘

"하나님이 노아와 그와 함께 방주에 있는 모든 들짐승과 가축을 기억하사 하나님이 바람을 땅 위에 불게 하시매 물이 줄어들었고 깊음의 샘과 하늘의 창문이 닫히고 하늘에서 비가 그치매 물이 땅에서 물러가고 점점 물러가서 백오십 일 후에 줄어들고 일곱째 달 곧 그 달 열이렛날에 방주가 아라랏 산에 머물렀으며 물이 점점 줄어들어 열째 달 곧 그 달 초하룻날에 산들의 봉우리가 보였더라 사십 일을 지나서 노아가 그 방주에 낸 창문을 열고 까마귀를 내놓으매 까마귀가 물이 땅에서 마르기까지 날아 왕래하였더라 그가 또 비둘기를 내놓아 지면에서 물이 줄어들었는지를 알고자 하매 온 지면에 물이 있으므로 비둘기가 발 붙일 곳을 찾지 못하고 방주로 돌아와 그에게로 오는지라 그가 손을 내밀어 방주 안 자기에게로 받아들이고 또 칠 일을 기다려 다시 비둘기를 방주에서 내놓으매 저녁때에 비둘기가 그에게로 돌아왔는데 그 입에 감람나무 새 잎사귀가 있는지라 이에 노아가 땅에 물이 줄어든 줄을 알았으며 또 칠 일을 기다려 비둘기를 내놓으매 다시는 그에게로 돌아오지 아니하였더라 육백일 년 첫째 달 곧 그 달 초하룻날에 땅 위에서 물이 걷힌지라 노아가 방주 뚜껑을 제치고 본즉 지면에서 물이 걷혔더니 둘째 달 스무이렛날에 땅이 말랐더라"(창 8:1-14).

하나님이 노아와 그와 함께 방주에 있는 모든 들짐승과 가축을 기억하시고 심판을 멈추셨습니다. 이제 땅이 다시 회복되기 시작합니다. 하나님이 기억하시는 자가 되는 것이 중요합니다. 애굽에서 이스라엘 백성이 노역하며 고생할 때 하나님은 아브라함과 이삭과 야곱에게 세운 언약을 기억하시고 모세를 보내셔서 애굽에서 나올 수 있도록 도우셨습니다. 반면에 하나님은 죄악을 기억하시고 심판하시기도 합니다(계 18:5). 할 수 있는 한 죄는 회개하여 씻어내서 하나님이 나의 죄악을 기억하시고 심판하시는 일이 없도록 해야 하고, 대신에 선행으로 하나님께 기억되어야 합니다.

오랜 시간 동안 작은 방주에 갇혀 제대로 먹지도 못하고 씻지도 못한 채 근심과 두려움에 떨며 잠도 제대로 못 자고 살았으므로 사람들과 동물들은 극심한 스트레스 상태에 있었습니다. 하나님의 진노 가운데 죽지는 않았지만, 죽음의 골짜기를 지나는 기분이었을 것입니다. 비가 그쳐서 창문을 열 수 있었지만, 작은 창 하나로 들어올 수 있는 햇빛은 얼마 되지 않았습니다. 또 나무로 만든 방주이므로 화재의 우려로 마음껏 불을 피울 수도 없었을 것입니다. 오랜 시간 햇빛도 없고 불빛도 없는 어둠 속에 갇힌 채 수많은 사람의 죽음과 이 땅의 멸망에 대한 부정적인 생각들에 시달리며 깊은 우울감에 빠졌습니다. 그 상황에서 할 수 있는 것은 오직 기도뿐이었지만, 언제 끝날지 모르는 하나님의 진노를 견디는 것은 아무리 믿음이 강해도 오래 견디기 어려운 고난이었을 것입니다. 하나님은 그들의 마음을 다 알고 계셨습니다. 그래서 이제 땅을 회복시키기로 하셨습니다.

이 땅에 가득했던 물이 마르는 과정을 살펴보겠습니다. 처음에 바람이 먼저 불었습니다. 이 바람은 단순한 자연 현상만이 아니라 성령님이 역사하신 것입니다. 산을 덮을 정도의 홍수가 났다면 단순한 바람으로 물이 밀려갈 수는 없습니다. 하나님의 능력의 바람, 성령의 바람이 불 때 불가능한 일이 일어나는 것입니다(양승훈). 이 세상을 창조하실 때에도 성령님이 운행하시면서 천지를 보호하시고 창조 사역에 동참하셨듯이 이 세상을 심판하실 때에도 성부 하나님이 혼자 하신 것이 아니고 다 같이 일하셨습니다. 그리고 다시 회복하실 때에도 함께 일하십니다.

하나님은 이 땅을 창조하실 때 "천하의 물이 한 곳으로 모이고 뭍이 드러나라"(창 1:9)라고 말씀하셨고, 그대로 이루어졌습니다. 하나님의 말씀은 하나도 땅에 떨어지지 않고 그대로 이루어지며, 영원하신 하나님의 말씀이므로 그 말씀은 영원합니다. 하나님이 심판의 도구로 물을 사용하셨기 때문에 잠시 물이 온 땅을 덮어 뭍이 드러나지 않았지만, 결국 하나님의 말씀대로 다시 물은 물러가고 뭍이 드러납니다. 하나님의 말씀은 이렇게 능력의 말씀입니다. 하나님은 심판이 끝났음을 알리시려고 성령을 보내십니다. 성령님은 창조 때 성부 하나님이 물은 모이고 뭍이 드러나라고 하신 말씀대로 이 땅이 회복될 수 있도록 역사하셨습니다. 성령님이 땅과 물이 제자리로 돌아갈 수 있도록 땅과 물에게 힘을 불어넣어 주시는 모습이 보였습니다. 성령님이 불어넣어 주신 힘이 없다면 땅과 물이 스스로 움직여 지금의 모습을 이룰 수 없습니다. 창조 때 성령님이 수면 위에 운행하셨던 것처럼 이번에도 수면 위로 운행하시며 일하시는 모습이 보였습니다. 성령님은 천사들과 함께 일하셨습니다. 성령님의 능력을 받은 물을 큰 천사들이 밀어내어 더 쉽게 움직일 수 있도록 도왔고, 또 그분의 능력을 받은 땅을 움직여 땅이 물과 분리될 수 있도록 도왔습니다.

또 하나님은 심판의 천사들을 멈추게 하셔서 화산을 잠잠하게 하시고 비도 더는 내리지 않도록 하셨습니다. 일을 마친 심판의 천사들은 다시 하늘의 보좌 앞으로 돌아갔습니다. 그리고 주님의 손이 하늘의 문을 닫는 모습이 보였습니다. 비구름에서 비가 다 쏟아졌고 비가 더는 내리지 않았지만, 가득한 물은 이미 땅을 완전히 덮었기 때문에 지구는 바다로 이루어진 행성처럼 보였습니다. 깊은 물 속에 잠긴 땅은 진흙 반죽처럼 풀어졌다가 다시 뭉쳐지면서 새롭게 변화되었습니다. 물속에서 계속 땅이 갈아엎어지면서 새롭게 자리를 잡았습니다. 이는 앞에서도 말했지만, 성령님이 성부 하나님의 말씀이 이루어지도록 역사하셨기에 이렇게 땅과 물이 움직인 것입니다.

궁창 위의 물로 인해 땅을 덮을 만큼 많아진 물을 담을 깊은 해저들과 높은 산맥들이 생겨났습니다. 전에는 대륙이 하나이고, 나머지는 다 물이며, 높은 산이 별로 없었습니다. 그런데 이제 땅에 높은 산맥이 많아지고, 대륙과 대륙 사이에 깊은 계곡이 생기며, 호수와 강들이 생기고,

더 깊은 계곡에는 바닷물이 들어와 대륙이 조금씩 나누어졌습니다. 그러나 연결된 부분도 있어서 대륙이 완전히 분리된 것은 아니고 반도와 같은 모습이 많이 보였습니다. 또 북극과 남극은 기온이 점점 낮아져서 물이 얼어가는 모습이 보였습니다. 바다는 여러 곳에 해구가 생기고, 대륙의 모습이 달라지며, 수온이 서로 달라지면서, 이로 인해 해류가 생겨나는 모습이 보였습니다. 여러 갈래로 물이 흐르면서 계속해서 조금씩 대륙의 모습이 달라졌습니다. 이런 과정을 거쳐서 물이 땅에서 물러나 땅과 물이 다시 분리되었습니다. 하늘에서 빛이 강하게 비추이는 모습이 보였습니다. 처음 물이 걷힌 땅은 진흙과 같았지만, 햇빛과 바람에 점차 말라갔습니다.

하늘의 창문들이 열리기 전에 깊음의 샘들이 터진 것처럼 닫힐 때도 그 순서대로 이루어졌습니다(랑게). 하나님의 홍수 심판은 이렇게 순차대로 이루어지고 순차대로 마무리되었습니다. 홍수가 시작될 때 먼저 큰 깊음의 샘들이 터지고 하늘의 창문들이 열려 비가 쏟아졌습니다. 이후 홍수로 땅이 다 잠겼습니다. 이제 홍수가 끝나는 모습을 보면 바람이 불고 깊음의 샘과 하늘의 창문이 닫히고 하늘에서 비가 그쳤습니다. 그리고 물이 땅에서 물러가 줄어들고 땅이 말랐습니다.

이렇게 하나님은 사람의 죄로 인해 벌을 내리시고 인류를 멸하는 심판을 하시는 데에도 단순히 분노로 혈기를 쏟아내시는 것이 아님을 확실히 보여주십니다. 사람은 화가 나면 대개 일방적으로 감정을 쏟아냅니다. 그래서 잘못이 없는 사람들에게 피해를 입히는 경우가 있습니다. 그리고 나에게 피해를 준 사람에게 혈기를 내더라도 내가 받은 것보다 더 많은 피해를 입혀야 속이 시원합니다. 그 정도로 사람은 속에 죄성으로 인한 포악함이 많아 그것이 건드려질 때 폭발하듯이 분노를 표출합니다. 그렇지만 하나님은 사람이 아니시고, 죄성이나 어떤 악도 없으셔서 하나님의 진노는 정당하고 합리적입니다. 그래서 누구나 다 수긍하고 받아들일 수밖에 없는 설득력이 있습니다. 누구도 그분에 대해 잘못을 지적하거나 따질 수 없습니다. 하나님의 진노는 하나님 나라의 정의와 공의를 바로 세우려는 것입니다. 그 모든 과정이 하나님의 계획 아래 논리적, 이성적, 순차적으로 이루어지므로 그것을 목격한 사람은 정말 하나님은 공정하시고 정확하시며 잘 이루셨다고 고백하게 됩니다. 하나님은 오래 참으시면서 여러 번 경고하셔서 회개할 기회를 주시고, 그래도 돌이키지 않으면 정확하게 사람이 지은 죄 만큼의 벌만 내리시고, 그것이 다 끝나면 다시 회복해주시기 때문입니다. 또 죄인이 회개하고 돌이키는 경우 언제든지 심판을 미루시거나 심판의 뜻을 돌이키십니다. 그래서 단순한 복수나 혈기가 아닌 것입니다.

노아는 창문을 열어 비가 그친 것을 보았고, 물이 줄어들어 산봉우리가 보이는 것을 확인했습니다. 그러나 시간이 지나서 물이 얼마나 더 줄었는지를 더 정확하게 확인하고 싶었습니다. 창이 하늘로만 나 있어서 방주 아래로 물이 얼마나 줄었는지 정확하게 볼 수 없었기 때문입니다. 그래서 밖을 정찰하고 돌아올 수 있는 새를 보내야겠다고 생각했습니다. 새가 밖으로 나갔을 때 물이 너무 많아서 뭍이 없다면 쉴 곳이 없어서 다시 방주로 돌아올 것이고, 땅이 나타나서 쉴 곳이 있다면 돌아오지 않을 것이니 그것으로 알 수 있다고 생각한 것입니다.

노아는 여러 새 중에서 먼저 까마귀를 내보냅니다. 파란 하늘, 흰 구름, 푸른 바다에서 검은색의 까마귀는 눈에 잘 띄어서 날아다니는 모습을 알아보기가 좋기 때문입니다. 그러나 까마귀는 주변을 날아다니며 왕래하는 모습은 잘 보였지만, 방주로 돌아오지는 않았습니다. 반짝이는 것을 좋아하는 까마귀가 물에 떠 있는 반짝이는 것을 보고 다가가니 시체의 장신구였습니다. 까마귀가 그 장신구들 위에서 시체를 쪼았습니다. 이렇게 돌아다니느라 방주로 돌아오지 않았습니다.

노아는 하나님께 기도한 후 돌아오지 않는 까마귀 대신 귀소본능이 좋은 비둘기를 내보냈습니다. 비둘기는 처음에는 그냥 돌아왔고, 다음에는 감람나무 잎을 물어왔으며, 그다음에는 돌아오지 않았습니다. 이 일로 노아는 땅에 물이 줄어들고 있음을 알게 되었습니다. 비둘기가 감람나무 새 잎을 물고 돌아왔는데 감람나무는 지중해에 많이 나는 올리브나무입니다. 아라랏산은 터키에 있는 산으로, 터키는 지중해 연안 나라입니다. 특히 올리브나무는 생명력이 강하고 척박한 환경에서도 잘 자랍니다. 햇빛이 강한 곳에서 잘 자라고 물이 적어도 잘 자라지만, 물을 좋아합니다. 대신 배수가 잘되는 땅에서 잘 자랍니다. 지금 홍수로 인해 온 땅에 물이 차 있던 상황이었고, 이제 조금씩 물이 빠지며 강한 햇빛으로 물이 마르는 중이었습니다. 그런 상황에서 생명력이 강하고 물과 햇빛에 강한 식물들이 새롭게 땅에 나기 시작했습니다. 그중에 올리브나무도 있었을 것이라고 짐작할 수 있습니다. 유대인들은 올리브나무를 이스라엘의 회복과 하나님의 축복하심에 대한 상징으로 많이 사용하므로 하나님도 비둘기가 올리브나무 잎을 발견하여 물고 가도록 하신 것입니다.

평화의 상징인 비둘기와 생명과 회복의 상징인 올리브나무 잎의 조화는 하나님의 심판이 끝났으므로 이제 이 땅에 평화가 임할 것이고, 황폐했던 모습에서 회복되어 생명이 다시 가득하게 될 것을 보여줍니다.

노아는 비둘기가 돌아오지 않자 물이 걷힌 것을 깨닫고 자기 눈으로 직접 확인하기 위해 방주 뚜껑을 열고 내다보았습니다. 그러자 물이 걷혀 있었습니다. 이 방주 뚜껑은 방주로 들어가는 입구도 아니고 밖을 내다보는 창문도 아닙니다. 방주의 갑판 위로 올라갈 수 있도록 천장에 만든 문을 말합니다. 2층에서 내부 사다리를 통해 천장의 문을 열어 재치면 방주의 지붕이면서 갑판인 곳이 나오는 것입니다.

방주의 모습을 보면 선체는 상자 모양으로 2층으로 나뉘어 있고, 1층의 긴 옆면 중앙으로 문이 나 있습니다. 몸집이 크고 무거운 동물은 대부분 높이가 높은 1층에 배치되었습니다. 층을 오르내리는 사다리가 방주의 가운데와 양 끝에 있고, 2층에는 사람이 사는 곳과 중간 크기의 동물이 배치되었고, 3층은 새와 곤충, 작은 동물이 배치되었습니다. 보통 갑판 위쪽에 배의 선장실이 있는 것처럼 노아의 방주도 선체 위로 따로 층을 높여 만들었습니다. 3층 앞쪽에는 위에서 1규빗 크기로 창문을 냈습니다. 3층은 바람은 잘 통하지만 비는 들어오지 못하도록 대각선으로 틈을 많이 냈습니다. 3층 뒤쪽에는 2층에서 올라와 갑판으로 나갈 수 있는 문이 있어서 그 문을 열고 나오면 갑판을 돌아다닐 수 있게 했습니다. 방주의 지붕과 3층을 잘 만들기 위해 밖으로 나와 작업할 수 있도록 이렇게 천장에 뚜껑을 달았던 것입니다.

그동안 땅에 물이 많았고, 물속의 땅이 갈아엎어졌으며, 깊은 해구와 산맥이 생기면서 해류가 불안정해서 배가 많이 흔들렸습니다. 그러다가 높은 산인 아라랏산에 배가 걸려서 머무르게 된 것입니다. 물이 줄어들었지만 산 아래로는 여전히 물이 많았고, 땅은 질어서 배가 불안정했습니다. 그래서 함부로 뚜껑을 열고 밖으로 나와 확인할 수 없었습니다. 먼저 새를 보내서 물이 줄어든 것을 확인한 후 밖으로 나와서 직접 본 것입니다. 물이 물러간 후 진흙과 같은 땅에 햇볕이 강하게 쬐자 며칠 만에 땅이 말랐습니다. 산꼭대기에 걸렸던 방주는 물이 빠지면서 그보다 아래로 내려와 경사진 곳에 안착했습니다.

두 번째 장면

방주에서 나옴

“하나님이 노아에게 말씀하여 이르시되 너는 네 아내와 네 아들들과 네 며느리들과 함께 방주에서 나오고 너와 함께 한 모든 혈육 있는 생물 곧 새와 가축과 땅에 기는 모든 것을 다 이끌어내라 이것들이 땅에서 생육하고 땅에서 번성하리라 하시매 노아가 그 아들들과 그의 아내와 그 며느리들과 함께 나왔고 땅 위의 동물 곧 모든 짐승과 모든 기는 것과 모든 새도 그 종류대로 방주에서 나왔더라”(창 8:15-19).

하나님은 노아에게 방주에서 나오도록 말씀하신 후 단단히 닫아두셨던 문을 열어주셨습니다. 방주를 보호하고 있던 빛의 보호막도 서서히 사라졌습니다. 이 본문은 노아에게 하신 말씀입니다. 그가 대표로 하나님의 말씀을 듣고 가족과 동물에게 전해주어 그들이 방주에서 나오게 하시려는 것입니다. 노아가 하나님의 말씀을 가족에게 전하자 그들과 함께 방주 안의 모든 동물이 다 밖으로 나왔습니다. 방주 안의 동물이 밖으로 나올 수 있도록 노아의 가족이 도와주었습니다.

홍수 심판을 생각하면서 방주에서 나오는 것을 두려워하는 동물도 있었습니다. 그 동물들은 방주 안에 있었지만, 자신의 가족과 친척들이 홍수로 다 죽은 것을 알고 있었습니다. 방주 밖에서 그들이 죽어가는 소리에 괴로웠고, 자칫 잘못하면 자신도 그렇게 죽을 수 있었다는 공포에 떨며 많이 괴로웠을 것입니다. 방주 밖의 세상은 죽는 곳이라는 두려움으로 각인되었을 것입니다. 방주 안에 있어야 생명을 보존할 수 있다는 강한 인식 때문에 밖으로 나갈 수 없었을 것입니다. 그리고 설령 방주를 나간다고 해도 세상에서 살다가 다시 사람들의 죄로 인해 세상이 멸망할 수도 있음을 생각하면 세상에 나가는 것이 두려웠을 것입니다. 그러므로 동물들은 방주 밖으로 나가려고 하지 않았습니다. 노아의 가족은 그런 동물들을 부드러운 말로 타이르고 먹이로 유인하면서 그들이 나올 수 있도록 도와주었습니다. 그리고 하나님이 약속하신 말씀으로 인해 안심할 수 있었을 것입니다. 동물들을 방주로 데려왔던 천사들이 다시 와서 그들이 안심하고 밖으로 나올 수 있도록 인도해주었습니다. 새들과 곤충들은 창문을 통해 3층에서 바로 나갔고, 1층 문으로 큰 동물부터 차례로 밖으로 나왔습니다.

하나님은 다시 모든 혈육 있는 생물이 땅에서 생육하고 번성하리라고 말씀하시며 복을 내려주십니다. 이는 방주에서 나온 노아의 가족과 모든 생물에게 하신 말씀입니다. 이제 새로운 세상이 펼쳐졌습니다. 이곳을 하나님의 자녀들과 동물들이 채우고, 만방에서 하나님을 찬양하는 소리가 울려 퍼지도록 해야 합니다. 나라는 주권, 영토, 백성으로 이루어집니다. 온 세상은 하나님이 창조하셨으므로 하나님의 주권 아래 있습니다. 그러나 하나님의 백성이 하나님이 만드신 온 땅에 퍼져 있어야 진정한 하나님의 나라가 됩니다. 그래서 하나님도 당신의 백성에게 생육하고 번성하도록 복을 내리신 것입니다. 하나님의 약속의 말씀이 빛이 되어 이 땅으로 내려오는 모습이 보였고, 그 빛 한 줄기 한 줄기가 방주에서 나온 사람들과 동물들의 배에 꽂히듯 들어가서 머물렀습니다. 배에 들어간 빛은 생명을 생산하는 생식기 부근에 머물면서 임신과 출산이 잘 이루어질 수 있도록 돕는 모습이었습니다. 동물들이 산에서부터 퍼져나가 자신들이 살기 좋은 땅으로 이동하면서 많은 새끼를 낳았고, 또 그 새끼들이 자라 또 주변 땅으로 퍼져서 동물이 점점 땅 곳곳으로 퍼져나갔습니다.

세 번째 장면

하나님의 진노가 풀림

"노아가 여호와께 제단을 쌓고 모든 정결한 짐승과 모든 정결한 새 중에서 제물을 취하여 번제로 제단에 드렸더니 여호와께서 그 향기를 받으시고 그 중심에 이르시되 내가 다시는 사람으로 말미암아 땅을 저주하지 아니하리니 이는 사람의 마음이 계획하는 바가 어려서부터 악함이라 내가 전에 행한 것 같이 모든 생물을 다시 멸하지 아니하리니 땅이 있을 동안에는 심음과 거둠과 추위와 더위와 여름과 겨울과 낮과 밤이 쉬지 아니하리라"(창 8:20-22).

방주에서 나온 노아가 여호와께 제단을 쌓고 정결한 짐승과 새 중에서 제물을 취하여 번제를 드렸습니다. 아담의 아들들이 제사드릴 때 제단이 필요 없었던 것은 에덴에서 하나님이 아직 사람과 함께 계셨기 때문입니다. 홍수로 심판하실 때 에덴은 이미 파멸되었고, 그분이 계시는 곳은 옮겨져서 하늘에 있는 보좌에 좌정하셨습니다. 이제부터는 거기에서 사람에게 당신을 나타내실 것입니다(케일).

노아가 드린 이 번제는 사람의 죄로 더러워진 이 세상으로 말미암아 진노하신 하나님의 마음을 누그러뜨리기 위한 속죄의 의미가 있습니다. 하나님을 떠나 우상을 숭배하고 음란과 포악함을 드러냈던 모든 사람이 죽고 죄는 비와 함께 씻겼으니, 이제 용서하시고 하나님과의 관계가 다시 회복되기를 바라는 마음이 담겨 있습니다. 그리고 노아와 가족과 동물들이 그 멸망 속에서 살아났으므로 구원에 대한 감사의 마음이 담겨 있습니다. 이제 다시 하나님이 새로운 땅에서 생육하고 번성할 수 있도록 복을 약속하신 것에 대한 감사의 마음도 포함되어 있습니다. 이 모든 마음을 보시고 여호와 하나님이 노아의 제사를 향기로 받으셨습니다. 이렇게 새 세상에서 인간이 처음으로 행한 일은 예배였습니다. 이스라엘이 망한 다음 포로에서 돌아와 새로운 나라를 시작할 때에도 제일 먼저 번제를 드렸습니다. 이제 우리는 번제가 아니라 찬양의 제사와 의의 제사로, 경건한 교제로 우리의 감사를 표현해야 합니다(매튜 헨리).

노아가 돌 제단에 어린 양과 새들을 바치며 기도하니 하늘에서 불이 떨어져서 제물을 태웠습니다. 흐린 하늘을 가르며 밝은 빛이 내려왔는데 그 가운데로 주님의 얼굴이 살짝 보였습니다. 제물을 받으신 여호와 하나님이 마음 중심에 있는 생각을 말씀하십니다. 이는 온 세상을 향하여 하신 말씀입니다. 노아를 비롯한 사람에게만이 아니라 모든 동물을 포함한 피조세계와 영적인 세계까지도 다 듣도록 선포하시는 말씀입니다. 그 내용은 다시는 사람으로 말미암아 땅을 저주하지 않으시겠다는 것입니다.

세상의 모든 생물이 사람의 죄로 말미암아 멸망했으므로 하나님의 진노를 감당한 모든 피조물은 사람의 죄로 또다시 이런 멸망이 올 것을 두려워하고 있었기 때문입니다. 언제든지 사람의 죄로 죽을 수 있다는 두려움과 그런 죄를 짓는 사람에 대한 원망과 증오의 마음이 가득한 상태였습니다. 사람들이 다시 죄를 지어 하나님의 진노가 또 내려올까 숨죽이며 떨고 있는 모습을 보시고 하나님은 이렇게 약속하신 것입니다. 사람이 마음으로 계획하는 바가 어려서부터 악하기 때문에 전에 행한 것 같이 모든 생물을 다시 멸하지 않을 것이라고 말씀하십니다. 생물들이 증오하고 있는 사람이 원래 악하다고 하시면서 그들의 마음을 알아주시고, 그러므로 사람들 때문에 모든 생물이 멸망하는 일이 없을 것을 약속해주심으로써 그들이 안심할 수 있게 해주시는 것입니다. 또 심판을 행하는 데 동원되는 천사들도 하나님의 뜻을 알아야 하므로 영적 세계에도 이 말씀이 선포되도록 하셨습니다

하나님은 이렇게 인간의 죄로 멸망한 모든 것에 대해 애도하고 안위하신 후 새롭게 형성된 땅이 이전 땅과 다르게 변화된 부분이 있으므로 모든 생물이 새 환경에 적응할 수 있도록 그 부분에 대해 알려주십니다. 바로 땅이 있을 동안 심음과 거둠, 추위와 더위, 여름과 겨울, 낮과 밤이 쉬지 않고 계속된다는 것입니다.

하나님이 처음 만드신 지구에서는 비가 내리지 않고 땅에서 아지랑이만 올라왔고, 기후가 항상 온화해 봄과 같았습니다. 추운 겨울과 더운 여름이 따로 없었습니다. 땅이 비옥하고 햇빛과 바람과 물도 적당해서 식물이 항상 잘 자랐고, 쉬지 않고 열매를 맺었습니다. 그래서 식물

을 심는 때와 거두는 때가 따로 정해져 있지 않았습니다. 언제든지 심으면 잘 자랐고, 일정 기간이 지나면 추수할 수 있었기에 농사짓는 일이 지금보다 쉬웠습니다. 그러나 이제는 봄, 여름, 가을, 겨울의 사계절이 생겼고, 추위와 더위가 있으며, 식물을 심어야 하는 때와 거두는 때가 생겼습니다. 낮과 밤은 원래 있었지만, 낮과 밤의 기온차가 달라졌습니다. 이는 이 땅의 모든 생물이 새롭게 적응해야 할 큰 변화입니다. 특히 추운 겨울과 더운 여름을 견디는 것은 아주 고된 일입니다. 추운 겨울은 열매도 없고 풀도 나지 않는 극한 환경이기 때문에 겨울을 나는 것이 보통 일이 아닙니다. 그런 더위와 추위를 겪어본 적 없다가 갑자기 당하게 되었으므로 어떻게 대비해야 하는지 몰라서 몇 해는 시행착오 속에서 많은 동물이 죽었을 것입니다. 동물들이 겨울을 나기 위해 여름에 음식을 저장하거나 몸에 축척해두어 겨울을 견디는 일이 이때부터 시작되었습니다.

새롭게 변화된 환경을 이기고 생육하고 번성해야 하므로 하나님이 이 말씀을 하시면서 모든 생물에게 지혜와 지식의 은사도 함께 내려주셨습니다. 또 잘 적응해서 살 수 있도록 생물들의 몸, 즉 가죽과 털과 뼈와 근육 등이 더욱 강건해지도록 은혜를 내려주셨습니다.

더 깊이 생각해보기

1. 하나님이 노아와 방주 속의 동물들을 기억하셔서 심판을 끝내셨습니다. 지금 하나님은 나를 어떤 모습으로 기억하실지 생각해보세요.

2. 하나님의 진노의 날을 줄이고 회복의 때를 속히 맞이하려면 어떻게 해야 할까요?

3. 진노의 자리에서 건지셔서 하나님의 자녀로 삼으시고 복을 주신 하나님께 얼마나 감사하고 있나요?

4. 육신을 입고 이 땅에 사는 이상 추위와 더위, 고난과 역경을 겪을 수밖에 없습니다. 결국 하나님의 도우심 없이는 살 수 없는 환경입니다. 나는 얼마만큼 하나님을 의지하고 있습니까?

5. 구원의 방주 되신 주님이 우리를 인도하셔야 평탄한 인생을 살 수 있습니다. 그런 주님의 인도하심을 잘 따라가고 있습니까?

9장
피와 무지개와 포도주

하나님의 심판이 끝났지만, 살아남은 사람과 동물은 너무나 소수입니다. 그들은 심판에서 구원받았지만, 상처와 죽음의 공포가 깊이 박혀 있었습니다. 너무나 엄청난 홍수 심판을 경험했기에 노아와 가족은 일종의 정신적 트라우마 상태로 구름이 조금만 끼어도 또 홍수가 오지는 않을까 전전긍긍했을 것입니다(양승훈). 게다가 새로운 환경에서 생육하고 번성해나가는 것이 쉬운 일이 아니었습니다. 하나님은 그들을 위로하시고 새롭게 시작할 수 있도록 힘을 주십니다. 그리고 새로운 환경에서 살기 위한 새로운 법칙을 만들어주십니다. 또한 하나님의 구원을 기억하게 하는 증거를 통해 하나님을 기억하며 살도록 하셨지만, 여전히 죄성으로 가득한 사람은 이 세상의 지배권을 가진 사탄에게 유혹받고 다시 죄에 빠지는 연약한 모습을 보입니다. 그로 인해 새롭게 되었던 이 땅은 다시 죄로 더러워지고, 그만큼 사탄의 지배 영역이 넓어지게 되었습니다. 마지막 때까지 이 땅은 계속해서 지옥화가 될 것이고, 최후의 심판을 피할 수 없을 것입니다.

하나님은 사람과 동물들이 새로운 땅에서 다시 번성하도록 축복하셨다. 동물과 적대관계가 된 사람을 위해 하나님은 동물들이 사람을 두려워하도록 하시고, 사람의 피가 흐르는 일이 없도록 경고의 말씀을 주셨다. 하나님의 형상을 닮은 영혼과 육체를 가진 사람은 너무나 존귀한 존재이기 때문이다. 하나님은 홍수를 두려워하는 모든 사람과 동물과 자연 만물에게 다시는 사람의 죄로 인해 물로 이 땅을 멸망시키지 않겠다고 약속하시며 그 증표로 무지개

를 보여주신다. 무지개는 심판의 도구였던 활을 거꾸로 든 모습과 같다. 노아의 식구는 새로운 땅에서 다시 농사를 지으며 살게 되었는데 포도를 수확한 후 발효된 포도주로 인해 노아가 추태를 보이게 되었다. 이 모습을 목격한 함은 이를 소문냈고, 셈과 야벳은 아버지의 치부를 가려주었다. 잠에서 깨어난 노아는 셈과 야벳을 축복하고 함의 아들 가나안을 저주했는데, 이는 후에 그들의 자손에게 일어날 일을 예언적으로 선포한 것이었다.

첫 번째 장면

다시 축복하시는 하나님

"하나님이 노아와 그 아들들에게 복을 주시며 그들에게 이르시되 생육하고 번성하여 땅에 충만하라 땅의 모든 짐승과 공중의 모든 새와 땅에 기는 모든 것과 바다의 모든 물고기가 너희를 두려워하며 너희를 무서워하리니 이것들은 너희의 손에 붙였음이니라 모든 산 동물은 너희의 먹을 것이 될지라 채소 같이 내가 이것을 다 너희에게 주노라 그러나 고기를 그 생명 되는 피째 먹지 말 것이니라 내가 반드시 너희의 피 곧 너희의 생명의 피를 찾으리니 짐승이면 그 짐승에게서, 사람이나 사람의 형제면 그에게서 그의 생명을 찾으리라 다른 사람의 피를 흘리면 그 사람의 피도 흘릴 것이니 이는 하나님이 자기 형상대로 사람을 지으셨음이니라 너희는 생육하고 번성하며 땅에 가득하여 그 중에서 번성하라 하셨더라"(창 9:1-7).

방주에서 나온 노아와 가족은 새로운 땅, 새로운 환경에서 어떻게 살아야 하는지에 대해 하나님께 들으려고 기다렸습니다. 그들은 하나님께 순종하는 마음으로 담담하게 서서 말씀에 귀를 기울였습니다. 하나님이 노아와 그 아들들에게 복을 주시며 다시 말씀하셨습니다. 1절의 "생육하고 번성하여 땅에 충만하라"는 말씀은 창세기 1장 28절에서 하신 "하나님이 그들에게 복을 주시며 하나님이 그들에게 이르시되 생육하고 번성하여 땅에 충만하라, 땅을 정복하라, 바다의 물고기와 하늘의 새와 땅에 움직이는 모든 생물을 다스리라 하시니라"는 말씀과 비슷합니다. 그런데 "땅을 정복하라, 바다의 물고기와 하늘의 새와 땅에 움직이는 모든 생물을 다스리라"는 말씀은 없습니다. 대신 "땅의 모든 짐승과 공중의 모든 새와 땅에 기는 모든 것과 바다의 모든 물고기가 너희를 두려워하며 너희를 무서워하리니 이것들은 너희의 손에 붙였음이니라"라는 말씀으로 바뀌었습니다. 하나님이 땅을 정복하고 모든 생물을 다스리는 복을 주지 않으신 것은 이제 이 땅의 주인이 사람이 아니기 때문입니다. 그리고 모든 생물과 사람이 원수관계가 되었기 때문입니다.

사람들의 죄로 인해 이 땅의 모든 생물이 하나님의 홍수 심판을 받았습니다. 동물들이 새로운 땅에 유전될 수 있도록 선택된 소수의 동물 외에는 다 물로 심판받아 죽었습니다. 동물들은 사람 때문에 동족을 잃어버리고 죽음의 공포를 겪었습니다. 그리고 이제 추위와 더위와 외로움과 배고픔을 견디며 새로운 땅에서 적응해나가야 합니다. 그러니 사람이 원망스럽고 증오스러웠을 것입니다. 또 언제 사람들의 죄로 자신들도 하나님의 진노를 받고 죽을지 모른다는 공포심에 떨고 있었습니다. 하나님이 인정하셨듯이 사람은 어려서부터 악하여 죄를 지을 수밖에 없기 때문입니다. 그러므로 언제든지 사람의 죄로 이 땅이 오염되면 또 그 땅에 하나님의 심판이 임하여 그 땅의 생물이 다 멸망하는 일이 벌어질 수 있습니다. 하나님은 사람의 죄로 모든 생물을 멸하는 심판을 하지 않겠다고 약속하셨지, 국지적인 심판을 하지 않겠다는 말씀은 아니었기 때문입니다.

또 동물들은 영적인 것을 볼 수 있는 눈이 있습니다. 그래서 발람 선지자의 나귀가 천사를 보고 피했습니다. 동물들은 사람들을 보고 하나님을 믿지 않고 죄가 많아서 악한 영들이 많이 덮여 있는지, 아니면 하나님을 믿고 은혜를 받는 사람인지를 구분할 수 있습니다. 그래서 악한 영들이 많이 역사하는 악한 사람에게는 그로 말미암아 자신들이 하나님의 진노에 휩쓸릴까 봐 두려워서 그를 싫어하고 공격해서 자신들의 땅에서 몰아내고 싶어 합니다. 또 반대로 동물 중에 악한 영들에게 오염되어 그 영들이 많이 덮여 있는 동물들은 그 영들의 충동으로 하나님의 사람들을 공격하려고 합니다.

하나님은 "모든 산 동물은 너희의 먹을 것이 될지라 채소 같이 내가 이것을 다 너희에게 주노라"(3절)라고 말씀하십니다. 하나님은 처음에 세상을 창조하셨을 때 사람과 동물들의 먹을 것으로 풀과 곡식, 나무 열매를 주셨습니다. 그러나 노아의 홍수 이후 계절과 기후가 변화되어 겨울에는 먹을 것이 없게 되었고, 그러자 동물들은 서로를 잡아먹을 수밖에 없게 되었습니다. 특히 사람도 식물만 먹으면서 추운 겨울을 나는 것이 어려워졌습니다. 이로써 생태계에 큰 변화가 일어났고, 동물들의 먹이사슬이 시작되었습니다. 사람을 포함해 모든 동물이 먹고사는 문제로 치열하게 경쟁하게 되었습니다. 기후가 좋고, 열매를 많이 얻을 수 있으며, 잡아먹을 수 있는 연약한 동물도 많은 땅에서조차 살기 위해 영역 다툼이 일어나게 되었고, 자신이 보다 잘 살아남을 수 있는 땅으로 퍼져나가게 되었습니다. 그러나 생존경쟁에서 살아남지 못한 동물은 잡아먹히고 결국 멸종하게 되었습니다.

이렇게 처음 창조 때 사람과 동물 사이에 있던 조화가 사라진 까닭에(랑게), 동물과 사람은 서로를 죽이려고 공격하는 대립관계에 서게 되었습니다. 이 대립관계는 단순히 먹이사슬의 문제만이 아니라 원초적 생존본능과 영적인 부분까지도 얽혀 있는, 쉽게 해결할 수 없는 문제입니다. 사실 하나님은 첫 사람 아담에게 모든 생물의 이름을 지어주게 하셨습니다. 그리고 그들을 다스릴 권위를 주셔서 아담은 생물들을 이끄는 지도자로서 그들과 영적으로 대화하고 교제했습니다. 그러나 죄성으로 더럽혀진 사람들에게서 하나님의 영이 떠나시고 사람의 영성이 흐려졌습니다. 생물들과 영적으로 대화를 나누지 못하게 되면서 어떻게 그들을 다스려야 하는지도 잊어버렸습니다. 그리고 이제는 동물들이 사람을 증오하게 되면서 문제가 커졌습니다. 동물들과 사람 사이에 적대관계가 형성된 것입니다. 동물들이 사람을 두려워하지 않는다면 사람을 보기만 해도 온 힘을 다해 공격할 것이기 때문에 하나님이 이렇게 하신 것입니다. 사람보다 덩치가 크고 이빨과 발톱이 날카로우며 힘이 좋은 동물이 많기 때문에 사람에게 위협이 될 수 있습니다. 그런 동물들이 함부로 사람을 공격한다면 사람이 살아남는 것은 요원한 일입니다.

하나님은 당신의 형상대로 창조하신 사람을 여전히 사랑하십니다.

물론 육체의 모습도 하나님의 형상인 성자를 닮았지만, 특히 우리의 영혼은 더욱 하나님을 닮았습니다. 하나님은 우리의 영혼을 하나님의 빛, 생명으로 창조하셨고, 각 사람의 태어나는 때와 장소에 하늘에서부터 내려보내십니다. 빛으로 둘러싸여 하늘에서 내려온 사람의 영혼은 그가 태어날 가정, 어머니의 뱃속으로 들어가 육체와 하나가 됩니다. 하나님은 모든 영혼을 다 창조하셨기에 그 영혼을 다 아시고 사랑하십니다. 결국 사람이 살해하지 못할 하나님의 형상이 된 이유는 사람의 가치가 너무 높아서 형용할 수 없다는 말과도 같습니다(박윤선).

하나님의 아들로 지음받은 사람이 자신이 다스려야 하는 동물들에게 쫓겨 다니다가 죽는다면 너무나 비참한 일입니다. 그래서 하나님은 동물들이 사람을 두려워하고 무서워하도록 하셨습니다. 하나님의 섭리로 동물들은 사람을 두려워하므로 사람이 가까이 가서 공격하면 어쩔 수 없이 반격하지만, 그렇지 않은 경우 몰려가서 먼저 사람을 공격하지 않게 되었습니다. 그들이 사람에게 품고 있는 원망과 증오를 생각하면 이는 놀라운 일입니다. 이것은 하나님이 그들 속에 사람에 대한 본능을 각인해두셨기에 가능한 일입니다. 하나님은 동물을 지으실 때부터 사람의 다스림을 받는 위치로 창조하셨기 때문에 하나님이 동물들의 그 부분을 건드리셔서 사람을 보면 본능적으로 두려워하도록 하신 것입니다. 하나님의 형상으로 창조된 사람이 다스려야 하는 동물들에게 오히려 승복하고 끌려다니며 두려워해서는 안 됩니다. 사람은 죄로 인해 왕의 자리에서 내려왔지만, 여전히 하나님의 자녀입니다. 하나님을 의지하여 이 땅을 정복하고 다스리는 왕으로서의 모습을 회복해야 합니다.

하나님은 사람에게 동물을 잡아먹는 것을 허락하시면서 "고기를 그 생명 되는 피째 먹지 말 것이니라 내가 반드시 너희의 피 곧 너희의 생명의 피를 찾으리니 짐승이면 그 짐승에게서, 사람이나 사람의 형제면 그에게서 그의 생명을 찾으리라 다른 사람의 피를 흘리면 그 사람의 피도 흘릴 것이니"(4-6절)라고 말씀하십니다. 동물을 잡아먹어도 되지만 피를 먹는 것은 금지하시고, 또 사람의 피를 흘려서 그의 생명을 해하는 것을 금지하셨습니다. 이 말씀으로 피가 얼마나 중요한지를 강조하셨습니다.

피가 생명이라는 말씀은 생명의 근원인 천국의 생명수를 생각하면 이해하기 쉽습니다. 하나님의 보좌에서부터 생명수가 흘러나와 온 천국에 흐릅니다. 이 생명수로 인해 천국의 모든 존재가 생명을 얻고 영생합니다. 그리고 사람 몸의 중심인 심장에서부터 피가 온몸으로 흘러서 몸의 모든 부분에 생명을 전달합니다. 그래서 사람이 살 수 있는 것입니다. 우리 몸의 70퍼센트가 물이기 때문에 우리 몸에서 물이 부족해지면 죽습니다. 몸에 물이 충분히 있어야 생명이 유지되는데, 이는 심장을 통해 온몸으로 뻗어 있는 혈관에 피가 순환하면서 온몸에 생명을 공급합니다. 생명인 피는 우리 몸에서 쉬지 않고 원활하게 순환해야 합니다. 그래야 온몸이 생명을 얻고 건강을 유지할 수 있습니다. 이 피가 제대로 돌지 않거나 피가 밖으로 흘러나와 부족해진다면 우리는 생명을 잃어버리고 죽게 됩니다. 이는 동물도 마찬가지입니다. 사람과 동물도 천국의 모형으로서 천국을 닮게 만들어졌습니다. 그래서 가장 중심인 심장에서 온몸으로 생명이 되는 피를 전달하는 모습이 닮았습니다. 그러므로 동물의 피를 먹지 말고 사람의 피도 흘리지 말아야 하는 것입니다. 이는 천국의 모형을 깨뜨리는 것이고, 하나님이 세우신 영적 질서를 어지럽히는 일입니다.

특히 동물은 피를 먹지만 않으면 죽여도 되고 먹어도 되지만, 사람은 피를 흘리는 일 자체를 금하신 것은 같은 천국의 모형이더라도 그만큼 사람이 더욱 중요한 존재라는 것을 알게 해줍니다. 영적으로 보면 하나님은 사람의 심장 부근에 하늘의 생수를 공급해주십니다. 가슴 부위에 심령의 그릇이 있어서 이 그릇에 생수가 흘러넘치면 항상 기쁘고 감사한 삶을 살 수 있습니다. 또 주변 사람에게도 그 생수를 나누어줄 수 있어서 이렇게 생수가 넘치는 사람의 곁에 있으면 기쁘고, 그 사람과 대화하며 교제할 때 하나님의 은혜와 사랑을 체험할 수 있게 됩니다. 그러므로 생수가 넘치는 사람은 주변에 선한 영향력을 끼칠 수 있습니다. 이것은 하나님의 영광을 드러내는 일이고 하나님의 선한 역사에 동참하는 일입니다. 우리는 가슴으로 하늘보좌에서 내려오는 하나님의 생명을 공급받아서 다른 사람에게 나누어주는 은혜의 통로가 되어야 합니다. 이것이 하나님의 형상을 닮아 하나님의 자녀 된 우리가 마땅히 해야 하는 사명입니다. 바로 작은 예수의 모습입니다. 그래서 다른 사람의 피를 흘리는 것은 그의 육신의 생명을 해하는 일이지만, 그의 영혼의 생명도 해하는 일입니다.

그리고 가슴 부위에 은혜가 많으면 환상이 잘 열립니다. 가슴은 환상의 통로입니다. 하나님의 은혜가 들어오는 통로가 머리, 가슴, 배 부분이라고 앞에서 이야기했는데, 이 세 가지 통로는 하나로 연결되어 있기 때문에 어느 한 곳이라도 은혜가 많이 들어오면 다른 곳에 좋은 영향을 미칩니다. 그래서 꼭 가슴으로 은혜가 많이 들어와야 환상이 잘 열리는 것은 아니지만, 가슴에 하나님의 은혜가 많이 들어오면 열린 가슴으로 더욱 깊이 있게 하나님을 만나고 느낄 수 있기 때문에 중요합니다. 속사람이 가슴에 있어서 가슴으로 주님과 만나고 깊은 교제를 나눌 수 있습니다. 영적으로 가슴이 활짝 열리면 그곳으로 천국이 보입니다. 성령님의 불도 보통 가슴으로 강하게 들어오는데, 이때 가슴, 등, 배가 다 뜨거움을 느낍니다. 강한 은사를 받으면 능력 있게 악한 영들의 훼방과 공격을 이기고 사역을 잘 감당할 수 있습니다. 이렇게 우리는 하나님의 은혜를 충만히 받아서 나도 생명이 넘치고 다른 사람도 생명이 넘치도록 하며, 생명을 잉태하여 생육하고 번성해 하나님의 나라를 확장해나가야 합니다.

하나님은 사람의 피를 흘리지 말아야 할 이유로 사람이 하나님의 형상이기 때문이라고 말씀하십니다. 하나님이 처음 만드신 아담의 모습이 하나님의 형상을 그대로 닮은 사람의 가장 원형의 모습입니다. 살인죄는 영을 대항하는 것으로, 그 영에는 신적 유사성 그 자체가 나타나기 때문입니다(랑게). 하나님의 형상인 사람이 피를 흘린다는 것은 하나님의 형상을 깨뜨려서 온진히 하나님의 형상으로 남아 있지 못하도록 만드는 죄입니다. 감히 피조물이 창조주이신 하나님의 형상을 깨뜨리는 것은 하나님께 반역하는 것과 같습니다. 그 벌로 하나님의 형상인 가해자도 똑같이 피를 흘리고 하나님의 형상을 잃어버릴 것입니다. 이게 저주입니다. 하나님의 형상인 사람은 하나님의 대리자이기 때문에 그의 생명은 신성한 것입니다. 즉, 사람에 대한 모든 공격은 창조주에 대한 모욕이며, 궁극적인 형벌을 받을 만한 것입니다(고든 웬함).

하나님은 당신의 사람을 핍박하고 해하는 당신의 적을 절대 두고 보지 않으십니다. 반드시 그 포악을 갚으십니다. 하나님의 사람은 하나님이 맡겨주신 사명을 다 감당하여 많은 상급을 쌓고 하늘나라에 가야 합니다. 그런 하나님의 사람이 맡은 사명을 다 감당하지 못한 채 중간에 하나님을 대적하는 사람에게 살해당해 하늘나라에 간다면 그는 더 많은 상급을 쌓을 기회를 잃어버리게 됩니다. 물론 하나님의 계획이 그 일로 어그러지지는 않겠지만, 그만큼 지연되게 됩니다. 이는 큰 죄입니다.

만약 살해당한 사람이 하나님을 믿지 않는 사람이라면 그나마 그 피를 흘린 사람의 죄가 작을 것입니다. 그러나 문제는 그 사람이 그때 죽지 않고 더 살았다면 복음을 받아들여 구원받고 하나님의 사람이 되었을 수도 있는 것입니다. 그는 그 기회를 잃어버리고 지옥에 가게 되었을 것입니다. 피해자는 정말 큰 피해를 입은 것입니다. 결국 피를 흘린 사람은 그 사람의 육신만이 아니라 영혼까지 죽인 것입니다. 하나님을 믿은 후에 죽었다면 그나마 영혼은 구원을 받으니 다행지만, 영혼까지 지옥에 떨어져 완전한 죽음으로 영원한 형벌 가운데 있게 되었으니 자신을 죽인 자를 지옥에서 심히 원망하고 증오할 것입니다. 이로 인하여 피를 흘린 자는 더욱 무거운 죄의 짐을 지게 될 것입니다.

하나님은 당신의 창조물이 영원하신 하나님과 마찬가지로 영원히 그대로 있기를 바라십니다. 성전에서도 하나님이 주신 불을 꺼뜨리지 않고 오직 그 불로 제사를 드렸던 것과 같이 하나님이 창조하신 법칙 그대로 영원히 지속되어야 합니다. 그것을 통해 하나님의 아름답고 영원한 속성이 드러나기를 바라시는 것입니다. 그래서 하나님의 가족으로서 하나님 나라의 상속자, 하나님 나라의 대리 왕인 사람에게 하나님이 창조하신 이 땅을 맡기시면서 하나님 나라를 잘 다스리라고 말씀하셨습니다. 그 말씀에 순종해 하나님 나라가 처음 창조된 아름다운 모습 그대로 잘 지키고 유지하는 것이 사람의 사명입니다. 그래서 모든 자연 만물도 처음 만드신 그대로 지켜나가고 동물들도 생육하고 번성할 수 있도록 왕으로서 도우며 잘 다스려야 합니다. 그리고 하나님의 형상인 사람의 모습도 그대로 지켜가야 합니다. 그러나 사람은 이 역할을 제대로 하지 못했습니다. 사탄의 말을 들음으로 이 세상을 다스릴 권한을 빼앗기고, 동물들과는 적대관계가 되었으며, 하나님의 형상이 아닌 사람의 형상을 자녀에게 물려주게 되었습니다.

그러나 하나님은 어그러진 하나님 나라를 다시 회복하시기를 원하십니다. 그래서 하나님은 당신이 회복시키실 때까지 우리 스스로 최대한 하나님의 형상을 지켜나가도록 이 명령을 주신 것입니다. 동물을 잡아먹어도 되지만, 피는 먹지 말고 사람의 피는 흘리지 말아야 합니다. 레위기를 보면 피를 흘리는 병에 걸리면 부정하다고 했습니다. 다른 사람의 피가 흐르도록 한 사람은 자신도 피를 흘리게 될 것이고, 이로 인해 부정하게 되어 저주받게 됩니다. 이런 부정과 저주는 주님의 피로 말미암아 깨끗해집니다. 더러운 기름으로 오염된 것은 깨끗한 기름으로 닦아내야 지워지듯이 피로 인한 더러움은 피로써 깨끗해지는 것입니다. 짐승의 피를 흘리게 해 속죄 제사를 지냈던 것은 결국 주님의 피를 상징하는 것입니다. 죄 용서는 오직 주님의 십자가 보혈로 이루어집니다.

두 번째 장면

언약하시는 하나님

“하나님이 노아와 그와 함께 한 아들들에게 말씀하여 이르시되 내가 내 언약을 너희와 너희 후손과 너희와 함께 한 모든 생물 곧 너희와 함께 한 새와 가축과 땅의 모든 생물에게 세우리니 방주에서 나온 모든 것 곧 땅의 모든 짐승에게니라 내가 너희와 언약을 세우리니 다시는 모든 생물을 홍수로 멸하지 아니할 것이라 땅을 멸할 홍수가 다시 있지 아니하리라 하나님이 이르시되 내가 나와 너희와 및 너희와 함께 하는 모든 생물 사이에 대대로 영원히 세우는 언약의 증거는 이것이니라 내가 내 무지개를 구름 속에 두었나니 이것이 나와 세상 사이의 언약의 증거니라 내가 구름으로 땅을 덮을 때에 무지개가 구름 속에 나타나면 내가 나와 너희와 및 육체를 가진 모든 생물 사이의 내 언약을 기억하리니 다시는 물이 모든 육체를 멸하는 홍수가 되지 아니할지라 무지개가 구름 사이에 있으리니 내가 보고 나 하나님과 모든 육체를 가진 땅의 모든 생물 사이의 영원한 언약을 기억하리라 하나님이 노아에게 또 이르시되 내가 나와 땅에 있는 모든 생물 사이에 세운 언약의 증거가 이것이라 하셨더라”(창 9:8-17).

하나님이 이번에는 노아의 가족과 후손, 또 방주에서 나온 땅의 모든 짐승에게 언약을 세우시겠다고 말씀하십니다. 그 언약은 다시는 모든 생물을 홍수로 멸하지 않겠다는 것입니다. 사람과 동물들만이 아니라 홍수로 피해를 본 것은 지상에 사는 모든 생물과 지구 자체였습니다. 그러므로 하나님은 지구 전체를 당신이 언약하시는 대상으로 삼으셨습니다(서철원). "내가 구름으로 땅을 덮을 때에 무지개가 구름 속에 나타나면"(14절)이라고 말씀하셨는데, 그 구름으로 땅을 덮는 날이 마지막 때를 말씀하시는 것은 아닙니다. 마지막 때에는 온 세상이 심판받을 것이지만 홍수로 멸하시는 것이 아니므로 이는 구름이 하늘에 가득하고 땅이 어두워지며 비가 내릴 때를 말합니다.

다시 말하지만, 땅을 멸한 대홍수 전에는 비가 내리지 않았고, 홍수 이후에는 지속적으로 비가 내릴 것이기 때문에 말씀하신 것입니다. 이제부터는 간간이 비가 올 것이지만, 그 비가 노아 때 온 땅을 멸한 것처럼 대홍수를 일으키지는 않을 것이라고 알려주시는 것입니다. 그래서 앞으로 비가 올 때마다 걱정하지 않도록 알려주신 것입니다. 지금도 홍수가 나거나 태풍이 몰려오기 전에 동물들이 열심히 피하는 것을 보면 노아 홍수 때의 멸망이 동물들의 본능에 박혀 있는 것이라고 볼 수 있습니다(서철원). 그러나 이것은 온 땅을 멸하는 대홍수가 없을 것이라는 말씀이기 때문에 국지적으로 일어나는 홍수는 포함되지 않습니다.

땅의 모든 짐승은 하나님이 이미 "내가 다시는 사람으로 말미암아 땅을 저주하지 아니하리니 이는 사람의 마음이 계획하는 바가 어려서부터 악함이라 내가 전에 행한 것 같이 모든 생물을 다시 멸하지 아니하리니"(창 8:21)라는 말씀을 들었습니다. 그러나 하나님은 다시 한번 말씀하시면서 "다시는 모든 생물을 홍수로 멸하지 아니할 것이라 땅을 멸할 홍수가 다시 있지 아니하리라"(11절)라고 두 번 반복해 말씀하십니다. 그만큼 확실한 약속이라는 것입니다. 그리고 이번에는 그 언약에 대한 증거를 주십니다. 바로 "무지개"입니다. 언약을 할 때에는 그것을 기억하고 지킬 수 있도록 증거물이 필요합니다. 여기서 하나님과 모든 생물 사이의 언약의 증거가 바로 무지개입니다. 시내산에서 하나님과 이스라엘 민족의 대표로 나온 모세 사이에 하나님은 이스라엘의 하나님이 되시고 이스라엘은 하나님의 백성이 되기로 언약할 때에도 증거물이 있었는데, 바로 십계명 돌판입니다. 그래서 이를 증거판이라고 하고 그것을 둔 궤를 언약궤 혹은 증거궤라고 불렀습니다.

깊은 샘들이 터지면서 구름이 생성되었고, 하늘의 창문이 열리면서 비가 쏟아져 홍수가 일어나 온 땅이 멸망당했습니다. 구름과 비는 하나님이 심판하시는 도구였습니다. 그러므로 온 땅은 구름과 비를 볼 때마다 하나님의 심판을 생각하게 되고, 다시 멸망당할지 모른다는 두려움에 빠질 수밖에 없습니다. 그러나 그사이에 무지개가 나타난 것을 온 땅이 보면 하나님의 언약을 생각하고 안심하게 되는 것입니다. 또 진노하신 하나님이 무지개를 보실 때는 언약을 기억하셔서 심판을 참으시게 되는 것입니다. 그래서 죄로 인한 두려움으로 하나님과의 사이가 멀어졌을 때 하나님과 온 땅 사이를 무지개가 연결해주게 됩니다. 비가 아무리 많이 쏟아진다고 해도 모든 생물이 멸망하고 온 땅이 망하는 심판은 다시는 없을 것이라는 믿음을 무지개를 보면서 갖게 될 것입니다. 그래서 구름과 비를 보고, 빗소리와 천둥소리가 들려올 때 홍수 심판의 트라우마가 떠오르겠지만, 무지개를 보면서 극복할 수 있게 됩니다.

무지개를 뜻하는 히브리어에는 '활'이라는 의미가 있습니다. 하나님이 비를 내리실 때 하나님의 심판의 천사가 활시위를 당겨 이 땅에 하나님의 진노가 쏟아지도록 했습니다. 그로 인해 모든 생물이 멸망했습니다. 영적인 세계를 아는 모든 존재는 이것을 다 보고 깨달았을 것입니다. 하나님이 이 땅을 심판하시려고 멸망의 화살을 쏘았으나 이제 그 심판은 끝났고, 다시는 그렇게 하지 않으시겠다는 의미로 활을 거꾸로 해서 보여주신 것이 무지개입니다. 무지개는 하나의 활이지만 위를 향하고 있으며, 이 땅을 향하고 있지 않습니다. 계약의 표인 이 활은 위안을 주려는 것이지 두려움을 주려는 것이 아니기 때문입니다(매튜 헨리). 하나님이 쏘시는 심판의 활에 대한 두려움을 거꾸로 된 활을 보여주심으로써 우리를 안심시켜주시는 것입니다. 사람의 죄로 인해 땅을 향하여 날아오던 진노의 화살은 이제 하늘을 향해 날아가게 되었고, 이는 주님이 십자가 위에서 죽으시고 창에 찔려 물과 피를 다 쏟아내시는 모습으로 나타납니다. 그래서 거꾸로 된 활인 무지개는 앞으로 사람의 죄를 대신해 심판받으시고 형벌당하실 주님을 예표하는 것으로 볼 수 있습니다. 하나님이 심판 이후 노아와 함께 새로운 언약을 맺으셨듯이, 주님 이후 인류는 새로운 언약 가운데로 들어갑니다.

하나님은 언약의 증거로 무지개를 말씀하시면서 실제 무지개를 보여주십니다. 이때는 비가 그친 지 오래되었고 땅을 마르게 하려고 강하게 햇볕을 내려보내셨으므로 증발한 수증기들이 하늘에 구름이 되어 떠 있을 때였으므로 쉽게 무지개를 보여주실 수 있었습니다. 그러나 이 세상에 지금까지 무지개가 한 번도 없었으므로 하나님이 보여주시는 것이 무지개임을 직접 알려주지 않으셨다면 아무도 몰랐을 것입니다.

하나님은 말씀만이 아니라 실물 교육을 해주십니다. 심판의 천사들이 화살을 쏘던 활을 들고 와서 그것을 거꾸로 드는 모습을 보여주면서 무지개는 하나님의 심판이 끝났음을 보여주는 증표임을 눈으로 목격하게 해주는 모습이 보였습니다. 그들이 거꾸로 된 활로 빛나는 화살을 하늘을 향해 쏘자 하늘에서 화살이 폭죽처럼 터지면서 하늘이 하나님의 빛으로 가득 차고, 하나님의 은혜와 사랑과 위로가 온 세상으로 퍼져나갔습니다. 그러자 사람과 동물과 식물과 온 땅과 하늘, 천사들까지 모두가 기뻐하고 감사하며 하나님께 영광을 돌렸습니다. 하나님의 심판을 목격한 모두는 하나님에 대한 두려움으로 긴장하고 위축되며 경직되어 있다가 이제야 진정 하나님의 진노가 풀렸고, 하나님과의 관계가 다시 회복되었음을 깨닫고 모두가 안심하며 즐거워했습니다. 모든 피조물이 기쁨으로 하나님 앞에서 그분의 공의와 자비와 구원의 능력과 위대하심을 찬양했습니다.

사람들은 하나님의 사랑받는 자녀로 태어난 사람만 귀하게 생각하고 하나님도 사람만 위하실 것으로 생각합니다. 그러나 하나님은 당신의 나라 전체를 다 생각하시고 귀하게 여기시며 보호하시고 다스리십니다. 하나님의 나라는 하나님의 자녀로 지음받은 사람을 포함해 하나님이 만드신 모든 피조물을 가리킵니다. 다시 말하지만, 하나님 나라의 모든 피조물이 다 살아 있고 하나님을 찬양하며 경배합니다. 하나님은 동물들을 만드실 때 영혼을 넣어 보내시지 않았기 때문에 그들은 죽은 후 천국에 가지 않고 그것으로 생이 끝나지만, 그래도 하나님은 동물들을 사랑하십니다. 땅, 물, 공기, 식물이 다 마찬가지입니다. 그러므로 하나님은 당신 나라의 모든 존재를 위로하시고 언약해주시는 것입니다.

하나님의 진노가 임할 때는 멸망당한 곳만 두려워하는 것이 아닙니다. 그것은 천국을 포함해 하나님 나라 전체가 요동하며 모두가 두려워하는 큰 사건입니다. 하나님 나라는 하나님의 빛, 하나님의 생명으로 하나로 연결된 유기체이기에 어느 한 곳이 고통과 신음에 빠져 있다면 모든 곳이 다 아픈 것입니다. 만왕의 왕이신 하나님이 근심하시는데 어떻게 하나님의 다스림을 받는 백성이 편할 수 있겠습니까? 만주의 주이신 하나님이 진노하신다면 하나님의 울타리 안에 있는 모든 존재가 그 진노의 음성에 떨지 않을 수 없는 것입니다. 그래서 우리는 항상 하나님 나라, 하나님의 공동체를 의식하면서 살아야 합니다. 나 한 사람의 문제로 하나님 나라, 하나님의 교회, 하나님의 공동체가 다 근심할 수 있고, 하나님의 진노를 받을 수 있습니다. 내가 바로 서서 하나님과의 관계를 회복하고 나를 통해 하나님 나라, 교회, 공동체가 평안할 수 있도록 노력해야 합니다. 더 나아가 내 주변의 모든 사람도 그렇게 되도록 도와주어서 다른 사람으로 인해 나와 내 가족, 내 교회, 내 기업, 내 나라가 피해를 입지 않도록 해야 합니다.

세 번째 장면

포도주로 벌어진 일

"방주에서 나온 노아의 아들들은 셈과 함과 야벳이며 함은 가나안의 아버지라 노아의 이 세 아들로부터 사람들이 온 땅에 퍼지니라 노아가 농사를 시작하여 포도나무를 심었더니 포도주를 마시고 취하여 그 장막 안에서 벌거벗은지라 가나안의 아버지 함이 그의 아버지의 하체를 보고 밖으로 나가서 그의 두 형제에게 알리매 셈과 야벳이 옷을 가져다가 자기들의 어깨에 메고 뒷걸음쳐 들어가서 그들의 아버지의 하체를 덮었으며 그들이 얼굴을 돌이키고 그들의 아버지의 하체를 보지 아니하였더라 노아가 술이 깨어 그의 작은 아들이 자기에게 행한 일을 알고 이에 이르되 가나안은 저주를 받아 그의 형제의 종들의 종이 되기를 원하노라 하고 또 이르되 셈의 하나님 여호와를 찬송하리로다 가나안은 셈의 종이 되고 하나님이 야벳을 창대하게 하사 셈의 장막에 거하게 하시고 가나안은 그의 종이 되게 하시기를 원하노라 하였더라 홍수 후에 노아가 삼백오십 년을 살았고 그의 나이가 구백오십 세가 되어 죽었더라"(창 9:18-29).

홍수 이후 새로운 땅이 펼쳐졌지만, 사탄의 공작은 아직 끝나지 않았습니다. 사탄은 사람들을 다시 죄로 물들여 자기가 이 땅을 지배하려는 야욕을 품고 있었습니다. 사탄이 첫 사람 아담을 선악과로 타락시켜 이 세상을 자신의 지배 아래에 넣었던 것처럼 심판 후 새롭게 된 땅을 다시 자신이 지배하려고 노아에게 접근한 것입니다. 사탄이 이번에는 포도주를 이용해 노아를 유혹하고 죄에 빠지도록 계획합니다.

노아가 마신 포도주에 사탄이 어떻게 역사했는지를 환상으로 보았습니다. 사탄은 창고에서 발효되고 있는 나무통에 담긴 포도들 속에 악한 영들을 넣어두고 농익을 때까지 기다렸습니다. 포도주 냄새가 창고 안에 가득 찼을 때 노아가 포도주를 발견하고 맛을 보고는 달콤한 맛과 속이 뚫리는 듯한 시원함에 통째로 들고 자신의 장막으로 가서 마셨습니다. 노아는 마실수록 더 마시고 싶게 기분을 고양해주는 맛에 멈추지 않고 계속 마셨습니다. 그의 속에 있던 아직 다 회개되지 않은 죄성과 포도주 속에 있던 악한 영들이 그가 마실 때 몸속으로 들어가 자리 잡은 후 그가 포도주를 더 마시고 취하도록 부추겼습니다. 기분이 좋을 때 그만 마실 수 있었는데, 술로 정신이 몽롱한 상태였던 노아는 속에서 계속 마시라고 유혹하는 악한 영들에게 쉽게 넘어가서 절제하지 못하고 계속 마셨습니다. 그러다 보니 통에 있던 포도주를 다 마시게 되었습니다. 그제야 포도주를 마시던 행동을 멈추었지만, 이미 술에 취한 상태였고, 온몸에 피가 빨리 돌면서 덥다는 생각에 옷을 다 벗었습니다. 목이 말라서 다시 포도주를 찾으며 장막 안을 돌아다니다가 벗어놓은 옷에 발이 걸려서 바닥에 쓰러졌고, 일순간 어지러움을 느끼다가 이내 잠이 들었습니다. 홍수가 일으킨 그 많은 물로도 해하지 못한 노아가 적은 양의 포도주로 보장되지 않은 행동을 해서 손해를 입었습니다(랑게).

사실 노아의 홍수 이전에는 기후가 좋아서 시기와 상관없이 열매가 계속 맺혔기에 오랫동안 저장할 필요가 없었습니다. 그러나 노아의 홍수 이후 열매 맺는 시기가 정해졌기 때문에 열매를 거둔 다음 오랫동안 먹을 수 있는 저장 방법을 고안해야 했습니다. 처음부터 포도주를 만들지는 않았을 것입니다. 포도를 오랫동안 저온으로 저장해두니 저절로 발효되어 생긴 것을 먹어보면서 점점 포도주가 발전했을 것입니다. 노아도 마찬가지였습니다. 노아는 포도주를 만들 생각이 없었고 이전에 한 번도 먹어본 적이 없었기 때문에 포도주를 먹었을 때 몸에 어떤 영향을 주는지 알지 못했을 것입니다. 그래서 저장해둔 포도가 발효된 것을 보고 놀라서 맛을 보았는데 맛이 좋아서 계속 먹다 보니 취하게 된 것입니다. 또 처음 포도주를 마셔본 것이므로 취하는 것이 무엇인지 알지 못했고, 결국 자신을 통제하지 못하게 된 것입니다. 그래서 술기운에 몸이 더워지니까 옷을 벗고 장막 안에서 곯아떨어진 것입니다. 노아가 술을 만들어서 마시고 취하려는 의도는 전혀 없었지만, 그의 죄성으로 말미암아 그의 속에서 충동질한 악한 영으로 인해 술을 절제하지 못하고 취하도록 마셔서 치부를 드러내고 말았습니다. 이것이 문제입니다. 포도주가 생겨난 더 근본적인 원인은 사람이 죄를 지어 사람이 살기에 좋았던 홍수 전의 환경에서 지금의 기후로 변하여 열매를 저장하면서 생겨난 것입니다. 이런 죄성을 기반으로 사탄이 포도주에 역사할 수 있었습니다.

아담이 선악과를 먹고 타락한 이후 세상에 죄가 들어오고, 그 죄는 아담의 자녀들에게 이어져 세상이 죄로 물들게 되었습니다. 그런데 이제 노아도 포도주를 먹음으로 그의 자녀들에게도 죄가 내려와 이 세상은 다시 죄로 물들게 되었습니다. 아담의 죄로 비롯된 죄의 관영화로 이 땅이 홍수로 심판을 받았는데, 노아의 죄로 비롯된 죄의 관영화로 이 땅은 마지막 때 완전한 심판을 받고 불로 소멸하게 될 것입니다.

사탄이 사람들을 유혹할 수단으로 포도주를 사용한 이유가 있습니다. 물론 포도가 발효되면서 생겨난 알코올 성분을 분석하여 과학적 논리로 생각할 수도 있지만, 이를 영적으로 보면 사탄의 의도가 있습니다. 생명인 피에 대해 앞에서 설명했는데 포도주는 피와 비슷합니다. 또 덩굴처럼 구부러지며 자라는 포도나무의 모습은 뱀을 닮은 악한 영과 모습이 비슷합니다. 사탄은 하나님과 같이 되는 것이 목적입니다. 그래서 지옥에서도 보좌에 앉아서 휘하의 모든 악한 영과 사람들을 지배하면서 하나님처럼 행세하고 싶어 합니다. 사탄은 천사를 가장해 사람들을 유혹합니다. 생명나무를 본 따 선악을 알게 하는 나무로 하와를 유혹해 죄에 빠지게 했고, 이번에는 생명인 피 대신에 포도주를 이용해 노아를 죄에 빠지게 한 것입니다. 하나님이 만드신 좋은 것들을 비슷하게 모방해 거짓된 것으로 사람들을 속이고 유혹해 죄에 빠트리는 것이 사탄이 주로 사용하는 계략입니다.

피는 생명이고 포도주는 가짜 생명입니다. 피가 심장에서 뿜어져 나와 온몸을 돌 때 산소와 영양분을 전달해 생명을 유지시킵니다. 이때 영적으로는 하나님이 주신 생수가 심장으로 내려와서 피와 함께 몸을 돌면서 몸과 영혼에 진정한 생명을 전달해주고, 또 하나님의 은혜 속에 잠기게 해 기쁨과 감사함으로, 또 무엇이든 할 수 있다는 자신감이 생겨 능력 있게 살 수 있게 됩니다. 그런데 포도주는 색깔도 피와 비슷하고 효과도 비슷하지만 가짜 생명입니다. 우리에게 생수가 넘치면 힘이 나고 기쁘고 즐거운 것처럼 포도주를 마시면 힘이 나고 기쁘고 즐거워집니다. 스스로 무언가 대단한 사람이 된 것처럼 자신감이 생기고, 두려움이 사라지며, 얽매여 있던 모든 걱정과 근심이 사라진 느낌을 받습니다. 그러나 생수와 다르게 포도주는 너무 많이 마셔서 취하게 되면 이성이 흐려지고 악한 본성이 절제가 되지 않고 드러나게 됩니다. 이렇게 이성이 흐려지고 본성이 드러날 때 사람의 속에 있는 죄성이 드러나고, 그 죄성을 조장하여 악한 영들이 죄를 짓도록 유혹합니다. 그래서 술을 마신 후 범죄하는 경우가 종종 있습니다. 또한 악한 영들은 사람이 술에 중독되게 만듭니다.

하나님의 생수를 공급받아서 기쁨이 넘치고 힘이 나는 일은 죄인에게 일어나기가 어렵습니다. 깊은 회개의 시간과 하나님께 가까이 나아가는 기간이 필요합니다. 그러나 술에 취하면 생수와 비슷한 고양감을 쉽게 느낄 수 있습니다. 그것을 한 번 경험하면 계속 느끼고 싶기 때문에 계속 술을 마시고 싶게 됩니다. 또 그 속에 있는 악한 영들이 충동질하므로 더욱 술에 중독되는 것입니다. 많은 사람이 알코올 중독으로 인생이 망가지고 있습니다. 그래서 하나님은 술에 취하지 말고 성령에 취하라고 말씀하십니다. 성령님이 진정한 하늘의 생수를 공급해주시기 때문입니다.

노아의 아들 세 명이 소개되는데, 유독 함이 가나안의 아버지로 계속 지칭됩니다. 왜 함이 노아의 치부를 드러내어 그의 화를 사는 행동을 했는지 그리고 함의 잘못된 행동으로 가나안이 노아에게 저주를 받는데 왜 함의 아들 중에서 가나안이 거론되는지를 살펴볼 필요가 있습니다.

함은 하나님의 홍수 심판에 대해 므두셀라와 라멕, 노아에게 들으면서 자랐습니다. 하나님의 심판으로 이 땅이 완전히 멸망할 것을 어려서부터 들었기에 이에 대한 두려움이 있었습니다. 또 노아는 하나님과 동행하면서 여러 가지 계시를 많이 받았고, 노아가 들은 하나님의 말씀이 이루어지는 것을 목격하면서 함은 하나님의 사람인 노아에 대한 두려움을 가지고 있었습니다. 그래서 노아가 함께 방주를 만들어서 홍수 심판에 대비하자고 할 때 순종한 것입니다.

여덟 명이 거대한 방주를 만드는 데는 시간이 오래 걸렸습니다. 물론 노아의 가족만 이 일을 한 것은 아니었습니다. 당시 노아의 집에는 하인이 많이 있었기 때문입니다. 노아에게는 땅과 가축이 있어서 이를 도와줄 사람이 필요했기에 사람들을 불러와서 삯을 주고 일을 시켰습니다. 또 방주를 짓는 일에도 도와줄 사람을 불러와서 삯을 주고 일을 시켰습니다. 그러나 당시 대부분의 사람은 방주를 짓는 일을 어리석다고 생각했으므로 그 일을 함께해주는 사람이 적었습니다. 그렇게 오래 방주를 짓는 동안에도 비가 내릴 전조는 전혀 없었고, 다른 많은 사람이 즐겁게 놀면서 자유를 누리며 사는 것을 본 함은 그들을 부러워했습니다. 방주를 만드는 동안 때때로 불만이 생겼고 의심도 들었으며, 다 버리고 떠나고 싶은 충동도 생겼지만, 하나님의 심판을 생각하면서 억누르고 산 것입니다.

홍수 심판 이후 함의 억눌러왔던 욕망이 속에서 올라오기 시작했습니다. 함은 어떻게든 아버지에게서 벗어나서 자유롭게 살고 싶은 생각에 기회만 엿보고 있었습니다. 그러다가 아버지의 치부를 발견한 순간 희열을 느꼈습니다. 참았던 욕망들이 터져 나오면서 이제 때가 되었다고 생각했습니다. 아버지도 이렇게 술에 취해 방탕한 모습을 보이는데 자신이 사람들과 어울려 노는 것이 안 될 이유가 없다고 생각하고는 이제 자신의 자유를 찾겠다고 생각한 것입니다. 전부터 세상을 좋아하고 세상을 좇아 살고 싶어 하는 그의 마음을 사탄이 알고 충동질한 것입니다. 함은 이 일을 확실하게 하려고 아버지의 치부를 형제들에게 알렸습니다. 가족 모두가 알아야 자신이 자유롭게 행동하는 것에 대해 아무도 뭐라고 할 수 없을 것이기 때문입니다.

함의 말을 들은 셈과 야벳은 겉옷을 어깨에 메고 아버지의 장막에 뒷걸음질로 들어가서 아버지의 몸에 옷을 덮어드리고 나옵니다. 뒷걸음질로 들어간 것은 아버지의 몸을 보지 않으려고 노력한 것입니다. 그렇게 아버지의 치부를 가려준 셈과 야벳은 노아의 축복을 받고, 함의 잘못에 대해서는 함의 아들 가나안이 저주를 받습니다. 함에게 저주를 내리지 않은 것은 방주에서 나올 때 하나님이 노아의 가족에게 축복하셨는데 그 중에 함도 포함되었기 때문입니다. 하나님이 복 주신 자(창 9:1)를 사람이 저주할 수는 없습니다(정동진). 그래서 함이 아닌 함의 아들 중에서 누군가가 저주를 받아야 했습니다. 그런데 함의 아들 중에서 가나안이 거론되며 저주를 받은 것은 그가 함의 좋지 않은 부분을 가장 많이 닮은 아들이기 때문입니다.

함은 체격이 좋고 힘이 세며, 욕심이 많고 지기 싫어하며 공격적인 성격을 가졌습니다. 놀기를 좋아하고 허세도 많으며, 사람을 거느리는 것을 좋아했습니다. 세상 사람들과 같이 인생을 즐기면서 자유롭게 살고 싶었는데 두려움에 억눌려 있었습니다. 그러나 두려움은 해소되었고, 더불어 아버지의 치부를 발견하자 하나님의 사람으로서 하늘처럼 높게 보이던 아버지가 별 거 아닌 것처럼 느껴졌습니다. 그래서 아버지의 권위에 눌려 있던 삶에서 벗어나 자신의 욕망을 펼쳐보려는 욕심으로 그런 일을 저질렀습니다. 이 사건 이후 그는 아버지의 저주에 반감을 품고 더욱 엇나가서 제멋대로 살게 됩니다.

가나안은 아버지가 지은 죄 때문에 저주를 받지만 자신의 결점 때문에 속죄하는 듯합니다. 바꾸어 말하면, 가나안이 저주를 받은 것은 아버지의 죄뿐 아니라 그의 죄 때문에 더 중한 형벌을 받는 것인 듯합니다(요한 크리소스토무스). 가나안은 아버지 함을 가장 많이 닮은 막내로 함의 사랑을 많이 받는 아들이었습니다. 그는 아버지의 사랑 속에서 기고만장하여 버릇이 없었습니다. 어려서부터 욕심이 많았고 형제간에 다툼이 잦았습니다. 자신이 형들보다 뛰어나다고 생각하면서 그런 자신이 동생이라는 것이 못마땅해서 형들을 이기고 싶어 했기에 형들과 자주 다투었습니다. 자존심이 세고 자기중심적이어서 자기가 원하는 대로 하려고 고집을 부렸고, 원하는 대로 되지 않으면 자주 분란을 일으켰습니다. 그렇게 문제를 만들고 다녔기에 그가 있는 곳은 항상 시끄럽고 소란스러웠습니다. 그러면서도 미안하게 생각하거나 부끄러워하거나 반성하는 모습이 없고, 도리어 안하무인이었습니다. 가나안은 벌써부터 불경건했고, 악한 일에 있어서 자기 아버지의 발자국을 따라가고 있었습니다(헹스텐벅).

노아는 계속 잘못된 방향으로 나아가는 가나안의 모습을 보면서 그가 잘못하는 일들을 안타까워하면서도 경계했습니다. 그런 중에 이런 일이 벌어지자 이 일을 계기 삼아 앞으로 셈의 후손과 야벳의 후손과 함의 후손 중 가나안의 후손이 어떻게 될지를 말해줌으로써 그가 자신을 돌아보고 돌이킬 기회를 주고자 한 것입니다. 노아는 가문의 가주로서 책임을 느끼고 이것이 반드시 해야 할 일이라고 생각한 것입니다.

아무리 악한 사람이라도 그의 악함을 깨닫고 돌이킬 수 있는 기회를 주어야 합니다. 그가 돌이키면 좋지만, 돌이키지 않아서 자신의 죄로 지옥에 가더라도 자신에게 기회가 있었음을 알아야 하나님의 공의를 깨달을 것이기 때문입니다. 우리는 하나님의 공의를 세우기 위해서라도 모든 사람에게 복음을 전해야 합니다.

노아의 축복과 저주는 단순히 자신의 치부를 덮어준 데 대해 좋은 마음으로 복을 빌어주고, 또 치부를 드러낸 데 대해 복수하는 마음으로 저주를 빈 것이 아닙니다. 이 사건은 단순히 계기가 되었을 뿐, 이런 사건이 일어나지 않았다고 하더라도 노아가 죽기 전에 이런 내용의 예언적 유언을 남겼을 것이 분명합니다. 물론 이 시기가 그런 때였을 것입니다. 19절에서 이미 노아의 세 아들을 통해 많은 사람이 온 땅에 퍼졌다고 말했고, 이 사건 이후 노아의 죽음에 대해 언급하고 있기 때문입니다. 결국 노아는 죽기 직전 자녀에게 유언을 남겨야 하는 시기가 왔는데 마침 이런 사건이 벌어졌고, 하나님께 자녀의 후손들이 어떻게 될지를 듣고 또 환상으로도 보아서 알고 있었던 것을 그대로 전해준 것입니다. 즉, 노아의 말은 그의 말이 아니라 하나님이 노아를 사용하셔서 말씀하신 것입니다. 이는 이삭이 죽기 전에 야곱과 에서에게 해주었던 예언적 기도와 같고, 또 야곱이 열두 아들에게 유언한 예언적 기도와도 같습니다.

그래서 노아의 유언은 셈과 함과 야벳을 통해 퍼져나갈 인류의 미래, 특히 이스라엘과 가나안 족속과의 관계를 알려주는 말씀이었습니다. 셈의 후예인 이스라엘은 후에 가나안의 일곱 족속을 몰아내고 가나안 땅을 차지합니다. 하나님이 가나안 족속을 멸하라고 명하실 때 "오직 네 하나님 여호와께서 네게 기업으로 주시는 이 민족들의 성읍에서는 호흡 있는 자를 하나도 살리지 말지니 곧 헷 족속과 아모리 족속과 가나안 족속과 브리스 족속과 히위 족속과 여부스 족속을 네가 진멸하되 네 하나님 여호와께서 네게 명령하신 대로 하라 이는 그들이 그 신들에게 행하는 모든 가증한 일을 너희에게 가르쳐 본받게 하여 너희가 너희의 하나님 여호와께 범죄하게 할까 함이니라"(신 20:16-18)라고 말씀하셨습니다. 그들의 우상숭배가 너무나 극심하여 하나님은 혹시라도 이스라엘 백성이 가나안에서 살게 되면 그들의 우상숭배에 물들 것이 걱정되셔서 그들을 한 사람도 남기지 말고 모두 진멸하라고 하신 것입니다. 그 정도로 가나안 족속은 죄가 많았습니다. 가나안은 노아의 경고에도 불구하고 깊이 회개하고 돌이키지 못하고 계속해서 죄를 쌓으며 살았고, 후손도 그 죄성을 물려받아 더욱 죄를 많이 쌓아 결국 하나님의 심판을 불러온 것입니다. 가나안 족속의 죄로 인해 그 땅이 어둠 속에 잠기고, 악한 영들에게 덮인 땅이 신음하는 모습이 보였습니다.

여호수아서를 보면 이스라엘 백성은 하나님의 말씀대로 가나안 족속을 완전히 진멸하지 못했습니다. 그래서 이스라엘이 가나안 땅을 정복하는 과정에서 살아남은 가나안 족속은 이스라엘의 노예가 됩니다. 가나안의 아버지 함이 아버지의 존엄성을 조롱하고 모욕했으므로 그 벌로 형제들의 종이 됨으로서 그들의 존엄성이 짓밟히게 된 것입니다. 가나안은 "그의 형제의 종들의 종"(25절)이 되리라는 저주를 받았는데, 이는 후대에 가나안 족속이 이스라엘에게 정복당할 것을 의미하고, 하나님을 "셈의 하나님"(26절)이라고 하였으니 이는 셈족, 곧 이스라엘이 참 종교의 전파자가 될 것이라는 뜻입니다. 또한 야벳을 셈의 장막에 거하게 하시리라고 했는데 이는 유럽의 백인들이 셈의 자손, 곧 유대인들이 전한 그리스도를 믿고 축복받을 것을 가리킨 예언입니다(박윤선). 하나님이 가나안 일곱 족속의 부패함과 포악함으로 인해 그들을 진멸하시고 그 땅을 하나님의 백성에게 주신 것은 노아 때 이미 하나님의 계획에 있었던 일이기에 이렇게 오래전에 예언될 수 있었던 것입니다. 처음과 끝이 되시는 하나님은 창조 이전에 이미 마지막 때까지도 다 아셨기에 모든 것을 계획하시고 섭리하신 것입니다. 하나님은 때때로 조상의 죄를 그 자녀들에게 돌리시는데, 특히 자녀들이 조상의 사악한 기질을 이어받고, 그들의 사악한 습관을 모방하며, 저주의 유전을 막아버릴 아무런 방도를 취하지 않을 때 그러합니다(매튜 헨리).

"홍수 후에 노아가 삼백오십 년을 살았고 그의 나이가 구백오십 세가 되어 죽었더라"(28-29절)라는 말씀을 통해 여기서 노아의 족보가 끝났음을 알 수 있습니다. 6장 9절부터 시작된 노아의 족보는 그가 죽음으로 끝납니다.

더 깊이 생각해보기

1. 피가 원활하게 돌아야 몸이 건강하듯 하늘의 생수가 영혼에 잘 공급되어야 영혼이 건강할 수 있습니다. 나는 하늘의 생수를 잘 공급받아 영혼이 건강한 상태인가요?

2. 만약 하늘의 생수를 잘 공급받지 못하여 영혼이 갈급한 상태에 있다면 어떤 이유로 그런 것일까요?

3. 하늘의 생수를 잘 공급받으며 살려면 어떻게 해야 할까요?

4. 내가 받은 생수를 다른 사람에게도 나누어주고 있나요?

5. 내 욕심으로 인해, 내 육신의 쾌락을 위해 다른 사람에게 상처를 주거나 피해를 준 일은 없나요?

6. 조상 중에 다른 사람의 피를 흘렸거나 피해를 입혔거나 상처를 주어 힘들게 한 사람이 있나요? 그로 인해 우리 가문에 내려온 저주는 없는지, 있다면 어떻게 해결해야 할지 생각해보세요.

9장

피와 무지개와 포도주

3부
인류 변성과 바벨탑

10장

노아를 통한 인류의 번성

앞에서 셈과 야벳과 가나안에 대한 노아의 예언이 나왔습니다. 이번 장에 나오는 셈과 함과 야벳의 족보는 그에 대한 연장선으로, 예언이 이루어지는 과정을 엿볼 수 있습니다. 하나님은 처음과 끝을 다 보고 계시기 때문에 셈과 함과 야벳의 후손은 자신들의 삶을 통해 하나님의 예언을 이루어갑니다. 그것은 하나님이 정하신 운명이 아닌 그들이 가진 영성과 죄성의 합으로 인해 이루어지는 결과를 하나님이 아시고 미리 말씀하신 것일 뿐입니다. 그들은 행한 대로 보응받을 것입니다.

셈과 함과 야벳의 족보에 나오는 사람의 이름과 지명들이 성경에 다시 등장합니다. 여기서는 후손들의 이름이 거론되었으나, 그들이 살았던 지역이 그 족장의 이름으로 불려서 후에는 성경에 지명으로 나오는 경우가 많습니다. 이번 족보는 셈의 후손, 함의 후손, 야벳의 후손의 족장들이 어떻게 형성되고, 그들의 도시나 나라들이 어디에서 어떻게 시작되는지를 보여줍니다. 앞으로 이들이 계속 협력이나 대립의 관계를 맺으면시 역사가 이어질 것이므로 그것을 미리 알려주기 위해 이 족보를 기록한 것입니다.

성경은 하나님의 관점에서 중요한 것만 기록되어 있습니다. 셈과 함과 야벳을 통해 온 세상에 인류가 퍼졌으나, 결국 하나님은 당신이 택하신 당신의 백성과 약속의 땅을 중심으로 성경을 기록하기 때문에 그들의 족보도 성경 역사에서 다시 등장할 만한 지명과 족속의 이름들만 기록한 것입니다. 그래서 이 장에 기록된 이름들은 앞으로 성경을 기록하는 데 복선 역할을 한다고 볼 수 있습니다.

노아의 아들들에게서 자녀가 많이 나와 인류가 다시 번성하게 되었다. 그들은 노아의 방주가 있던 아라랏산 근처에서 살기 좋은 평야 지대로 옮겨가며 퍼져나갔다. 힘이 강하고 욕심 많은 함의 후손들이 이 평야 지대를 차지하고 더 넓은 땅을 갖기 위해 다른 족속들과 전쟁을 벌이기 시작했다. 특히 함의 후손인 니므롯은 강한 힘으로 사람들을 규합해 나라를 이루었고, 여러 곳에 큰 성

을 쌓으며 나라를 넓혀갔다. 악한 영들은 사람들이 서로 싸우고 죽이면서 이 땅에 다시 죄가 많아져서 자신들의 영역이 넓어지도록 배후에서 사람들을 부추겼다. 야벳 일족들은 함 일족에게 밀려나 바닷가에 살며 어업과 무역업에 종사했고, 셈 일족들은 산 근처에서 살다가 함 일족에게 밀려 산 뒤쪽으로 퍼져나갔다.

첫 번째 장면

야벳의 후손

"노아의 아들 셈과 함과 야벳의 족보는 이러하니라 홍수 후에 그들이 아들들을 낳았으니 야벳의 아들은 고멜과 마곡과 마대와 야완과 두발과 메섹과 디라스요 고멜의 아들은 아스그나스와 리밧과 도갈마요 야완의 아들은 엘리사와 달시스와 깃딤과 도다님이라 이들로부터 여러 나라 백성으로 나뉘어서 각기 언어와 종족과 나라대로 바닷가의 땅에 머물렀더라"(창 10:1-5).

먼저 야벳의 아들들이 등장합니다. 지금까지 노아의 세 아들을 이야기할 때 셈, 함, 야벳의 순서로 말씀하셨는데 그들의 족보를 기록할 때에는 셈의 아들들보다 야벳의 아들들이 먼저 등장하고, 함의 아들들 후에 셈의 아들들이 나옵니다. 이는 하나님은 당신이 택하신 약속의 사람이 중요하므로 셈을 먼저 말씀하신 것으로, 노아의 아들 중 첫째는 야벳이기 때문입니다. 셋의 족보보다 가인의 족보가 먼저 나오고, 이삭의 족보보다 이스마엘의 족보가 먼저 나오며, 야곱의 족보보다 에서의 족보가 먼저 나오는 것처럼 족보는 장자부터 차례로 적는 것이 보통입니다. 물론 노아가 500세에 낳은 셈, 함, 야벳 외에 다른 아들을 낳았을 수 있습니다. 하지만 하나님은 구속사에 관련이 없는 사람은 성경에 기록하지 않으십니다. 지면에 한계가 있는 성경에는 꼭 필요한 이름만 기록합니다. 그리고 기록된 이름 중에서는 대부분 장자의 족보를 먼저 기록하게 하셨습니다.

하나님은 질서의 하나님이시기에 자녀의 서열은 중요합니다. 하나님이 당신의 뜻에 따라 그 순서로 하늘에서부터 보내셨습니다. 그래서 족보를 서열대로 기록한 것은 비록 약속의 씨가 아닐지라도 기력의 시작인 장자가 그만큼 중요하기 때문입니다(창 49:3). 장자의 중요성은 "하늘에 기록된 장자들의 모임"(히 12:23)이 따로 있다고 말씀하신 것에서 그 이유를 찾을 수 있습니다. 하늘의 장자가 육신의 장자로 결정되는 것이 아니고, 이 땅에서 장자 역할을 잘 해낸 사람들이 이 모임에 들어가게 됩니다. 장자는 아버지의 뜻을 받들어 동생들을 잘 다스리고, 아버지를 이어서 집안의 가장이 될 준비를 하는 중요한 자리입니다. 이는 원래 육신의 장지들에게 주어진 역할이었으나, 하늘의 장자가 되고 싶은 사람이라면 누구나 그렇게 하는 것이 마땅합니다. 장자 역할은 처음 하나님이 아담을 창조하신 뒤 이 땅을 정복하고 모든 생물을 다스리라고 하신 것과 같은 것입니다. 하나님 나라를 다스릴 왕의 자리를 이어받는 영광스런 자리입니다. 하나님이 사람을 만드신 목적이 바로 이것 때문이었습니다. 우리는 하나님의 목적대로 살아드려서 하나님을 기쁘시게 해야 할 사명이 있습니다. 그래서 하나님은 감히 장자의 명분을 자기 마음대로 팔아 버린 에서에게 진노하시고 망령되다고 말씀하신 것입니다(히 12:16).

서열도 중요하지만 앞에서 셈, 함, 야벳의 순서로 기록한 것에는 이유가 있습니다. 하나님은 성경에 사람의 이름을 기록하실 때 하나님이 중요하게 보시는 순서대로 이름을 말씀하시는 경우가 많습니다. 그들이 영적으로 볼 때 하나님 나라에서는 더 우위에 있고, 하늘의 장자로 기록될 것이기 때문입니다. 특히 하나님의 약속의 계보가 이어지는 것이 육신의 장자보다 중요합니다. 그들이 하나님의 구원 계획을 이루어나갈 것이고, 메시아가 예언된 그대로 이 땅에 오실 수 있는 혈통을 이어줄 것이기 때문입니다. 그래서 에서가 장자이고 야곱이 차자이지만, 하나님은 야곱과 에서라고 하시며 야곱을 앞에 기록하신 경우를 볼 수 있습니다(수 24:4, 히 11:20). 하나님은 당신의 뜻과 계획을 위해 노아의 세 아들 중 셈을 택하셨고, 그의 후손을 통해 아브라함, 다윗 그리고 예수 그리스도까지 나오실 것을 생각하시고 지금까지 셈의 이름을 앞에 언급하신 것입니다. 그리고 함은 그의 아들 가나안이 중요하기 때문에 노아의 예언에서도 언급되었고, 계속해서 셈 다음으로 함이 거론된 것입니다. 후에 가나안의 일곱 족속을 몰아내고 하나님의 선민 이스라엘이 약속의 땅 가나안에서 살 것이기 때문에 가나안은 중요합니다. 그리고 마지막으로 야벳을 기록했습니다. 그러므로 성경에 등장한 내용, 지명, 사람은 정말 중요하기에 눈여겨보아야 합니다.

이 족보에는 야벳의 손자까지 언급되어 있으며, 이들로부터 여러 나라 백성으로 나뉘어서 각기 언어와 종족과 나라대로 바닷가의 땅에 머물렀다고 나옵니다. 야벳의 손자 이후 언어가 나뉘었고, 언어에 따라 종족이 나뉘었으며, 종족들이 발전하여 나라를 이루어 여러 나라가 생겨났는데 그들의 땅이 바닷가에 있었다는 것입니다. 그들이 언어에 따라 나뉘었다는 구절에서 뒤에 나오는 바벨탑 사건이 암시됩니다.

야벳의 자손에 대해서는 역대상 1장 5-7절에서 다시 언급합니다. 이스라엘의 역사를 되짚어보며 언급한 것입니다. 또 이스라엘 주변에 살면서 이스라엘 나라와 관계를 맺은 야벳 자손의 나라들에 대해서 에스겔 38-39장에서 말씀하십니다. 하나님은 이 나라들이 이스라엘과의 관계에서 악하게 행했으므로 멸망할 것이라고 말씀하십니다. 그런데 이사야 66장 19절에서 두발과 야완에게도 나의 영광을 전파하라고 말씀하셔서 그들도 하나님의 복음 아래에 들어와 하나님을 찬양하도록 기회를 주십니다. 하나님은 노아를 통해 셈의 장막 아래에서 야벳이 거하면서 창대하리라며 말씀하셨는데, 이는 하나님이 택하신 이스라엘을 통해서 그들이 하나님의 복음을 듣고 하나님을 알며 하나님께 영광을 돌리고 살 때 창대하게 된다는 것입니다. 이 말씀은 그대로 이루어졌습니다.

두 번째 장면

함의 후손

"함의 아들은 구스와 미스라임과 붓과 가나안이요 구스의 아들은 스바와 하윌라와 삽다와 라아마와 삽드가요 라아마의 아들은 스바와 드단이며 구스가 또 니므롯을 낳았으니 그는 세상에 첫 용사라 그가 여호와 앞에서 용감한 사냥꾼이 되었으므로 속담에 이르기를 아무는 여호와 앞에 니므롯 같이 용감한 사냥꾼이로다 하더라 그의 나라는 시날 땅의 바벨과 에렉과 악갓과 갈레에서 시작되었으며 그가 그 땅에서 앗수르로 나아가 니느웨와 르호보딜과 갈라와 및 니느웨와 갈라 사이의 레센을 건설하였으니 이는 큰 성읍이라 미스라임은 루딤과 아나밈과 르하빔과 납두힘과 바드루심과 가슬루힘과 갑도림을 낳았더라(가슬루힘에게서 블레셋이 나왔더라) 가나안은 장자 시돈과 헷을 낳고 또 여부스 족속과 아모리 족속과 기르가스 족속과 히위 족속과 알가 족속과 신 족속과 아르왓 족속과 스말 족속과 하맛 족속을 낳았더니 이 후로 가나안 자손의 족속이 흩어져 나아갔더라 가나안의 경계는 시돈에서부터 그랄을 지나 가사까지와 소돔과 고모라와 아드마와 스보임을 지나 라사까지였더라 이들은 함의 자손이라 각기 족속과 언어와 지방과 나라대로였더라"(창 10:6-20).

함의 자손에 대해서 역대상 1장 8-16절에서 다시 언급합니다. 함의 자손은 이스라엘과 많은 관계를 맺었기에 성경에 자주 등장합니다. 이스라엘이 가나안을 정복하면서 가나안 족속들과의 일화가 성경의 많은 분량을 차지하고, 니느웨에 대한 이야기도 요나, 나훔, 스바냐 등 여러 성경에서 나오며, 구스나 붓 사람도 자주 등장합니다. 특히 이스라엘과 블레셋, 앗수르와의 전쟁 이야기는 정말 많은 분량을 차지합니다.

이 본문에는 니므롯이 등장합니다. 그는 "용사"이며 "여호와 앞에서 용감한 사냥꾼"이라고 묘사되고 있습니다. 니므롯을 용사라고 했는데 이 명칭은 폭력으로 통치하는 자를 말합니다(홀징겔). 창세기 6장 4절에도 "용사"라는 표현이 나옵니다. "당시에 땅에는 네피림이 있었고 그 후에도 하나님의 아들들이 사람의 딸들에게로 들어와 자식을 낳았으니 그들은 용사라 고대에 명성이 있는 사람들이었더라"라고 했습니다. 하나님은 당신의 아들들이 사람의 딸들과 결혼해 자식을 낳고 그들이 부패해지는 것을 싫어하셨습니다. 그래서 그들의 죄악을 보시고 홍수로 이 땅을 심판하신 것입니다. 그러나 니므롯에 대해서는 같은 "용사"라는 표현을 쓰셨지만, "여호와 앞에서 용감한 사냥꾼"으로 표현하십니다. 여호와 앞에서 용감한 사냥꾼이란 말은 그가 사람들을 무시하고 하나님과 대등해진 듯이 교만해졌음을 가리킵니다(칼뱅). 사람의 딸들과 그들이 낳은 네피림에 대해서는 앞에서 그들이 우상숭배자이고 전쟁을 일으키는 자이면서 음란을 행하는 자로 이야기했습니다. 하나님 앞에서 용감한 사냥꾼으로 불린 니므롯은 그 중에서 전쟁을 일으키는 자로만 보입니다.

여기서 셈과 야벳의 후손들을 이야기할 때는 등장하지 않았던 "나라"가 언급됩니다. "그의 나라", 즉 니므롯이 왕국을 세웠다는 것이 중요합니다. 용사이자 여호와 앞에서 용감한 사냥꾼으로서 그가 한 일은 왕국을 세운 것입니다. 셈의 족속들이나 야벳의 족속들이 부족을 이루었을 때 니므롯은 그의 용맹함으로 많은 사람을 거느리고 왕국을 세운 것입니다. 그만큼 그가 당대 이름을 날린 강력한 인물이었다는 것입니다. 니므롯도 함의 자손으로서 체격이 좋고 힘이 세며, 욕심이 많고 지기 싫어하며, 지배하려 하고 공격적인 성격을 가졌던 함의 성격을 빼닮았고, 여기서 더 나아가 나라를 이루기까지 한 것입니다. 니므롯은 용감한 사냥꾼이었기에 덩치가 크고 사나운 맹수 앞에서도 용감하게 싸워 이겨 많은 사람에게 존경을 받았습니다. 그런 모습에 많은 사람이 매료되었고, 그를 따르는 무리가 점점 늘어갔습니다. 누구보다 강하고 사람을 거느리는 리더십을 지녔던 니므롯은 큰 군대를 이루었고, 여러 부족을 정복하고 지역을 통합해 큰 성읍들을 건설하며 나라를 이루었습니다. 본문에서 그의 나라가 얼마나 컸는지에 대해서 설명합니다. 시날 땅에서 시작된 그의 나라는 앗수르로 뻗어나갔고, 니느웨와 르호보딜과 갈라와 레센까지 이르렀습니다. 니므롯은 백성에게 전제적인 통치를 한 첫 사람으로, 사람들은 아직 이러한 통치에 익숙하지 않았습니다(히에로니무스).

니므롯은 함의 손자로서 하나님의 심판인 대홍수를 겪은 세대가 살아 있던 시대의 인물입니다. 그래서 아직까지 사람들 사이에서 우상숭배가 만연하지는 않았던 것으로 보이고, 다만 강력한 힘과 무기와 군대로 다른 나라를 정복하고 땅을 빼앗으며 착취하는 죄악들이 성행한 것으로 보입니다. 거대한 성읍을 짓고 큰 나라를 이루면서 많은 백성이 죽고, 또 사람들이 노예로 부려지고 재산을 빼앗기며, 아내나 딸을 빼앗기는 일들이 많이 일어났는데, 이런 일들로 인해 다시 사탄의 세력이 강하게 역사했습니다. 니므롯을 비롯한 함의 후손들에게 사탄이 계속해서 서로 싸우고 더 넓은 땅을 차지하려는 욕심을 갖도록 악한 영들을 불어넣는 모습이 보였습니다. 그래서 그들은 자신들이 가진 것에 만족하지 못하고 더 많은 것을 가지려는 물질욕과 많은 사람을 거느리려는 명예욕, 권세욕 그리고 타인의 목숨까지도 좌지우지할 수 있는 것을 즐거워하는 지배욕 등 많은 탐욕에 가득차서 계속해서 타인을 억압하고 폭력을 휘두르며 타인의 피를 흘리기를 주저하지 않는 악함을 보였습니다.

니므롯 시대에 아직 우상숭배가 만연하지 않았던 것은 그가 함의 손자로서 그 시대에는 노아의 홍수를 겪은 노아와 셈, 함, 야벳이 다 살아 있었으므로 창조주요 강력한 심판주이신 여호와 하나님의 이야기를 듣고 두려워하고 있었기 때문입니다. 그래서 아직은 다른 신을 섬길 정도로 타락하지 않았습니다. 그러나 시간이 흐르면서 여기저기 나라들이 세워졌고, 그 나라들은 국가 권력을 하나로 모으고 왕권을 높이기 위해 왕이면서 신으로 자처하는 일들이 생겨났습니다. 처음에 그 신은 창조주 하나님, 홍수 심판을 주도하신 하나님이었고, 그 신에게 권위를 위임받은 왕인 것처럼 꾸몄습니다. 그러나 인류가 퍼져나가면서 창조주이시며 홍수 심판을 내리신 하나님에 대한 소문이 변질되고, 또한 홍수 심판에 대한 반감으로 인해 태양을 섬기는 일이 많았습니다. 세상을 망하게 할 정도의 비가 절대 내리지 못하도록, 항상 태양이 하늘에서 빛나도록 태양을 섬긴 것입니다. 하나님은 흐려지고 나중에는 자신들의 입맛에 맞게 여러 신을 상상해 만들어냈고, 왕들은 자신을 신의 아들로 혹은 신 그 자체로 이야기하기 시작했습니다. 그렇게 우상숭배가 이 땅에 다시 만연하게 되었습니다.

또한 함의 자손에게서 이스라엘을 수없이 괴롭힌 블레셋이 나왔습니다. 그는 함의 아들인 미스라임의 아들인 가슬루힘에게서 나온 부족입니다. 함의 자손은 셈의 자손들과 계속해서 경쟁했습니다. 니므롯이 나라를 뻗어나가면서 앗수르로 나아갔다고 했는데, 이는 셈의 아들인 앗수르가 살던 지역으로 이렇게 함의 자손과 셈의 자손이 지속적으로 대립했습니다. 거기에 더해 함의 아들인 가나안의 족속들까지 셈의 자손과 대립했습니다.

가나안의 경계에 대해 이야기하면서 "시돈에서부터 그랄을 지나 가사까지와 소돔과 고모라와 아드마와 스보임을 지나 라사까지"(19절)라고 합니다. 가나안이 비록 저주를 받았지만, 온 세계에서 가장 좋은 땅 가나안을 점령한 것은 사실입니다. 이 세상에서는 경건한 자들보다 불경건한 자들이 물질적으로 훨씬 많은 축복을 받는 일도 있습니다. 그때의 가나안 땅은 세상에서 가장 아름다웠을 것입니다(루터). 시돈은 우상숭배를 많이 했던 지역으로 성경 역사에 자주 등장하며, 소돔과 고모라는 극심한 우상숭배와 음란으로 하나님의 심판을 받아 멸망하는 지역입니다. 이렇게 가나안의 후손들은 하나님을 떠나 자기 마음대로 살면서 수많은 죄를 짓고 그 죄성을 후손이 물려받았으며, 이 죄들이 쌓여 하나님의 심판을 불러온 것입니다. 결국 그들은 "가나안은 셈의 종이 되고 하나님이 야벳을 창대하게 하사 셈의 장막에 거하게 하시고 가나안은 그의 종이 되게 하시기를 원하노라"(창 9:26-27)라는 하나님의 말씀대로 됩니다. 이는 하나님이 그렇게 만드신 것이 아니라 그들의 죄로 말미암은 결과입니다.

함의 후손들은 세상에 관심이 많고 지배욕과 정복욕이 강하며 싸움을 좋아하는 함의 성향을 물려받았습니다. 그의 죄성은 대를 이어 더욱 커졌고, 사탄은 그들의 죄성을 부추겨서 그의 후손들이 죄를 더욱 많이 짓도록 만들었습니다. 이와 더불어 이 땅에 다시 사탄의 나라가 자리를 넓혀가기 시작했습니다. 함의 자손들의 배후에서 사탄이 계속 전쟁과 다툼을 일으키도록 조장하는 모습이 보였습니다. 세상 곳곳에서 살인이 일어나고, 착취와 폭력이 난무하며, 싸움과 다툼으로 요란했습니다. 그들은 강대한 힘으로 농사를 짓고 살기에 좋은 강을 끼고 있는 평야 지대에 퍼져 살았습니다. 그러나 자신들이 얻은 땅에 만족하지 않고 어떻게든 좋은 땅을 더 많이 차지하려고 곳곳에서 전쟁을 일으켰습니다. 이는 노아의 예언에 대한 반발심이 작용한 것으로도 보입니다.

노아는 그들이 셈의 종의 종이 되고, 셈의 장막에 거할 야벳의 종도 된다고 했습니다. 함의 후손들은 그 예언을 더욱 거부하고 반발하기 위해서라도 셈의 후손과 야벳의 후손을 압박하고 몰아내며, 그들보다 우위에 서려고 했습니다. 그래서 함의 후손들은 어떻게 해서든 야벳과 셈의 후손들과 싸워 그들의 땅을 빼앗고 그들을 포로로 잡아가서 노예로 부리면서 큰 성을 짓거나 농사짓는 일을 시키고 억압했습니다. 그러면서 노아의 말, 즉 하나님의 예언이 이루어지지 않았으며 그 예언은 잘못된 것이라고 자부하며 자신들을 높였습니다. 함의 자손의 마음에서 역사한 악한 영들은 그들의 마음을 더욱 포악하고 잔인하게 만들어 자신들의 형제이자 골육인 사람들에게 악을 쏟아내도록 했습니다. 사탄은 그들 속에 있는 하나님을 거부하고 싶은 마음을 붙잡아 이렇게 교만하게 행하도록 한 것입니다.

노아의 방주가 아라랏산에 머문 이후 노아의 후손들은 그곳에서부터 온 땅으로 퍼져나갔을 것입니다. 특히 자기 마음과 뜻대로 살고 싶은 함의 후손은 평야 지대에서 살았습니다. 셈의 족속은 대부분 산에서 살았고, 야벳의 족속은 산에서 사는 셈을 떠나 들에서 머물다가 강력한 힘을 가진 함의 후손에게 밀려나 바닷가까지 가서 살게 된 것입니다. 셈의 족속은 산에서 살다가 일부가 평야로 내려왔는데 그들은 이렇게 함의 자손의 횡포로 인해 그들에게 정복되어 흡수되었고, 산에 남아 있던 족속만 살아남아 산 반대편으로 뻗어나가기 시작했습니다. 그래서 아시아 쪽으로 퍼져서 살게 되었습니다. 물론 노아의 후손들이 타고난 기질이 있기에 각자가 그에 맞는 곳에 정착해서 살았을 수도 있지만, 기본적으로 물이 풍부하고 농사를 짓기 좋은 평야 지대가 살기 좋으므로 그런 좋은 땅을 함이 힘의 우위로 먼저 차지한 것입니다.

하나님이 셈과 야벳 족속을 축복하셨지만, 그들은 함의 족속에게 밀려나 좋은 땅을 차지하지 못하고 큰 발전을 이루지 못했습니다. 실제로 하나님의 사람이 세상에서 많은 고난과 핍박을 당하는 경우가 많습니다. 공중의 권세 잡은 자들과 세상 주관자들이 세상적 지식과 권력으로 온갖 권모술수를 사용하고 힘으로 억압하며 하나님의 사람들을 공격하기 때문입니다. 그러나 하나님은 언젠가 그들을 심판하시고 하나님의 사람들을 높여주십니다. 본문에 나오는 죄 많은 함의 후손들도 결국 하나님의 복을 받지 못했고, 자신들의 삶에 대한 합당한 보응을 받습니다. 모든 것은 하나님의 예언대로 됩니다.

사람은 항상 하나님의 정확한 뜻을 알고 싶어 하지 않고 도리어 자신에게 유리한 것만 들으며, 그렇지 않은 것은 외면하고 의심합니다. 그런 간사한 마음으로 인해 하나님의 음성을 바로 듣고 자신을 돌아보며 죄에서 돌이켜야 할 때인데도 하나님의 음성을 듣지 않아 기회를 놓칠 때가 많습니다. 그래서 하나님의 심판이 임한 다음에야 깨닫는 것입니다. 주님은 들을 귀 있는 자는 들으라고 여러 번 말씀하셨습니다. 하나님의 경고를 듣고 자신을 돌아보며 죄에서 돌이킬 수 있는 들을 귀 있는 자가 되어야 하나님의 심판을 피하고 구원의 길로 갈 수 있습니다.

세 번째 장면

셈의 후손

"셈은 에벨 온 자손의 조상이요 야벳의 형이라 그에게도 자녀가 출생하였으니 셈의 아들은 엘람과 앗수르와 아르박삿과 룻과 아람이요 아람의 아들은 우스와 훌과 게델과 마스며 아르박삿은 셀라를 낳고 셀라는 에벨을 낳았으며 에벨은 두 아들을 낳고 하나의 이름을 벨렉이라 하였으니 그 때에 세상이 나뉘었음이요 벨렉의 아우의 이름은 욕단이며 욕단은 알모닷과 셀렙과 하살마웻과 예라와 하도람과 우살과 디글라와 오발과 아비마엘과 스바와 오빌과 하윌라와 요밥을 낳았으니 이들은 다 욕단의 아들이며 그들이 거주하는 곳은 메사에서부터 스발로 가는 길의 동쪽 산이었더라 이들은 셈의 자손이니 그 족속과 언어와 지방과 나라대로였더라 이들은 그 백성들의 족보에 따르면 노아 자손의 족속들이요 홍수 후에 이들에게서 그 땅의 백성들이 나뉘었더라"(창 10:21-32).

셈의 자손에 대해서는 역대상 1장 17-23절에서 다시 언급하고 있습니다. 여기서는 셈의 5대 후손까지 언급합니다. 셈을 에벨 온 자손의 조상으로 부릅니다. 에벨은 셈의 3대 후손으로 그를 통해 벨렉과 욕단이 나왔는데, 이 벨렉이 태어날 때 세상이 나뉘었습니다. 바로 바벨탑으로 인해 언어가 달라져서 족속들이 각기 흩어진 것입니다(케일, 랑게). 이때 에벨 가족 외에 그 윗대의 셈의 다른 족속은 언어가 달라져서 흩어졌을 것이고, 히브리어를 사용하는 에벨과 벨렉을 통해 아브라함이 나왔습니다. 그리고 거기서 예수님의 계보가 이어졌기 때문에 히브리 민족에게 에벨은 중요한 인물이므로 셈의 족보를 언급하면서 에벨을 말한 것입니다.

본문에 "그들이 거주하는 곳은 메사에서부터 스발로 가는 길의 동쪽 산이었더라"(30절)라고 말합니다. 아브라함의 조상이 되는 셈의 후손은 살기 좋은 평야로 내려오지 않고 이렇게 산에서 살았습니다. 여호와 하나님은 "산의 신"(왕상 20:28)이라고 불렸을 정도로 하나님이 산에서 많이 역사하셨습니다. 그래서 하나님을 정말 바라고, 깊이 만나며, 하나님을 잘 섬기고 싶어 하는 사람들은 산 가까이에 삽니다. 그래서 셈의 후손은 산에서 살았던 것입니다. 노아의 후손은 노아가 홍수 후 방주에서 나와 제단을 쌓고 번제를 드렸던 이후로 노아가 살아 있는 동안 지속적으로 하나님께 제사드리면서 하나님과의 관계를 이어갔습니다. 그러나 노아가 죽은 이후 함부터 시작해서 후손들은 산에서 내려가 자신들이 살기 좋은 곳을 찾아 떠났고, 산에서 떠나 자유롭게 살게 된 사람들은 점점 하나님을 잊었습니다. 그러나 정말 하나님을 따르는 셈의 후손은 이후 다른 곳으로 퍼져 살면서도 하나님에 대한 믿음을 지키는 소수가 있어 그의 자손들을 통해 복음이 이어졌습니다.

셈과 함과 야벳은 다 노아의 자녀입니다. 이렇게 한 사람에게서 인류가 퍼져나갔지만, 지금은 셈과 함과 야벳 족속이 외모에서 너무나 큰 차이를 보이고 있습니다. 이는 바벨탑 사건이 큰 역할을 한 것입니다. 이 세 사람의 족보에서 항상 마지막에 나오는 말이 "각기 족속과 언어와 지방과 나라대로"입니다. 이들은 한 가족에서 퍼져 나왔으므로 처음에는 외모에 큰 차이가 없었을 것이고, 한 언어를 사용했으며, 모든 사람이 한 형제이자 친척이었는데 그들끼리 결혼하며 조금씩 인류가 퍼졌을 것입니다. 그러므로 외모에서 차이가 있을 수 없습니다. 그러나 세대를 내려가면서 수가 많아지자 한 곳에서 모여 살 수 없었을 것이고, 점점 넓은 지역으로 퍼지기 시작했을 것입니다. 처음 정착했던 아라랏산에서 야벳 족속이 살았다는 바닷가까지 퍼져나간 것입니다. 그 둘 사이는 아주 먼 거리였을 것이고, 멀리 떨어진 지역에서 사는 사람들이 만나서 결혼하는 것은 어려웠을 것입니다. 결국 사람의 수가 많아진 후에는 산 쪽에 모여 살았던 셈족은 같은 셈족끼리 결혼하는 일이 더 많았을 것이고, 들에 성을 짓고 살던 함족은 함족끼리 결혼하는 일이 더 많았을 것이며, 바닷가에 살던 야벳족은 야벳족끼리 결혼하는 일이 더 많았을 것입니다. 그러면서 셈과 함과 야벳이 가지고 있던 유전적 특징이 그들의 각 족속 안에서 두드러지기 시작했을 것입니다. 셈족과 함족과 야벳족이 통혼해야 서로 섞일 수 있는데 그것이 점점 분리되기 시작했고, 이는 넓은 지역에 퍼져 살면서 결국 지역별로, 성읍별로 차이를 보이게 되었습니다.

이런 차이는 바벨탑 사건으로 언어가 나뉘자 더욱 심화됩니다. 언어가 같은 사람들끼리 뭉쳐서 살게 되었고, 언어가 다른 사람과는 대화가 통하지 않으므로 결혼해 가정을 이루는 일은 불가능해졌습니다. 언어가 같은 사람도 서로 의견이 나뉘고 다툼이 생기는데 언어가 다른 사람끼리는 얼마나 더 심하겠습니까? 언어가 같은 사람들끼리 한 지방에 살고 결국 한 나라를 이루게 되며, 그 나라 사람들은 같은 핏줄이므로 유전적 특징이 비슷할 수밖에 없게 되는 것입니다. 이 현상은 지금까지 이어져서 인종별 차이가 확연하게 굳어지게 되었고, 나라별로도 외모에 차이가 나는 결과가 생겨나게 된 것입니다.

악한 영들은 사람을 유혹해 죄를 짓게 하고 그로 말미암아 분리를 일으킵니다. 먼저 선악과 사건으로 하나님과 사람과의 관계를 분리시켰고, 부부간의 관계를 분리시켰으며, 사람 안의 영혼과 육신을 분리시켰습니다. 이에 대해서는 3장에서 이야기했습니다. 그리고 하나의 하나님 나라였던 세계를 천국과 이 땅으로 분리되게 했습니다. 이는 6장에서 이야기했습니다. 또 사람과 동물의 사이를 갈라놓았습니다. 이는 홍수 심판을 통해 일어났습니다. 그리고 사람과 사람 사이를 분리시킵니다. 가인을 통해 이런 결과가 나타났고, 바벨탑 사건을 통해서도 강하게 나타났습니다. 하나의 뿌리에서 시작된 인류가 인종별, 언어별, 나라별, 지역별로 무수히 나뉘어져서 다시 하나가 되지 못하게 한 것입니다. 언어를 혼란시키신 것은 하나님이 하셨지만, 그것을 이용해 사람과 사람을 분리시키고 서로 소통이 되지 않게 하며, 화합하지 못하게 하는 것은 사탄이 하는 일입니다. 결국 분리는 죄의 결과이고, 사탄의 가장 큰 무기이자 계략입니다.

우리는 최선을 다해 하나가 되도록 힘써야 합니다. 아무리 사탄이 서로 분리되게 하고, 각자의 약점을 파헤쳐서 공격해 하나가 되지 못하게 하더라도 우리는 끝까지 싸워 이겨서 하나가 되어야 합니다. 하나님과 하나가 되어야 하고, 다른 사람들과 하나가 되어야 하며, 동물들과 모든 자연 세계와 영적 세계와 하나가 되고, 자신의 내면까지도 하나가 되어야 합니다. 그것이 회복이고, 그동안 잃어버렸던 하나님이 우리에게 허락하신 복을 되찾아 누리는 것입니다. 그리고 그것이 하나님이 우리에게 주신 사명입니다. 그러므로 우리는 모든 것과 분리시키는 근원인 죄를 회개하고, 죄를 짓도록 유혹하고 죄를 통해 역사하는 악한 영들을 대적해 서로 화목하며 화평하고 하나가 되도록 힘써야 합니다.

진정한 회복은 하나님 나라에서 이루어집니다. 이 땅에서는 과정일 뿐 하늘에서 완전하게 이루어집니다. 하나님 나라에서는 하나님과 함께 살면서 하나님을 예배하며 진정한 동행을 할 수 있게 됩니다. 또 우리의 영혼은 새로운 몸을 입고 하늘에서 거룩한 주님의 신부이자 성부 하나님의 아들로서 살아가게 됩니다. 마지막 때 완전히 멸망하게 되는 이 땅은 새 하늘과 새 땅을 덧입고 하나가 되어 하나님 나라는 하나의 나라로 회복됩니다. 그리고 그곳에 사는 성도들은 모두가 한 형제자매로 하나가 되어 살아가게 됩니다. 완전한 하나님 나라에서 완전한 모습으로 살기 위해 이 땅에서 우리는 천국의 삶을 연습해야 합니다. 죄를 벗어버리는 회개와 죄의 유혹을 이기는 절제와 악한 영과의 영적 전쟁이 먼저 수반되어야 합니다. 그리고 성령님의 도우심을 받아 천국에서 해야 할 삶의 방법, 원리, 사명을 배우고 체득해나가야 천국에서 더욱 완벽하게 해낼 수 있는 것입니다. 훈련이 얼마나 잘 되었는지에 따라 우리는 천국에서 다른 모습으로 살게 될 것입니다. 훈련이 부족한 사람은 훈련이 잘 된 사람에게 천국에서도 배워야 할 것이기 때문입니다. 이 땅의 삶이 천국의 삶을 결정하므로 이 땅에서 어떻게 사는지가 중요합니다. 이기는 자가 천국에 가고, 많이 이길수록 더 많은 상급을 받을 수 있습니다. 한 고을을 받는 사람, 다섯 고을을 받는 사람, 열 고을을 받는 사람이 있다면 되도록 열 고을을 받아 다스리는 사람이 되어야 합니다.

더 깊이 생각해보기

1. 이 땅에 하나님의 백성이 널리 퍼져나가 온 땅에서 하나님을 예배하고 찬양하는 것이 하나님의 뜻입니다. 땅끝까지 복음이 퍼져나가기 위해 어떤 노력을 하고 있나요?

2. 하나님의 사람들은 세상 사람들과 대립하며 살 수밖에 없습니다. 세상과 구별된 삶을 살기 위해서는 어떻게 해야 할까요?

3. 세상과 싸우고 믿음을 지키기 위해 영적으로 무장해야 합니다. 자신의 영적 무장이 어떤 상태인지 생각해보세요.

4. 승리하는 삶을 살기 위해 앞으로 변화되어야 할 부분과 발전시켜야 할 부분은 무엇인가요?

5. 온 땅에 복음이 전파되기 위해 어떤 노력을 하고 있나요? 선교와 복음 전파를 위해 앞으로 어떤 일을 할 것인가요?

11장
사람의 계획과 하나님의 계획

하나님은 노아와 그의 아들들에게 생육하고 번성하여 땅에 충만하라고 말씀하셨습니다. 처음 이 땅을 만드시고 사람을 세우셨을 때에도 이와 동일하게 말씀하셨습니다. 그러나 사람들은 그런 하나님의 말씀을 잊어버리고 흩어짐을 면하자면서 높은 탑을 쌓아 함께 모여 살자고 했습니다. 그러나 이는 하나님의 뜻이 아니므로 하나님이 흩어버리십니다. 아무리 사람의 계획이 훌륭하고 옳아 보여도 하나님의 뜻이 아니면 절대 성공할 수 없습니다. 하나님의 뜻을 먼저 아는 것이 중요합니다. 하나님의 뜻은 이 땅을 하나님 나라로 회복하는 것입니다. 하나님은 그 선하신 계획을 차근차근 이루어 가십니다.

한눈에 보는 창세기 11장

이 땅에 사람들이 더욱 많아지면서 죄가 다시 관영해졌다. 특히 나라를 이룬 후 왕이 되면 더 많은 땅을 가지고 더 많은 백성을 거느리려는 욕심을 부렸다. 그들은 사람들이 하나님을 두려워하고 하나님의 말씀대로 흩어져서 살지 않고 성에 모여 살면서 더 많은 세금을 바치고 노동력을 제공해주길 바라는 마음으로 하늘까지 닿는 탑을 건설할 계획을 세웠다. 하늘에서 빛이 강하게 비추고 성자와 성령이 그 빛 가운데로 내려오셨다. 성부는 그 빛을 통해 이 땅에 건설되는 탑을 내려다보고 계셨다. 악한 영들의 부추김을 받고 열심히 사람들을 독려하여 바벨탑을 쌓는 모습을

보신 하나님은 그 일을 막으시려고 하늘에서 천사들을 보내셨다. 성자의 지휘에 따라 각 지역과 족속별로 천사들이 흩어져서 사람들의 언어를 변화시키자 더는 건설 공사를 할 수 없게 되었다. 사람들은 같은 언어를 사용하는 부족 중심으로 각 지역으로 흩어졌는데, 그중에는 셈 족속의 에벨 자손들도 있었다. 그들의 후손인 데라는 아브람과 나홀과 하란과 함께 갈대아 우르에서 살다가 하란이 죽은 후 아브람과 사래, 롯을 데리고 가나안으로 가는 도중 하란에 정착해 살았다.

첫 번째 장면

바벨과 언어의 혼잡

"온 땅의 언어가 하나요 말이 하나였더라 이에 그들이 동방으로 옮기다가 시날 평지를 만나 거기 거류하며 서로 말하되 자, 벽돌을 만들어 견고히 굽자 하고 이에 벽돌로 돌을 대신하며 역청으로 진흙을 대신하고 또 말하되 자, 성읍과 탑을 건설하여 그 탑 꼭대기를 하늘에 닿게 하여 우리 이름을 내고 온 지면에 흩어짐을 면하자 하였더니 여호와께서 사람들이 건설하는 그 성읍과 탑을 보려고 내려오셨더라 여호와께서 이르시되 이 무리가 한 족속이요 언어도 하나이므로 이같이 시작하였으니 이 후로는 그 하고자 하는 일을 막을 수 없으리로다 자, 우리가 내려가서 거기서 그들의 언어를 혼잡하게 하여 그들이 서로 알아듣지 못하게 하자 하시고 여호와께서 거기서 그들을 온 지면에 흩으셨으므로 그들이 그 도시를 건설하기를 그쳤더라 그러므로 그 이름을 바벨이라 하니 이는 여호와께서 거기서 온 땅의 언어를 혼잡하게 하셨음이니라 여호와께서 거기서 그들을 온 지면에 흩으셨더라"(창 11:1-9).

바벨탑을 건설한 사람은 함의 후손입니다. 본문에 시날 평지가 나오는데, 이곳은 앞에서 말했던 니므롯의 나라가 있던 곳입니다. 함에게 하나님의 뜻을 어기고 자기 마음대로 살고 싶어 하는 마음이 처음부터 있었기 때문에 그 마음이 후손들에게 내려갔고, 그들은 하나님의 말씀을 어기고 자기 마음대로 살고 싶은 욕망을 드러내면서 평지에서 살았습니다. 그러다가 바벨탑까지 쌓게 된 것입니다. 그들이 탑을 쌓은 것이 잘못이 아니고, 이렇게 하나님을 무시하고 인간 중심으로 일한 것이 죄악이었습니다. 인간은 자기들의 이름을 위해 사는 자가 아니라 하나님의 이름을 높이기 위해 사는 자이기 때문입니다(박윤선).

탑 건설을 주도한 지도자들은 더 많은 사람을 지배하며 더 큰 나라를 이루고 싶어 했습니다. 그들은 하나님의 말씀대로 사람들이 온 세상으로 흩어져서 사는 것이 싫었습니다. 그들의 눈에 사람들은 마음대로 부려먹을 수 있는 노동력이고, 세금을 바쳐서 자신들의 부를 높여줄 돈주머니였기 때문입니다. 그래서 한 사람이라도 더 많이 자신들의 아래에 두고 착취해야 하므로 더 많은 사람이 모일 수 있는 수단을 생각한 것입니다. 하나님은 사람을 축복하시며 땅에 충만하고 땅을 정복하라고 말씀하셨습니다. 그러나 그들은 사람들을 자신들 아래로 모으기를 원했습니다. 하나님의 마음과 완전히 반대였던 것입니다. 그러나 사람들이 하나님을 두려워하고 하나님의 말씀대로 살려고 하면 자신들의 말을 듣지 않을 것이므로 그들의 마음을 돌리기 위해 바벨탑 건설을 계획한 것입니다.

이때는 홍수 심판을 겪은 세대들이 아직 살아 있는 시대이고, 노아의 방주가 아라랏산에 있는 것을 다 알고 있었는데도 사람들은 하나님을 따르지 않고 자신들의 마음대로 살고 싶어 했습니다. 그러나 모두에게 홍수에 대한 큰 트라우마가 있었습니다. 그래서 다시 하나님의 심판이 임할 것이 두려워서 죄를 지으면서도 마음이 편하지 않았습니다. 이는 죄를 지은 것에 대한 반성에서 나오는 것이 아니라 단순히 하나님의 심판으로 자신들이 죽거나 해를 당할 것만을 두려워한 것입니다. 그들은 홍수에 대한 두려움 없이 평안하게 살고 싶었습니다. 마음 편히 자유롭게 자기 마음대로 살고 싶었습니다. 하나님의 심판으로 죽을 것을 걱정하지 않고 마음껏 죄를 짓고 싶었습니다. 그들 마음속에는 죄를 지으면 심판하시는 하나님에 대한 반발심이 있었고, 그런 강한 심판을 내리지 않고 자기들의 입맛에 맞는 신을 섬기고 싶었습니다. 이렇게 자기들 마음대로 다른 신을 만들어서 섬기면서도 하나님의 강력한 심판을 경험했으므로 그것을 무시할 수는 없었기 때문에 문제였습니다. 그래서 지도자들은 홍수에 대한 두려움을 무마시킬 방법을 생각해낸 것입니다.

먼저 지도자들은 홍수 심판을 내리신 하나님에 대한 두려움을 없애기 위해 홍수 심판을 내리신 창조주 하나님에 대한 정보를 축소하고 왜곡합니다. 하나의 신보다는 여러 신이 더 쉽게 혼란을 줄 수 있을 것이기 때문에 다양한 신을 만들었습니다. 그래서 심판의 하나님을 빼고 홍수만 부각해 그것만 이겨낼 수 있으면 자유롭게 살 수 있다는 것을 강조했습니다. 그들은 하나님의 심판이 다양한 방법으로 내려올 수 있다는 것을 몰랐습니다. 그래서 높은 탑을 지으면 아무리 큰 홍수가 나도 피할 수 있을 것이니 더는 두려움 없이 살 수 있을 것이라고 생각한 것입니다. 탑 주변에 모여 살면서 홍수가 날 경우 모두 그 탑으로 올라가면 살 수 있을 것이라고 생각했습니다. 그들은 자신들의 능력을 과신했습니다. 하나님이 홍수를 내리셨을 때 모든 산이 다 물에 잠겼었는데, 자신들이 창조주이신 하나님이 지으신 산보다 더 높은 탑을 지을 수 있을 것이라고 믿었으니 얼마나 어리석은 생각인지 모릅니다. 차라리 산꼭대기 위에 탑을 지었다면 더 나았을 것입니다.

탑을 쌓는 것은 하나님의 자리에 자신이 들어가서 사람들을 미혹해 자신들의 말을 잘 듣게 하려는 계략입니다. 게다가 그것은 높은 곳에서 사람들을 내려다보며 모든 사람을 자신의 지배 아래 두려는, 그들의 교만과 야욕이 가득 찬 계획입니다. 또한 그들은 자신들이 위대하다는 것을 널리 알리고 싶었습니다. 이미 거대한 성을 건설해본 경험이 많았기에 더 거대한 탑을 쌓으면 자신들이 얼마나 능력이 있는지를 보여줄 수 있을 것이라고 기대한 것입니다. 모든 사람이 그런 위대한 건축물을 쌓은 자신들을 우러러 볼 것이라며 스스로 마음이 높아졌습니다. 이는 그들의 속에 있는 사탄이 사람들의 약한 부분을 잘 알고 있었으므로 이런 교묘한 계책을 세울 수 있었습니다. 사탄은 그들을 사용해서 사람들을 자신들의 손아귀에 쥐고 노예로 부리려고 이런 계책을 알려주고 실행하게 한 것입니다.

이 탑을 건설하고자 주도한 나라의 지도자들이 백성을 충동질해 열심히 탑을 짓도록 하는 모습이 보였습니다. 이 탑이 평야 지대에서는 멀리서도 보이기 때문에 길을 알려주는 지표가 되어줄 것이며, 대홍수와 같은 일이 또 일어나더라도 탑 위로 올라가면 살 수 있으므로 이 탑을 꼭 높이 지어야 한다고 사람들에게 외치면서 열심히 일하도록 독려하는 모습이었습니다. 또 이 건설에 참여한 사람들에게는 그의 명예를 대대손손 알리기 위해 탑의 안쪽 돌에 이름을 새겨주겠다고 이야기했습니다. 그들은 자기들의 이름을 영원히 기념하기 위해 벽돌 위에 새겼습니다(필로 쥬데우스). 그래서 탑 내부에서 보면 돌 하나하나마다 이름이 새겨지고 있었습니다. 사람들은 자신의 이름이 새겨진다는 것에 자긍심을 가지고 땀을 흘리며 열심히 일했습니다. 게다가 돈도 바치고 금은보화도 바쳤습니다.

사람들이 짓고 있는 탑의 전체적인 모양을 보면 거대한 사각뿔의 모습으로 보였습니다. 하늘로 뾰족하게 솟아오른 모습이 꼭 하늘을 대적하는 느낌을 주었습니다. 각 변의 끝부분에 경사로가 있어서 그것을 따라 올라가면 점점 더 탑의 위로 올라가게 되는 구조였습니다. 경사로에는 말이나 수레가 이동하는 경사로와 사람이 이동하는 계단이 함께 있어서 사람이 위험하지 않도록 되어 있었습니다. 또 탑에서 떨어지지 않도록 경사로와 각 층의 끝부분에는 성벽처럼 가슴 높이까지 벽이 쳐져 있었습니다. 그들은 탑을 열심히 짓는 중이었는데, 아직은 3-4층 정도를 짓고 있는 것으로 보였습니다. 여러 곳에 황토와 나무, 돌이 많이 쌓여 있는 것이 보였습니다.

함의 자손이 주도해서 탑을 건설하고 있는데 하나님이 그 모습을 보려고 하늘에서 내려오십니다. 그래서 어떻게 하나님이 내려오셔서 역사하시는지를 보았습니다. 하늘의 하나님의 보좌에서부터 강한 빛이 바벨탑을 쌓고 있는 지역으로 내려와 비추는 모습이 보였습니다. 그 빛 가운데에서 성자 하나님이 하늘에서 내려오시는 모습과 함께 회오리바람처럼 성령도 같이 임하셨습니다. 성부 하나님은 보좌 위에서 빛으로 열린 길을 통해 내려다보시고, 이 땅에 오신 성자와 성령은 직접 바벨탑 주변을 둘러보시는 모습이 보였습니다. 하나님이 근심하시며 탑과 탑을 짓는 사람들을 바라보셨습니다. 그들 속에 있는 악함과 그들을 둘러싸고 이를 부추기고 있는 사탄의 세력들도 보셨습니다.

하나님은 그 모든 것을 보시고 "이 무리가 한 족속이요 언어도 하나이므로 이같이 시작하였으니 이 후로는 그 하고자 하는 일을 막을 수 없으리로다 자, 우리가 내려가서 거기서 그들의 언어를 혼잡하게 하여 그들이 서로 알아듣지 못하게 하자"(6-7절)라고 말씀하십니다. 하나님이 보실 때에는 그의 강림이 먼저 있으나, 그가 의논하실 때에는 그의 강림이 뒤따라옵니다(랑게). 하나님이 말씀하심과 동시에 하늘에서 수를 셀 수 없이 많은 천사가 내려오는 모습이 보였습니다. 성자는 내려온 각각의 천사에게 어디로 가라고 지시를 하셨습니다. 성자가 지시하심에 따라 천사들이 여러 무리를 이루어서 각 방향으로 흩어졌습니다. 일가족은 같은 언어를 사용해야 하므로 같은 언어를 주어야 하는 천사끼리 무리를 지었고, 그런 여러 무리의 천사가 각 지역으로 흩어졌습니다. 그렇게 하늘에서 내려온 수많은 천사가 전 세계 모든 사람에게로 날아갔습니다. 천사들은 각 사람 머리 위에 손을 얹고 안수했는데, 이때 성령이 그 사람의 몸을 빛나는 바람으로 휘감으셨습니다. 그러자 그 사람의 언어와 사고체계가 완전히 변화되었습니다. 그 언어가 같은 부족이나 가족에게는 공통적이었지만, 그 외의 사람들과는 서로 통할 수 없었습니다(매튜 헨리).

하나님의 역사하심으로 사람들의 언어가 바뀌자 서로 의사소통이 되지 않아 탑을 짓던 사람들 사이에 싸움이 벌어졌습니다. 사람들이 곳곳에서 왜 자기 말을 못 알아듣고 이상한 말을 하냐면서 따지는 일들이 벌어지자 탑과 온 성이 요란하고 시끄러워졌습니다. 그러다가 왜 욕을 하냐면서 다투는 사람들도 생기고, 그 다툼이 몸싸움으로까지 번지기도 했는데 위험한 공사 현장에서 싸움이 벌어지자 여러 곳에서 안전사고도 발생해 다치는 사람이 많아졌습니다. 상황을 알아보려고 지도자들이 왔으나 그들 사이에서도 의사소통이 되지 않아서 싸우게 되었고, 의사소통이 되는 사람들끼리 뭉치게 되었습니다. 결국 그들은 탑을 떠나 자신들이 살던 지역으로 돌아가게 되었습니다. 각 성읍이나 마을의 지도자들이 의사소통이 되지 않는 사람은 추방하고 의사소통이 되는 사람만 남기자 억울하게 마을에서 쫓겨나게 된 사람들이 땅과 집을 잃고 울면서 떠나는 모습이 보였습니다. 많은 사람이 왜 일이 이렇게 되었고 이런 일을 겪는지 영문을 몰라 하다가 결국 이것이 하나님이 하신 일임을 깨닫고 후회하는 모습도 보였습니다.

"바벨"은 본래부터 '바벨'로서 '하나님의 성문'을 의미합니다(홀징겔). 구약 시대에 성문은 심판의 장소를 의미합니다. 하나님이 그 탑을 심판하셨기 때문에 그때 사람들의 언어가 혼잡해지고 그들이 다 흩어지게 된 것입니다(박윤선).

하나님을 떠나서 사탄에게 사로잡히면 사람이 어리석어집니다. 게다가 그런 어리석은 생각에서 나온 방법을 지혜로운 방법이라고 착각합니다. 자신들이 무엇이든 할 수 있다는 잘못된 망상에 빠져서 시간을 낭비하고, 에너지를 낭비하며, 물질을 낭비하고, 인생을 낭비합니다. 처음에는 잘못된 길인지를 몰라서 돌이키지 못하고, 나중에는 잘못된 것을 알아도 이미 너무 많이 와버려서 돌이키지 못합니다. 그래서 죽을 때까지 후회합니다. 하나님이 없는 사람이 계획한 일이란 바로 이런 모습입니다. 지금 당장은 지혜롭게 보이지만, 시간이 지나면 너무나 어리석은 일이었다는 것이 확실하게 만천하에 드러나게 마련입니다.

반면 하나님의 계획은 그분의 큰 그림을 알지 못하는 사람의 좁은 식견으로는 어리석어 보입니다. 그러나 시간이 가면 갈수록 역시 전능하신 하나님이 하신 일이라는 것을 알 수밖에 없도록 일하십니다. 하나님은 처음과 끝을 다 알고 계시며, 모든 것은 하나님의 손에 있기 때문입니다. 하나님은 절대 실패하지 않으시며, 하나님의 뜻은 너무나 선하십니다. 우리가 그 선하신 뜻을 알고 거기에 동참할 때 우리는 합력하여 선을 이룰 수 있고, 능력 주시는 자 안에서 무엇이든 할 수 있는 사람이 됩니다. 그래서 무엇보다 먼저 하나님의 뜻을 알기에 힘써야 합니다. 하나님의 뜻을 알려면 하나님을 알아야 하고, 하나님과 친밀한 관계가 되어야 합니다. 죄로 인해 하나님과 멀어졌으므로 죄가 해결되면 가능합니다.

두 번째 장면

셈의 족보

"셈의 족보는 이러하니라 셈은 백 세 곧 홍수 후 이 년에 아르박삿을 낳았고 아르박삿을 낳은 후에 오백 년을 지내며 자녀를 낳았으며 아르박삿은 삼십오 세에 셀라를 낳았고 셀라를 낳은 후에 사백삼 년을 지내며 자녀를 낳았으며 셀라는 삼십 세에 에벨을 낳았고 에벨을 낳은 후에 사백삼 년을 지내며 자녀를 낳았으며 에벨은 삼십사 세에 벨렉을 낳았고 벨렉을 낳은 후에 사백삼십 년을 지내며 자녀를 낳았으며 벨렉은 삼십 세에 르우를 낳았고 르우를 낳은 후에 이백구 년을 지내며 자녀를 낳았으며 르우는 삼십이 세에 스룩을 낳았고 스룩을 낳은 후에 이백칠 년을 지내며 자녀를 낳았으며 스룩은 삼십 세에 나홀을 낳았고 나홀을 낳은 후에 이백 년을 지내며 자녀를 낳았으며 나홀은 이십구 세에 데라를 낳았고 데라를 낳은 후에 백십구 년을 지내며 자녀를 낳았으며 데라는 칠십 세에 아브람과 나홀과 하란을 낳았더라"(창 11:10-26).

하나님은 아담의 실패로 인해 사탄에게 넘어간 이 땅을 다시 당신의 나라로 회복하는 일을 시작할 사람을 선택하셨습니다. 그 사람은 바로 아브람입니다. 아브람이 셈의 후손이므로 그를 소개하기 위해 셈의 족보를 기록한 것입니다. 보통 족보는 누가 누구를 낳았다는 것을 소개합니다. 아니면 그 계통의 족장들을 소개하거나 그 사람의 일생을 요약해서 소개하면서 그가 몇 세에 죽었다는 것으로 끝나기도 합니다. 여기서는 누가 몇 세에 누구를 낳고 몇 세를 더 살며 자녀들을 낳았다는 내용이 이어지고 있습니다. 앞에서 아담의 족보가 나올 때는 각 사람이 몇 세에 죽었다는 것까지 이야기했는데 여기서는 죽음에 대해서는 이야기하지 않습니다. 결국 앞에서도 말했듯이 영원히 살도록 지음받은 하나님의 형상으로 난 사람이 아담의 죄로 인해 죽었다는 것을 강조하려고 아담의 족보에서는 죽었다는 이야기가 나온 것입니다. 그러나 이 족보에서는 아브람과 나홀과 하란이 누구의 후손으로 태어났는지가 중요하므로 굳이 죽음을 언급하지 않은 것입니다. 이렇게 누가 누구를 낳았다는 내용이 이어지는 족보에서는 가장 마지막에 언급하는 인물이 중요합니다. 그가 어떤 사람인지 말하기 위해서 그의 조상들을 말한 것이기 때문입니다. 여기서는 데라와 그의 세 아들인 아브람과 나홀과 하란이 가장 마지막에 등장합니다.

사실 데라의 세 아들 중에서 하나님과 언약을 맺은 아브람이 중요하지만, 여기서 나홀과 하란까지 언급한 이유는 뒤에 나오는 데라의 족보에서 더 확실히 알 수 있습니다. 그들의 자녀들이 아브람과 긴밀한 관계를 맺고 있기 때문입니다. 지금까지 셈의 족보에서 나온 인물들이 여러 자녀를 낳았지만, 오직 한 아들로 이어져서 데라까지 왔는데, 데라의 아들은 아브람만이 아니라 나홀과 하란까지 언급한 것은 이런 이유입니다. 데라의 세 아들을 통해 하나님은 당신의 계획을 시작하십니다.

셈의 족보의 시작인 셈의 아들 아르박삿은 앞에서 나왔던 족보에 따르면 셈의 셋째 아들입니다. 아르박삿은 홍수 후 이 년에 태어났으므로 첫째 아들 엘람과 둘째 아들 앗수르는 홍수가 있었던 1년과 홍수 후 1년에 낳았습니다. 홍수를 겪는 동안 어두운 배 안에서 임신하여 자란 엘람은 하나님의 심판을 겪으며 많은 두려움과 불안, 우울, 걱정근심 속에서 자랐습니다. 기도하며 하나님을 의지하고 하나님의 구원하심에 감사하면서도 홍수로 인한 고통은 매우 컸을 것입니다. 그런 중에 아이가 엄마 뱃속에서 제대로 된 보살핌을 받지 못했을 것이고, 태어난 뒤로도 힘들었을 것이 분명합니다. 그러므로 엘람은 영적, 심리적, 육체적, 정신적으로 여러 부정적인 영향을 많이 받고 태어났습니다.

앗수르는 홍수가 끝난 이후 임신하여 자랐지만, 새롭게 형성된 땅에서 집도 논밭도 없이 생활 터전을 가꾸느라 많이 고생하던 중에 한 번도 겪어본 적 없는 여름의 더위와 겨울의 추위를 당하면서 또다시 걱정근심, 불안, 괴로움을 많이 겪으며 자랐습니다. 그러므로 앗수르도 영적, 심리적, 육체적, 정신적으로 여러 부정적인 영향을 많이 받고 태어났습니다. 이런 부정적인 영향은 그들이 물려받은 죄성과 함께 악한 영을 불러들이는 통로로 작용했고, 결국 엘람과 앗수르는 악한 영들에게 많은 공격을 받았습니다.

그러나 셋째 아들 아르박삿은 확실히 그보다 나은 환경에서 임신되어 자랐습니다. 집도 논밭도 있고 동물들도 기르면서 어떻게 더위와 추위를 이기고 살아남을 수 있을지 학습했습니다. 그러므로 삶의 희망을 얻었고 주님을 의지하는 믿음으로 강하게 살아나갈 수 있었습니다. 그는 부모들의 죄성보다 강한 삶의 의지와 희망, 하나님이 도우시고 이기게 하신다는 믿음과 하나님의 말씀은 반드시 이루어진다는 확신으로 좋은 영향을 더 많이 받았습니다. 그러므로 하나님이 그를 택하셔서 당신의 계획이 이어지도록 하신 것은 당연합니다. 하나님은 그를 통해 당신의 역사를 이루어나가시려고 그에게 축복하셨습니다.

하나님은 셈의 아들 아르박삿, 아르박삿의 아들 셀라, 셀라의 아들 에벨, 에벨의 아들 벨렉, 벨렉의 아들 르우, 르우의 아들 스룩, 스룩의 아들 나홀, 나홀의 아들 데라 그리고 데라의 아들 아브람을 통해서 하나님 나라의 회복을 위해 일하시려는 계획을 실행해나가십니다. 그들의 생명은 900년 이상 살았던 홍수 이전에 비하면 확실히 점점 줄어드는 모습을 볼 수 있습니다. 이렇게 인간의 생명은 죄악으로 말미암아 감손됩니다(잠 10:27, 박윤선).

세 번째 장면

데라의 족보

"데라의 족보는 이러하니라 데라는 아브람과 나홀과 하란을 낳고 하란은 롯을 낳았으며 하란은 그 아비 데라보다 먼저 고향 갈대아인의 우르에서 죽었더라 아브람과 나홀이 장가 들었으니 아브람의 아내의 이름은 사래며 나홀의 아내의 이름은 밀가니 하란의 딸이요 하란은 밀가의 아버지이며 또 이스가의 아버지더라 사래는 임신하지 못하므로 자식이 없었더라 데라가 그 아들 아브람과 하란의 아들인 그의 손자 롯과 그의 며느리 아브람의 아내 사래를 데리고 갈대아인의 우르를 떠나 가나안 땅으로 가고자 하더니 하란에 이르러 거기 거류하였으며 데라는 나이가 이백오 세가 되어 하란에서 죽었더라"(창 11:27-32).

앞에서는 셈의 족보였고 이 본문은 데라의 족보입니다. 이 족보에서는 데라의 삶을 간략하게 요약해 기록하면서 그가 죽는 것으로 끝맺고 있습니다. 여기서 특이한 것은 데라의 삶을 이야기하는 듯 보이지만, 그의 아들들과 그들의 아내들을 더 자세히 묘사함으로써 그보다 아들들을 더욱 부각시키고 있다는 점입니다. 데라의 아들 아브람과 나홀은 하란의 딸들과 결혼했습니다. 하란의 아들 롯은 아브람과 함께 가나안 땅으로 갔습니다. 후에 나홀의 아들 브두엘의 딸 리브가가 아브람의 아들인 이삭의 아내가 되고, 또 리브가의 오라버니인 라반의 두 딸 레아와 라헬은 이삭의 아들인 야곱의 아내가 됩니다. 이렇게 아브람의 형제인 나홀과 하란은 아브람의 인생에 긴밀하게 연결되어 있으며, 아브람을 통해 이루어가실 하나님의 계획에서 중요한 역할을 하게 됩니다. 그러므로 이들에 대해 데라의 족보로 설명하고 있는 것입니다. 하나님의 계획은 아브람을 통해서 이루어가실 것이지만, 그의 아버지 데라가 그 시작을 매끄럽게 열어주는 것입니다.

하란이 롯과 밀가, 이스가를 낳았다고 나옵니다. 하란의 딸 밀가는 하란의 형제 나홀과 결혼했고, 이스가는 아브람과 결혼한 사래입니다(탈굼 조나단, 아우구스티누스). 그리고 하란은 그의 아버지 데라보다 일찍 고향 갈대아 우르에서 죽었다고 나옵니다. 당시 갈대아 우르는 우상숭배가 만연했던 지역입니다. 이난나 여신을 주로 섬겼는데 아브람의 집안이 이 여신의 우상을 만들어 팔았던 것으로 알려져 있습니다. 우상을 만들어 판매하면서 악한 영들이 이 집안을 많이 공격해 하란이 일찍 죽었다고 할 수 있습니다. 우상숭배가 만연한 집안에서는 이렇게 악한 영들을 많이 물려받고 일찍 죽는 사람들이 있습니다. 어떤 집안은 대가 끊어지기도 합니다. 이는 죄의 결과입니다.

하란의 아들 롯은 아브람과 함께 가나안으로 가다가 중간에 헤어져서 소돔에 정착해 살다가 소돔과 고모라 전쟁에 휘말려 포로로 잡힙니다. 그러나 아브람이 구원해 풀려났고, 소돔과 고모라가 멸망할 때에 간신히 구원을 얻은 인물입니다. 그가 아브람과 헤어지게 된 것은 그가 아브람과 함께하는 동안 복을 많이 받아 가축이 많아져서 아브람과 함께 지내는 것이 힘들어졌기 때문입니다. 그는 자기가 받은 복이 아브람 덕분인 것을 알지 못했습니다. 하나님이 복을 주시는 하나님의 사람 옆에 있었기에 복을 받은 것이고, 자신이 홀로 서서 하나님과 교통하며 복을 누릴 수 있을 정도로 하나님을 굳건하게 붙잡은 상태가 아닌 것을 몰랐습니다. 그래서 자기가 혼자 세상에 나가 살더라도 잘살 수 있을 것이라고 자신했습니다. 그러나 아브람과 헤어진 후 죽을 위기를 두 번이나 겪은 뒤에야 세상을 떠나 산에서 살다가 죽었습니다. 그로 인해 암몬 족속과 모압 족속이 나왔는데, 이 두 민족은 하나님의 백성인 이스라엘과 수많은 분쟁을 벌이다가 나라를 잃고 사라집니다. 롯은 하나님을 향한 믿음을 굳게 지키지 못했고, 실패한 뒤 고립되어 살다가 참담한 결과를 맞았습니다. 그가 믿음을 완전히 잃어버렸거나 구원받지 못한 것은 아니지만, 그의 결말은 은혜롭지 못했습니다.

하란의 딸 사래는 89세가 되도록 자식을 낳지 못했습니다. 이는 악한 영들이 그녀의 자궁에 많이 역사했기 때문입니다. 하나님은 아브람과 언약하셨고 그 뜻을 성취하시기 위해 사래에게 역사하셔서 기적으로 사래는 90세에 아들 이삭을 낳습니다. 아무리 악한 영들의 방해가 있을지라도 하나님의 능력은 그보다 더 크시므로 하나님은 언제나 당신의 계획을 당신의 때에 이루어가십니다.

이렇게 우리는 우상숭배가 후손들에게 악영향을 미친다는 것을 데라의 집안을 통해서 알 수 있습니다. 우상을 따르고 세상을 좋아하며 몸과 영혼이 악한 영들에게 더럽혀졌기 때문에 이 땅에서 여러 문제를 끌어안고 살게 되는 것입니다. 이 문제를 해결하지 않는 한 하나님의 복이 우리에게 내려오는 것이 방해받을 수밖에 없습니다. 이는 하나님의 능력이 부족하심이 아니고 오직 우리의 죄가 문제입니다. 하나님은 사랑의 하나님이시며 공의의 하나님이시기 때문입니다. 우리의 죄 문제가 해결되어 다시 하나님의 아들로, 하나님 나라의 상속자로 회복하시는 것이 하나님의 계획입니다. 우리는 죄가 있는 동안에는 공의의 하나님이 내리시는 엄위하신 심판 속에 잠길 것입니다. 그러나 우리가 죄를 회개하여 깨끗해지는 만큼 사랑의 하나님이 우리에게 하늘의 예비하신 풍성한 복을 아낌없이 부어주시는 것을 체험할 것입니다.

갈대아 우르에서 살던 데라는 아브람과 롯과 사래를 데리고 가나안 땅으로 가려고 했습니다. 이때 나홀과 밀가가 동행했다는 이야기는 없습니다. 그러나 후에 이브람의 종이 나홀의 아들 브두엘의 딸 리브가를 아브람의 며느리로 들이기 위해 메소포타미아의 나홀 성으로 찾아갑니다. 마리 문서에 따르면 이곳은 하란 근처 발리강 상류 동쪽에 있었다고 합니다. 또 리브가의 오라버니인 라반은 밧단아람에서 살고 있었기에 야곱이 그곳으로 찾아갑니다. 밧단아람은 하란을 포함한 아람 평야를 가리킵니다. 그러므로 나홀과 밀가는 데라와 함께 우르를 떠나지는 않았지만, 후에 하란으로 와서 데라와 함께 살았던 것으로 보입니다. 데라는 우르에서 70세에 아브람, 나홀, 하란을 낳은 후 그 자식들이 며느리를 얻은 다음 가나안으로 가다가 하란에서 정착해 205세까지 살다가 죽었기 때문에, 대략 100년 가까이 하란에서 거주했을 것으로 추측할 수 있습니다. 이후 75세가 된 아브람은 사래와 롯을 데리고 가나안으로 떠납니다. 아브람이 75세일 때에는 데라가 145세입니다. 그래서 하나님은 아브람에게 임하셔서 아비를 떠나 지시하신 땅으로 가라고 말씀하신 것입니다. 데라가 이미 죽은 뒤였다면 그런 말씀을 하실 필요가 없었을 것입니다.

하나님의 지시를 받은 아브람이 늙은 아버지 데라를 과감히 하란에 두고 떠날 수 있었던 것은 이때 나홀과 밀가가 이미 하란으로 내려와 있었기 때문입니다. 하란으로 내려온 나홀과 밀가는 나이가 많은 데라를 모시고 살면서 그가 죽을 때에도 함께 있었습니다. 하나님은 아브람에게 아비의 집을 떠나라고 하셨지만, 아버지를 그대로 두고 떠나기는 쉽지 않습니다. 데라도 하나님의 자녀입니다. 데라가 늙어서 자식들의 보호 없이 홀로 외롭게 죽는다면 참으로 안타까운 일입니다. 하나님은 그런 데라를 내버려두고 아브람을 떠나게 하시는 무정한 분이 아닙니다. 만약 정말 그랬다면 아브람은 하나님의 명령에도 쉽게 발이 떨어지지 않았을 것입니다. 그러나 하나님이 나홀과 밀가를 준비하셔서 그들이 데라를 모시게 함으로써 아브람이 쉽게 결정하고 아버지 곁을 떠날 수 있도록 하신 것입니다. 그리고 데라도 자식의 봉양을 받으며 평안하게 생을 마칠 수 있었습니다.

데라가 가고자 했으나 중도에 멈추었던 가나안 땅은 결국 아브람이 입성하게 됩니다. 데라가 살던 갈대아 우르는 문명이 극도로 발달된,

당시 가장 번화한 도시였고 살기 좋은 땅이었습니다. 그러나 우상숭배가 만연했습니다. 데라가 과감히 그곳에서 나와 가나안에 가려고 한 것을 보면 그는 하나님을 알았을 것으로 보입니다. 만약 하나님을 알지 못했다면 그런 결단을 하지 못했을 것입니다. 우르에서 가나안까지의 이동 경로를 보면 데라가 온 하란까지는 가나안으로 가는 전체 여정의 약 삼분의 이 정도에 해당하는 것을 알 수 있습니다. 데라가 가나안 땅으로 간 여정이 데라 이후 아브람의 여정보다 더 길었던 것입니다. 데라는 하나님의 음성을 듣고 가나안 땅, 하나님이 약속하신 땅에 가야 한다는 것을 미리 알았기 때문에 그것을 실천했고, 그래서 아브람도 따라오고 롯도 따라온 것입니다.

데라가 하나님을 어떻게 만나게 되었는지를 환상으로 더 깊이 보았습니다. 갈대아 우르에는 여러 신을 섬기는 신전이 여기저기 세워져 있었고, 그곳에서 제사드리는 모습이 보였습니다. 신전에서 우상을 향해 제사드릴 때 검은 연기가 신전 주변을 자욱하게 덮고 검은 그물 같은 형상의 악한 영들이 주변 지역을 덮는 모습이 보였습니다. 그 그물은 제사를 드리면 드릴수록 여러 겹으로 주변 지역을 덮어 그 지역 안에 있는 사람들을 옭아매는 모습으로 보였습니다. 그리고 더욱 우상을 숭배하게 하고, 악을 행하도록 하며, 자유를 빼앗는 모습이었습니다. 그런데 그들 중에서 데라가 점점 더 악해져가는 세상을 보며 의문을 느끼고 지금까지의 삶에 회의감을 느끼면서 자신의 인생을 돌아보며 앞으로 어떻게 살아가야 할지를 고민했습니다. 이는 하나님에 대한 복음을 듣고 마음에 찔림을 받아 깊이 묵상하던 중에 하나님이 세상의 악함을 깨닫게 하시고, 만일 세상 사람들과 똑같이 살면 언젠가 하나님의 심판이 있을 것을 알려주셨기 때문이었습니다.

이 세상을 만드시고 홍수로 심판하셨으며 바벨탑을 통해 사람들의 언어를 흩어버리신 하나님에 대해 배웠지만, 많은 사람은 그 하나님을 만나지 못하고 우상숭배로 빠졌습니다. 하지만 믿음을 지킨 소수가 여호와 하나님을 믿는 신앙을 간직했고, 그들의 말을 전해들은 데라도 작은 믿음을 가지게 된 것입니다. 깊은 고민 가운데 있는 그를 하나님이 보시고 그의 심령에 은혜의 빛을 비춰주시는 모습이 보였습니다. 그러자 그는 악으로 가득한 이곳을 떠나야겠다고 생각했습니다. 하나님은 그런 그에게 환상으로 가나안 땅을 보여주시면서 그곳으로 가라고 말씀해주시는 모습이 보였습니다. 그러자 데라는 자신의 고민이 해결되었고, 또 창조주 하나님이 자신을 만나주시고 새로운 길을 열어주신 것에 대한 기쁨과 감사로 얼굴이 환해졌습니다. 곧이어 자녀들을 이끌고 짐을 싸서 길을 떠나는 모습이 보였습니다. 그리고 함께한 세 아들인 아브람과 나홀과 하란에게 하나님에 대해 가르쳤습니다.

데라는 믿음으로 우상숭배가 만연한 고향을 떠나 가나안 땅으로 가야겠다고 결심하고 시도했지만, 그 뜻을 이루지 못했습니다. 하나님이 그에게 가나안 땅을 보여주시고 그곳으로 가라고 하신 것은 아브람을 가나안 땅으로 보내시기 위함이었습니다. 데라가 아브람을 데리고 가나안 땅에 잘 도착했다면 하나님이 아브람을 만나셔서 가나안 땅으로 가라고 말씀하실 필요가 없었을 것입니다. 단지 가나안 땅에서 해야 할 사명만 주시면 되었을 것입니다. 그러나 데라가 그 일을 완수하지 못해 아브람에게 아버지를 떠나 가나안 땅으로 가서 사명을 감당하라고 말씀하신 것입니다.

나이가 많은 데라에게 먼 거리를 여행하는 것은 고된 일이었을 것입니다. 그래서 가던 도중 하란에서 멈추어 그곳에 정착하게 된 것입니다. 하나님은 그런 데라를 이해하셨습니다. 그러나 사명을 감당해야 할 아브람이 데라를 따라 중도에 그만두면 안 되므로 과감히 데라를 떠나도록 말씀하신 것입니다. 사실 아브람이 데라를 데려간다면 늙은 데라는 도중에 많은 휴식을 가져야 했을 것이고, 아브람이 가나안에서 사명을 감당하는 일정이 늦어졌을 것입니다. 그러므로 늙어서 긴 여행을 감당하기 어려운 데라의 형편을 이해하신 하나님은 아브람이 사명을 감당해야 하는 당신의 계획을 조율하셔서 데라를 다른 아들에게 맡기셨습니다. 그리고 아브람이 데라를 떠나 가나안에 가도록 지시하신 것입니다. 하나님의 계획은 사람의 형편이 어떠하든지 이루어져야 합니다. 그러나 전능하신 하나님은 모든 것이 합력하여 선을 이루게 하십니다. 이런 하나님의 결정은 데라에게도 아브람에게도 또 하나님의 계획에도 다 좋은 결과를 가져왔습니다.

우리는 데라의 신앙을 살펴보면서 우상숭배를 끊고 믿음의 가문을 열어가는 일이 얼마나 어려운 것인지를 깨닫게 됩니다. 가문 대대로 쌓여 내려온 죄성은 그 가문에 속한 자 모두를 강하게 묶는 사망의 줄이 되어 그들 중 누구도 하나님의 복 가운데로 나아가지 못하도록 방해합니다. 그 줄을 끊고 새로운 기독교 명문 가문을 세우는 일은 너무나 어려워서 1대 믿음인 경우 죽을 때까지 이 사망의 줄을 끊는 데 많은 수고를 하느라 열매를 많이 맺지 못하는 경우가 많습니다. 보통 이런 힘든 일을 시작하는 사람들에게는 하나님이 강력한 은혜를 부으시고 강권적인 역사로 가문 대대로 내려온 우상숭배에서 벗어나 하나님의 품으로 들어가게 되지만, 그 믿음을 유지하기 위해 너무나 많이 고난당하고 여러 풍파를 겪는 경우가 많습니다. 그래서 가문에 역사하는 영들과 강하게 싸워나가야 후손에게 믿음을 물려줄 수 있습니다. 특히 악한 영들은 믿음의 사람들을 넘어뜨리려고 가까운 가족을 많이 이용하므로 믿음을 대대로 물려주는 것은 너무나 힘든 일입니다. 이런 것을 볼 때 믿음의 여정을 중도에 포기하고 하란에서 머문 데라를 충분히 이해할 수 있습니다. 그럼에도 불구하고 끝까지 믿음을 잃지 않고 자녀들에게 믿음을 잘 물려준 것은 너무나 훌륭합니다.

성경에는 데라의 삶이 자세히 나오지 않지만, 데라도 우상숭배의 영을 끊어내기 위해 많은 영적 싸움을 벌였을 것입니다. 영적으로 데라가 가나안으로 가는 여정에서 어떤 고난이 있었기에 중도에 포기하게 되었는지를 살펴보았습니다. 데라의 가족과 가축들과 일꾼들이 함께 더운 광야 길을 걸어가는 모습이 보였습니다. 악한 영들은 그가 자신의 지배에서 벗어나 하나님의 사명을 감당하여 하나님의 복을 받는 삶을 살도록 내버려두지 않고 틈만 나면 방해했습니다. 데라 일행이 더위와 추위를 견디며 가는 여정에 특히 먹고 마시는 문제로 많이 힘든 것이 보였습니다. 강이 흐르는 길을 따라 이동했으나 중간중간 마을에 들러 먹을 것을 사 먹어야 했고, 강이나 샘물이 없으면 마을의 우물에서 물을 얻어야 했습니다. 그런데 그 과정에서 마을 사람들의 배척을 당하거나, 음식을 살 때 실제 가격보다 훨씬 비싼 값을 주고 사거나, 공격을 당하는 일도 종종 겪었습니다. 또 산적이나 맹수를 만나기도 했습니다. 그런 과정을 통해 몸은 아프고 마음은 상처로 얼룩져 괴로웠습니다. 하나님이 원하시는 일을 하는데도 왜 하나님이 보호해주시지 않고 이런 일을 겪게 하시는지 원망하는 마음도 들었습니다. 그런 갈등을 겪으며 하란에 도착한 데라는 더는 여정을 계속할 수 없을 정도로 지쳐 있었습니다. 특히 무릎이 많이 약해져서 걷는 것이 너무나 힘들었기 때문에 멈출 수밖에 없었습니다. 이는 우상숭배를 할 때, 특히 우상에게 절할 때 무릎과 다리에 악한 영들이 많이 들어온 것입니다. 젊어서는 이 고통을 잘 이겨냈지만 나이도 들고 고된 여정에 혹사되어 더 약해졌습니다. 하지만 이보다 더 근본적인 이유는, 하나님의 사명을 감당하는 여정을 방해하기 위해 악한 영들이 속에서 그의 뼈와 관절과 근육을 망가뜨린 것입니다. 그는 비록 하나님이 말씀하신 여정은 포기했지만 믿음을 잃어버리지 않았고, 자신이 믿는 하나님을 자식들에게 계속 전했습니다.

데라의 신앙은 세 아들을 통해 이어져서 결국 믿음의 가문을 이루었습니다. 하나님은 데라를 통해 하나님의 약속을 이루어가실 계획을 세우셨고, 그래서 그에게 아브람을 보내신 것입니다. 아브람은 하나님의 말씀을 붙잡고 끝까지 사명을 완수합니다. 데라가 자격이 되는 사람이었기 때문에 그에게 믿음의 조상이라고 불리는 아브람을 보내셨습니다. 그리고 그의 자녀들이 하나님의 구원 계획에서 중요한 일들을 감당했습니다.

아브람은 75세에 하나님의 음성을 듣고 아버지를 떠나 가나안 땅으로 갔습니다. 그가 하나님을 만나고 하나님의 음성을 듣는 체험을 한 것은 아버지의 교육이 작용했습니다. 이미 데라가 여호와 하나님을 알고 있었고, 아브람에게 그것에 대해 가르쳤기 때문에 아브람이 하나님을 만났을 때 혼란 없이 받아들이고 따를 수 있었던 것입니다.

그리고 나홀도 데라에게 배운 하나님을 자녀들에게 가르쳤기 때문에 아브람은 그의 후손에게서 며느리를 들이도록 했습니다. 나홀이 하나님을 알지 못하고 우상을 숭배하는 사람이었다면 가나안의 우상 숭배하는 사람들을 며느리로 들이는 것과 다를 바가 없었을 것이므로 굳이 고향에서 며느리를 들이지 않았을 것이 분명합니다.

하란의 딸인 밀가와 이스가(사래)도 데라에게서 하나님을 배운 하란이 하나님에 대해 가르쳐주었을 것이고, 그가 죽은 후에는 다시 데라에게서 잘 배웠을 것이며, 각각 나홀과 아브람과 결혼한 이후에는 부부가 함께 하나님을 잘 섬겼을 것입니다. 성부 하나님과 만나 대화를 나누는 믿음의 조상인 아브람이 아무나와 결혼했을 리가 없습니다.

하란의 아들 롯도 하나님을 만난 아브람이 하나님의 말씀에 순종해 고향을 떠날 때 함께 간 것을 보면 하나님을 알지 못했더라면 할 수 없는 결정이었을 것이 분명합니다. 하나님의 말씀대로 따를 때 복을 받는다는 것을 분명히 알았을 것입니다. 또한 그는 하나님이 천사를 보내셔서 심판 가운데에서 구원한 사람입니다. 그가 아브람의 조카라는 것도 있지만, 그래도 그가 하나님의 천사를 만나고 구원받은 것은 그가 그럴 만한 믿음을 가진 의인이라는 것을 증명합니다. 하나님은 "비록 노아, 다니엘, 욥이 거기에 있을지라도 나의 삶을 두고 맹세하노니 그들도 자녀는 건지지 못하고 자기의 공의로 자기의 생명만 건지리라"(겔 14:20)라고 말씀하신 것을 보면 분명히 알 수 있습니다. 롯은 우상숭배와 음란이 극심한 소돔과 고모라에서 살았지만 자신의 의를 지키고, 천사들을 보호하기 위해 자신의 두 딸을 희생하려고 했습니다. 그만큼 그에게 하나님에 대한 믿음이 있었기 때문에 자신을 더럽히지 않았던 것입니다. 비록 그가 물려받은 죄성으로 인해 세상을 좋아함으로 말년이 좋지 않았지만, 그에게 구원받을 믿음이 있었던 것을 부정해서는 안 됩니다.

하나님은 셈의 족보와 데라의 족보를 이어오시면서 당신의 구원 계획을 실행해나가십니다. 아브라함을 통해 이스라엘 민족을 이루게 하시고, 이스라엘 나라를 통해 하나님 나라가 어떤 나라인지를 보여주려고 하셨습니다. 또한 아브라함과 다윗의 자손 예수 그리스도를 통해 진정한 하나님의 나라를 알려주시고, 마지막 때 새 하늘과 새 땅에서 하나님 나라가 완전하게 이루실 것입니다. 하나님은 당신의 때에 당신의 사람들을 보내시고 택하시며 부르시고 사용하셔서 당신의 계획을 이루어가십니다. 하나님은 언제나 준비된 자, 쓰실 만한 자를 쓰십니다. 우리는 하나님이 그분의 계획을 위해 나를 사용하시도록 준비된 자가 되어야 합니다. "그러므로 누구든지 이런 것에서 자기를 깨끗하게 하면 귀히 쓰는 그릇이 되어 거룩하고 주인의 쓰심에 합당하며 모든 선한 일에 준비함이 되리라"(딤후 2:21)라는 말씀처럼 우리는 깨끗하고 거룩한 그릇이 되기를 더욱 힘써야 합니다.

더 깊이 생각해보기

1. 하나님의 뜻이 아닌 내 계획으로 밀고 나가다 실패한 경험이 있는지 생각해 보세요.

2. 하나님은 당신의 계획을 위해 나의 가정과 가문에 나를 보내셨습니다. 나의 가문을 기독교 명문가로 만들기 위해 어떤 노력을 하고 있나요?

3. 자녀들에게 어떻게 신앙교육을 해왔나요? 그들이 믿음 안에서 잘 성장했나요?(내가 자녀의 입장이라면 부모에게 어떤 신앙 교육을 받았고, 그로 인해 어떻게 믿음이 성장했는지 생각해보세요.)

4. 자녀들이 나의 믿음을 잘 이어받지 못했다면 어떤 이유가 있다고 생각하나요?(내가 자녀의 입장이라면 부모에게 받은 교육으로 인해 도리어 믿음이 잘 자라지 못했다면 어떤 문제인지 생각해보세요.)

하나님은 당신이 창조하신 당신의 나라를 통해 당신이 드러나시고 영광을 받으시기 원하십니다. 천국과 이 땅은 모두 하나님이 창조하신 하나님의 나라이므로 하나님의 속성(성품, 생명, 능력, 사랑, 공의 등)을 드러내야 마땅합니다. 창조주이신 하나님을 닮아 하나님의 속성을 드러내고 거룩하며 아름다움을 영원히 지속해나가야 합니다. 그리고 하나님의 형상으로 지음받아 하나님을 대리하여 하나님의 나라를 다스려야 하는 사람은 그분의 뜻을 실현해나갈 의무가 있습니다. 자연과 동물을 포함해 이 세상을 다스릴 때 우리에게 맡겨진 것이 하나님 나라의 일부라는 것을 기억하고 존중하며 사랑으로 다스려야 합니다. 이 세상이 처음 창조된 그래서 하나님이 보시기에 좋았던 모습을 유지하고 영원히 지속되도록 지켜나가야 하는 것입니다.

처음 하나님이 이 땅을 창조하시고 사람을 만드신 후에 생육하고 번성하여 땅에 충만하고 땅을 다스리도록 축복하신 이유는 온 땅에 사람이 가득해서 그곳에서 하나님을 예배하고 하나님의 이름을 외치며 찬양하는 소리가 울리도록 하시려는 것이었습니다. 그때는 이 땅에 죄가 없었고 하나님 나라는 천국과 이 땅이 하나인 나라였지만, 온 땅에 사람이 없었으므로 온전한 하나님의 나라는 아니었습니다. 나라는 영토와 국민과 주권으로 이루어지는데 처음 창조하신 지구는 영토도 있고 주권도 있지만, 국민이 없었기 때문입니다. 국민이라고는 에덴동산의 아담과 하와 두 명이 전부였습니다. 그러므로 사람이 온 땅으로 퍼져나가 그곳에서 하나님의 다스림을 받으면서 하나님의 나라를 완전하게 만들어야 했습니다.

사람의 죄로 말미암아 이 세상은 처음 모습을 잃어버리고 오염되고 더러워졌습니다. 죄가 있는 곳, 불의가 있는 곳에는 그 죄를 근거로 사탄이 자리를 잡습니다. 죄 없는 사람이 없으므로 사람이 사는 곳은 다 죄가 있고, 사람이 사는 곳은 다 사탄의 영역에 속해 있다는 의미입니다. 온 땅에 죄인들이 가득하게 되면서 하나님 나라가 아닌 사탄의 영역이 늘어나게 된 것이 문제였습니다. 그래서 하나님은 이 땅을 심판하실 수밖에 없었습니다. 노아 때 대홍수로 인해 방주 안에 있던 사람과 동물 외에는 땅에 있던 모든 사람과 동물이 죽었습니다. 그러나 죄의 문제는 완전히 해결되지 않았습니다. 그 뒤로도 사람들은 여전히 죄를 지었습니다. 그러므로 하나님은 마지막 심판을 준비하고 계십니다.

노아의 홍수 때 하나님의 심판으로 이 땅이 물로 멸망하고 새로워졌지만, 노아의 가족과 동물들은 보존되었습니다. 그러나 마지막 때에는 모든 사람이 다 심판을 받고, 이 땅은 완전히 소멸하며, 새 하늘과 새 땅이 임할 것입니다. 노아의 홍수 때 노아를 통해 방주로 들어간 모든 사람과 동물은 죽음에서 생명으로 구원받았습니다. 마지막 때에는 그리스도를 통해서만이 영생을 얻도록 구원받을 것입니다. 주님이 방주의 문을 닫으시고 나서는 어떤 사람도, 어떤 동물도 구원받을 수 없었던 것처럼 마지막 때 주님이 재림하시고 천국의 문이 닫히면 구원의 기회는 없습니다. 방주 안으로 들어가면 하나님의 보호하심을 받고, 방주 밖에는 죽음만이 있었듯이 천국 문 안으로 들어가 구원받은 모든 사람은 하나님의 보호하심을 받습니다. 그러나 그렇지 못한 사람은 구원에서 배제되어 철저히 심판받고 영원한 죽음을 맞이할 것입니다. 하나님은 노아의 방주에 선택된 사람과 동물이 다 들어간 후에 이 땅에 심판을 내리셨듯이, 마지막 때에도 주님이 재림하셔서 구원받을 사람을 다 천국에 들이신 후에 이 땅을 완전히 소멸하실 것입니다.

요한계시록에서 말한 새 하늘과 새 땅은 천국을 의미합니다. 마지막 때가 가까울수록 새 하늘과 새 땅이 저 하늘에서 이 땅으로 점점 가까이 임할 것입니다. 그로 인해 공중의 권세 잡은 자들, 즉 사탄의 세력들이 더욱 강하게 이 땅에 내려올 것이고, 이 땅은 죄와 불의와 어둠과 혼란 가운데로 더 깊이 빠져들게 될 것입니다. 마태복음과 요한계시록에 예언된 마지막 때의 혼란과 여러 환란이 가득하게 될 것이고, 많은 사람이 믿음과 사랑을 잃어버릴 것입니다. 세상 곳곳에서 자신만의 바벨탑을 쌓는 사람들이 생겨날 것입니다. 적그리스도가 일어나고 진정한 그리스도인은 핍박받을 것입니다. 또 “예수가 여기 있다” 혹은 “예수가 저기 있다”라며 외치는 자들로 인해 진정한 복음이 흐려져서 믿는 자들을 찾기 더욱 어려워질 것입니다. 말씀과 진리를 제대로 깨닫고 천국을 체험하며,

하나님을 깊이 만나지 못한 사람들은 너무나 쉽게 미혹될 것입니다. 사탄에게 붙들린 사람들이 오염된 영적인 신비와 기적을 보여주면서 미혹할 때 진정한 복음과 진리를 깨닫고 깊은 영성을 소유하지 못한 자들은 참과 거짓을 분별하지 못할 것이기 때문입니다. 거짓과 참이 교묘하게 섞여서 진정한 진리를 알 수 없게 될 것입니다.

마지막 때를 준비하며 우리는 영적으로 무장하고 믿음을 굳게 해 세상과 싸우고, 죄와 싸우며, 사탄과 싸워 이기는 자가 되어야 합니다. 하나님의 나라는 이기는 자가 들어갈 수 있습니다. 우리는 이 땅에 사는 동안 많은 고난과 어려움을 겪고 때로는 지치고 힘들어 넘어질 때가 있을 것입니다. 그러나 최후에 이기는 자가 될 때 천국에 가서 주님을 만날 것입니다. 실패한 첫 사람 대신 예수 그리스도가 자신을 희생하심으로 우리의 죄를 용서하시고 우리가 다시 하나님과 관계를 회복할 수 있도록 길을 열어 놓으셨으므로 예수님을 의지하고 그분의 능력을 덧입으면 최후의 승리자가 될 수 있습니다. 예수 그리스도의 이름으로 회개하여 죄를 용서받으면 죄를 근거로 역사하는 사탄은 힘을 쓰지 못합니다.

죄를 용서받아 깨끗하고 거룩해진 사람은 영혼과 육체가 하나 되고, 하나님과 하나 되며, 다른 사람들과 하나 되고, 이 땅과 하늘나라가 하나 되게 하는 사람이 될 수 있습니다. 그것이 진정한 회복을 이루어나가는 것입니다. 그때 하나님이 임하시고 우리 속에 거하시며 은혜를 주시고 항상 동행해주실 것입니다. 그렇게 되었을 때 하나님의 말씀을 더 깊이 깨닫고 하나님을 더 깊이 만나서 하나님의 은혜로 우리의 심령을 가득 채우고 많은 사람에게 나누어줄 수 있는 축복의 통로가 될 수 있습니다. 또 하나님이 주신 지혜로 하나님을 알고 하나님과 친밀하게 교제함으로 다른 사람들이 하나님을 알고 만나는 교두보 역할을 감당할 수 있습니다. 또 하나님의 생명을 전해줄 수 있는 생명나무가 되어 많은 영혼을 살릴 수 있습니다.

하나님의 사람들은 하나님 나라에 들어갈 하나님의 택하신 사람들에게 복음을 전하고, 하나님의 사랑을 나누어주며, 그들을 하나님의 나라로 인도할 사명이 있습니다. 나 혼자 간신히 천국에 들어가 부끄러운 구원을 얻는 자가 되지 말고, 성령님의 능력을 힘입어 나 자신뿐만 아니라 가족, 교회, 지역, 나라를 살리는 사람이 되어야 합니다. 내가 먼저 깨끗해져서 내 속에 하나님이 임하심으로 내 몸이 하나님의 거룩한 나라가 되어야 합니다. 또한 내 가정의 죄, 교회의 죄, 지역의 죄, 나라의 죄를 회개하여 영적으로 깨끗해짐으로 내 가정, 교회, 지역, 나라에 하나님이 임하셔서 하나님이 통치하시는 나라가 될 수 있도록 해야 합니다.

죄를 용서받고 사탄이 물러가 영적으로 깨끗해지고 거룩해진 땅에는 하나님이 임재하십니다. 그러면 그 땅은 하나님이 거하시는 하나님의 나라, 지상천국이 됩니다. 하나님이 계시는 곳, 영이신 하나님이 임재하시는 곳은 하늘나라와 하나 되어서 하나의 하나님 나라로 회복될 수 있습니다. 우리는 우리가 있는 곳을 하나님이 이 세상을 처음 창조하셨던 모습으로 회복시키고, 하나님이 거하시는 곳인 지상 천국으로 만들기 위해서 노력해야 합니다. 즉, 우리가 할 일은 우리가 하나님이 임하실 수 있는 통로가 되어야 하고, 또 우리가 있는 곳에 하나님이 임재하실 뿐 아니라 계속 거하실 수 있도록 그곳의 죄를 회개하여 더는 죄를 짓지 않도록 노력해야 합니다. 그래야 깨끗하고 거룩한 땅으로 유지할 수 있습니다. 그리고 내가 있는 곳만이 아니라 전 세계가 하나님 나라가 되도록 하는 것이 하나님의 사람이 품어야 할 목표입니다. "이는 물이 바다를 덮음 같이 여호와의 영광을 인정하는 것이 세상에 가득함이니라"(합 2:14)라는 말씀처럼 온 땅 위에 하나님의 이름이 높아지고 하나님을 향한 찬양이 울려 퍼지도록 해야 합니다. 그렇게 하여 하늘에 기록된 장자들의 모임(히 12:23)에 들어가고, 심판하는 권세를 받아 그리스도와 함께 천 년 동안 왕 노릇할 보좌들에 앉은 자(계 20:4)가 되어야 합니다.

우리가 살고 있는 이 땅의 역사 뒤에는 하나님의 역사와 마귀의 역사가 항상 공존하고 있었음을 기억해야 합니다. 물질세계와 영적 세계는 완전히 분리된 세계가 아니라 항상 함께 있습니다. 내 영혼이 내 육신과 함께 있는 것만 보아도 이는 확실합니다. 하나님과 천사들, 사탄과 악한 영들이 항상 우리와 함께합니다. 그 속에서 우리는 어느 편에 속한 사람인지, 누구를 따르고 있는지 항상 자신을 점검해야 합니다. 그래서 하나님의 뜻대로 살아 하나님의 칭찬을 듣고, 하나님의 나라를 상속하는 하나님의 자녀가 되어야 합니다. 멸망당해 마땅한 죄인이 구원받은 것만으로도 감사한데 하나님 나라를 상속받을 하나님의 아들이 되는 것은 너무나 큰 영광입니다. 거기에 더해 그리스도와 함께 보좌에 앉아 왕 노릇할 수 있다는 것은 너무나 큰 영광입니다. 그러므로 구원받은 것에 기뻐하며 거기에만 머물러 있지 말고 더욱 큰 상급을 바라보며 열정을 가지고 하나님 나라를 위해 충성하며 살아가야겠습니다.

참고문헌

바울편집부, 『바울성경연구씨리즈 1 창세기』, 도서출판 바울, 1985

박윤선, 『성경주석-창세기(상)』, 영음사, 1981

서철원, 『창세기 1』, 그리심, 2001

양승훈, 『창조에서 홍수까지』, CUP, 2014

정동진, 『맥락 속의 창세기』, 킹스웨이, 2020

고든 웬함, 『창세기(상)』, 솔로몬, 2006

랑게, 『창세기(상)』, 백합출판사, 1978

매튜 헨리, 『성경주석 시리즈-창세기(상)』, 기독교문사, 1975

어빙 L. 젠센, 『창세기』, 아가페출판사, 1981

앤드루 라우스, 『교부들의 성경주해 구약성경 Ⅰ』, 분도출판사, 2008

앨런 로스, 『BKC 강해주석 창세기』, 두란노, 2011

에드워드 J. 영, 『창세기 제 1장 연구』, 성광문화사, 1982